GUOPEIHUAER KAIJINQIU

"国培"花儿开金秋

梁向明　马　玲 / 主编

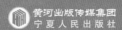

黄河出版传媒集团

宁夏人民出版社

图书在版编目（CIP）数据

"国培"花儿开金秋 / 梁向明，马玲主编. — 银川：宁夏人民出版社，2017.7

ISBN 978-7-227-06723-8

Ⅰ.①国… Ⅱ.①梁…②马… Ⅲ.①中小学—教师培训—宁夏—文集 Ⅳ.①G635.12-53

中国版本图书馆 CIP 数据核字（2017）第 212713 号

"国培"花儿开金秋 　　　　　　　　　　　　　　梁向明　　马玲　主编

责任编辑　杨　皎　赵学佳　闫金萍
封面设计　晨　皓
责任印制　肖　艳

 黄河出版传媒集团
宁夏人民出版社 出版发行

出 版 人　王杨宝
地　　址　宁夏银川市北京东路 139 号出版大厦（750001）
网　　址　http://www.nxpph.com　　　　　http://www.yrpubm.com
网上书店　http://shop126547358.taobao.com　http://www.hh-book.com
电子信箱　nxrmcbs@126.com　　　　　renminshe@yrpubm.com
邮购电话　0951—5019391　　　　5052104
经　　销　全国新华书店
印刷装订　宁夏银报印务有限公司
印刷委托书号　（宁)0006244

开　　本　787mm×1092mm　　　1/16
印　　张　23.25
字　　数　400 千字
版　　次　2017 年 8 月第 1 版
印　　次　2017 年 8 月第 1 次印刷
书　　号　ISBN 978-7-227-06723-8
定　　价　48.00 元

教育旨在生命的引导

（序一）

梁向明①

　　"国培计划"全称为"中小学教师国家级培训计划"，是教育部、财政部于 2010 年开始实施的旨在提高中小学教师，特别是农村教师队伍整体素质的重要举措。"国培计划"包括"中小学教师示范性培训项目"和"中西部农村教师培训项目"两项内容。

　　根据教育部《关于深化中小学教师培训模式改革全面提升培训质量的指导意见》、宁夏回族自治区教育厅、财政厅《关于认真做好 2014 年"国培计划"实施工作的通知》的精神和要求，宁夏大学承担了"国培计划"（2014）宁夏中小学幼儿园教师脱产置换研修培训工作。此项培训工作以宁夏农村一线教师的需求为立足点，以教育部颁发的《"国培计划"课程标准（试行)》为依据，科学设计培训方案，精心选择培训内容，整合多方培训资源，探索多种培训方式，积极创新培训模式，切实提高宁夏农村初中、小学、幼儿园教师的课程改革理念、教学能力、教育科研及科研组织能力。培训对象为宁夏农村初中、小学、幼儿园的 480 名政史、语文、物理、化学等学科教师。培训采用专题讲座、案例分析 、课题研讨、专家指导和影子实践相结合等多种方式。《"国培"花儿开金秋》一书收录的即是参加此次研修的部分学员撰写的学习心得和他们的思想感悟。

　　唐代大学问家韩愈曾言："师者，所以传道授业解惑也。"一语道尽教育对于个人成长的意义。传道在先者，人行于世安身立命之道，或正直或奸佞

---

①梁向明:历史学博士,二级教授,博士生导师,宁夏大学党委委员,宁夏大学教育学院院长。

或入世或出世，心之所信即为行之所在。立命之道立意高者，求己身之贞洁及家国之安康；立命之道立意低者，蝇营狗苟到底跳不脱金银财色的圈子。是以道之传授教育行为对个体人格施加影响的活动可谓要矣。启蒙者启之以道又当继之以业，人有谋生之计、安身之业方能各司其职，并与社会关系群体相处融洽。解惑之事列于最末，盖因针对知识扫盲的解惑活动已近于技艺。由此观之，教育之要当以个体生命的健康发展为旨归。然当今时代教育却面临着人格教养缺失的窘况。其一，教育制度化让教育普及的同时打破了古来教育中以人格教养为核心的师承关系，转而更为注重学科知识传授；其二，时代转型所带来的知识结构的转型使得学科内容更偏重于技能教育，而非人文素养的培育。故而如何在教育中对学生人格的形成施以有益的影响是当下中国教育急需解决的问题。

老子一句"道法自然"引得多少门徒遁入青山，孔子已故千年仍赚得后人慨叹"天不生仲尼，万古如长夜"，孟子亦倡"尚论古之人"。可见，国人素有溯祖的习性，然于这溯祖中也确实可得出生命的力量。老子仿着许由，魏晋贤士仿着老子，陶潜仿着魏晋名士，太白学着陶潜，于是千年的历史里便有了这样一种人格范式。多少人学了岳飞埋尸沙场，多少人又学了杜甫哀悯苍生。历史与文学的力量正在于此：将一种伟大灵魂封存，其后又将在另一个生命中将其解封。教育的意义或许正在于此，即生命力的感发，生命力的传承。

什么样的教育是可以成就一个人的？我的答案是适合受教育者个体特征的教育方式。贫贱之家尚有贵子，将相之门也生顽愚，教育成果的好坏与教育规格的高低并不是必然关联的。教育的确可以规正个体的成长使之在相对一段时间内符合教育者提出的标准，但人的成长是一个漫长且不可控的过程，人格的成熟形态大多取决于其本身性格，教育的力量于其中仅占一部分。如孔门弟子三千各有禀性，子路性急而勇，颜回仁且淡泊，孔子因其性以成其业。这一教育理念便是对个体生命的尊重与认可。反观现世许多成功学以统一且媚俗的所谓成功模式抹杀了多少个体的差异性，从而在教育过程中造成了对无数个体人格的戕害。

人的成长是一个漫长甚而迂回的过程，需要受教者的自适及施教者足够的耐心。一个班几十号学生，教师对教育过程中学生出现的诸多问题进行及时反馈就显得尤为重要。问题是具有时效性的，适当及时的解决时机是对学生心灵的保护与规正。子曰："不愤不启，不悱不发，"其斯之谓与！言传身教这一教育方式的时效性即来自于施教者与受教者之间及时的反馈交流。教育行为需要顺应受教对象的心理规律，违背这一规律的教育行为极易演变为暴力。苏格拉底主张催产术，教育何尝不是这样一种基于受教者本身属性，由施教者引导其目见自身及他者生命，自我开悟的过程呢？

所谓生命，不仅指具备生命体特质的个体，其包含着人之为人的一切心理情感状态、生理心理欲求，是指一个个体面对另一个个体时的全面感知，其状态是鲜活而真实的。正因为生命彼此之间的相互感知，才有了相通之情理与沟通的可能，教育也正是生命与生命之间的相互扶助与激励。时代制度化范围越大，个体体制化就越严重，自然的生命状态被就局限在越来越狭窄的圈子，正如伴随着同事称谓的是竞争关系，伴随着师生称谓的是一系列量化的考核标准，个体之间的交往被简化为身份职能的交往。故将一段关系还原为生命之间的相互感通并非易事，其前提是教师将对自我的认知还原为对完整生命的认知，方能以平等尊重的姿态去体悟介入他者的生命。究竟应该如何达到这一心理状态呢？古语云："一诚天下动。"何为诚？子曰："其恕乎……恕者如心也。"又云："己所不欲，勿施于人。"如心即为诚。如人之心方能急人所难、解人之忧，如己之心方能不自欺自弃、与自己友好相处。诚之所至，外不欺人内不罔己，目见生命之自在，故生命个体之间方能彼此爱护悲悯。

"国培计划"给予宁夏农村初中、小学、幼儿园教师以交流平台，各位老师能够真诚地记录此间生活的点点滴滴，闲笔之中点缀出一个个活泼的生命。这是我观览所辑文稿的最大感受，也是我最感欣慰之所在。我们每位老师虽然都是在柴米油盐烟火中打滚的凡夫，却也承担着为学生开启世界的重任。眼界决定境界，老师们或许不能给予每个学生影响一生的教诲，却可以尽可能地让学生看到世间诸多善的可能。我们是小人物，却干着关乎人心、关乎灵魂、关乎精神的大事业。于此记下我对教育的点滴感知，望与各位教师共勉！

序二

曾祥岚[1]

马玲老师邀我给《"国培"花儿开金秋》写个序，我欣然应允。且不说对于"国培"，我有一份情怀，首先是对马玲老师及所有培训老师的这份心血，我心怀欣赏，心存歉疚。因为工作角色的转换，我不再担任学院领导了，当时答应马玲老师由院里支持出这本书的承诺终于在现任院领导的努力下实现了，我倍感欣慰。

马玲老师是个极富热情的人，对学习的结果也勤于总结整理。记得有一天，她到我办公室说有这样的一个想法，她准备把培训期间的感悟和学习心得整理编辑成一本书。为此，她还专门做了ppt。当时我看了ppt，对其中的一些板块很欣赏，还有一些部分我提出了自己的一些看法和建议。经过讨论与交流，我们的想法逐渐达成了共识，思路越来越宽阔。看起来，马玲老师信心十足。说实在话，我当时心里是有份担心的。一是老师们回到工作岗位后，自己的本职工作和"国培"的科研任务就已经很重了，能不能有时间精力再做这件事；二是马玲老师现在热情很高，是因为处在宁夏大学这个环境里，等到回去后，随着时间推移、环境变化，还能否坚持。后来我辞职了，再也没有关心过此事。没想到有一天有人告诉我，马玲老师把这本书完成了。我又吃惊又欣赏，暗暗称赞：真是一个有热情、有毅力，说到做到的好老师。她在用自己的行动，诠释着西北贫瘠土地上顽强的生命意识和生存信念，它触动了我内心柔软的那个部分，我不禁眼中潮湿。可爱的马玲老师，我由衷

---

①曾祥岚：宁夏大学教育学院教授，硕士生导师。

地为你点赞！

《"国培"花儿开金秋》一书，记录了参加 2014 年"国培"老师们的收获与成长。这些老师多来自基层，很难有这么长时间脱产学习的机会。从老师们刚来时的惆怅满腹、各种的不适应、叹息时间的漫长，到转眼间盛开在校园的花儿凋谢了往日的娇颜，伫立在路边的树木褪下了茂密的绿衣，老师们感叹时间过得太快，似乎还没有学够。短短的三个月，是什么让他们的感受有如此大的变化呢？是他们的收获与成长。这些来自全区各市、县的老师们克服了各种困难，做着各方面的调整和适应，努力地学习、经历和成长。在这里，他们既收获到了做人的睿智、健康的心态，又拓展了专业知识，培养了自己的科研意识，掌握了科研的思路和方法。

作为一线老师，面对繁忙的工作、家庭的琐事，需要强大的内心力量和健康的心态来支撑自己做好每一个角色，以往他们疲于各个角色间的被动适应，难能静下来好好关注自己的内心世界，时常迷失在日常生活的忙乱中。通过学习，老师们体验到，只有调整好自己，增强自己内心的力量，提高自身的能力，才能从容应对工作和生活。此外，还提高了教育思想境界，就像华俊昌老师在讲座中谈道：培养具有"中国情怀、世界眼光"的一代新人是教育人义不容辞的责任，我们只有胸怀这样的历史担当，把教育与民族命运联系起来，带着这种厚重的历史责任感，才会有投身教育改革的自觉意识。"中国情怀、世界眼光"，这八个字激起了老师们的深刻反思：我有没有抱着这样的信念教育孩子？能否在我的教学中贯彻这个信念？这样的思考促进了老师们对教育理念的理解和升华。

尽管中小学一直倡导并开展教科研活动，但很多老师提起做科研，还是望而生畏，总觉得搞课题研究需要渊博的知识、高深的理论、精湛的教科研技术、前沿的教育信息、严密的逻辑思维、较强的分析研究能力和高度的概括总结能力等，而他们的实际能力与之相去甚远。然而，三个月的学习和专门的课题研究，每一位参训者在指导教师手把手的帮助下，从课题的选择、综述的撰写、研究设计，到课题的实施、结果的提炼等方面都得到了提升。老师们逐渐意识到课题研究的内容就是源于自己的教学实践，科研的最终目标是促使学生更愿意学、更容易学和更有效地学，有助于提高教学效果。当老师们对课题研究有了全面的了解与认识后，畏难情绪减轻了，做科研的动力强了。现在，老师们普遍认为课题研究已成为教师专业成长的重要途径，纷纷表示在今后的工作中要积极参与到课题研究中。我有理由相信，参加培训的教师会越来越多地脱去身上的"匠人气"，增添越来越多的"大师气"。愿参加培训的教师中，能够出现几个"中国的苏霍姆林斯基"，我期待着。

序三

张玉平①

读完书稿，心绪难平。

脑海中突然蹦出一个强烈的感受——2014 年万山红遍之时， 20 多位宁大教育学院的学者教授，历经三个月的层林尽染，让几百名的"国培"学员，也蜕变得"人师"味十足。这些本是骨干教师身份的学员，选用了一种诗意的方式来寄存留念自己的这次升华，于是就有了这本诚心实意的书，就有了这本书中辑录的 156 篇春华秋实般的文章。

捧读书稿，我似乎也在接受"国培"，只不过书稿作者亲历的是"实地现场版"，而我经历的却是"真情文字版"。文字版里面记录着 24 位专家教授的讲座精髓，记录着一次次的真心感动，记录着点点滴滴的生命成长。

我为这次凤城金秋的"国培"而喝彩，为更为"人师"的学者教授喝彩，更为"国培花儿"——老师们点赞。

这是一次多维度、全方位、十分接地气的培训。这次培训，既是一次方法技能上的传经送宝，也是一次爱心对爱心的召唤，更是一次"师魂"升华催生的精神感召。在这个精神高地，宁夏"国培"人描绘着走出"国培"后的"中国情怀，世界眼光"。

最后一次分享书稿，我突然想到北大双杰之一的孔庆东，想到他在读硕士的时候所住的北大 47 楼 207，想到他在这个宿舍孕育出的《47 楼 207》一书，我自然地想到了这本书的主编——泾源一小的马玲老师，在宁大 10 楼

---

① 张玉平：宁夏泾源县教育体育局副局长。

209，也编辑出了一本书。"国培"点燃了激情，必需的表达也就自然而然，如同北大 47 楼 207 一样，宁大 10 楼 209 在一个个学员、一篇篇文稿凝结"国培"真情的时候，209 已经成了一个具有象征意义的价值符号。文字为心，共同记忆。也因为马玲老师和泾源的其他几位学员所表现出的热心、勇气和担当，我想到了第一轮近五年的"国培"中，泾源县教育体育局荣获自治区"国培"先进集体，还是实至名归的，这本书让我想起了金秋十月泾源的美丽景色，想起了未来泾源基础教育的美好前景，给了我精神上的慰藉，也让我触摸到了走进"国培"、然后走出"国培"的诗心。

缘于此，我说，《"国培"花儿开金秋》是一本"国培情书"。

初心表白，不敢为序。

看那黄叶飘落时

（序四）

马　玲①

时光匆匆，三个月的"'国培计划'2014宁夏中小学幼儿园教师脱产置换研修培训工作"（以下简称"国培"）即将结束。刚来参加培训时惆怅满腹，叹息培训时间咋这么长！可转瞬间那些盛开在校园的花儿没有了往日的娇颜，无情的秋霜使它们闭上了眼睛，等待生命在下一个春天来临时绽放！我漫步在宁夏大学的校园里，感受着厚重文化的氛围和底蕴魅力的同时，也欣赏着大学生青春的活力和对生活充满希望的爱的气息！

思绪回转，八月的天空，秋高气爽，空气中弥漫着桂花的浓香。带着希望，带着憧憬，我来到了花草飘香的宁夏工商技术学院，开始了为期三个月的自治区骨干教师培训学习。开班典礼上，王燕昌书记、吴红军处长对学员寄予了厚望；培训期间，戴院长、曾院长及各级领导无时不在关注学员们的学习和生活状况，每到遇到问题，他们都商议，制订方案立即解决。

回想班主任马丽老师，初见时白皙如花的面庞，如今又黑又瘦，没了往日的光亮。每天她都是早晨匆匆来，晚上忙忙去，不管谁有事，学员只要一说，她必办好无疑。大家看在眼里疼在心上。马希芳老师深情地说："最难忘的一道风景线，就是马丽老师骑着自行车，穿梭在大街小巷，风尘仆仆，晒黑了青春靓丽的脸庞，赢得了学员们的敬仰！"是啊，培训前期在工商技术学院，后期在宁夏大学，她每天就靠那辆自行车，风雨无阻，来来往往！她的

---

①马玲：宁夏泾源县城关第一小学，高级教师，自治区级骨干教师。

憔悴为了谁? 为了"国培",为了参加"国培"的兄弟姐妹! 忘不了马丽老师!

还让我忘不了的是那三个研究生,漂亮可爱的靳宁宁、侯娟娟和帅气勤快的杜习震,不管我们在哪里听讲座、做活动,都能看到他们忙碌的身影。他们将劳累和艰辛留给了自己,将微笑和热情留给了我们。

回想起这段日子,让人很是留恋。初到时,项目组为学员们购置并发放了许多体育用品,包括篮球、羽毛球、毽球、跳绳、扑克牌、跳棋等,后勤处处长还特意为我们借了音响,满足了热衷于广场舞的老师们的愿望。欢快的舞曲响起,姐妹们迈动着轻盈的舞步,将一天的疲劳和想家的渴望在那优美的舞步中逐渐淡忘。

学习是件很辛苦的事情,但大家都以阳光的心态来感受、珍惜这来之不易的机会,享受着收获的快乐和愉悦。正如白梅老师所说:"有缘相聚在一起,我们走进彼此的故事,分享夏雨秋露,见证绝代风华。在路上,留下了友谊、温情、关爱,留下了谆谆教诲,烙上了永恒的温暖,怀揣美好的似水流年,勇敢地向前。愿友谊天长地久!"在学习的每一天,我感受着知识带来的乐趣,享受着友谊带来的温暖。回家在即,我无尽留恋! 看着209宿舍里的三把椅子、两张床,回想"国培"的这些日子,许多的温暖,许多的震撼,许多的美丽瞬间,我竟一时难以表述我以怎样的方式将记忆保存,留给我亲爱的同伴,在我们渐渐老去的时候,端起一杯热茶,躺在摇椅上沐浴阳光时,翻着它,回忆曾经美好的年华。看着黄叶轻轻从窗前飘下,金色的阳光照着它,《"国培"花儿开金秋》就这样诞生了,诞生在2014年10月20日宁夏大学10号楼209宿舍的夕阳的照耀下,我要将心中的美丽装进它,在一个美好的日子里,将它双手献给您——2014的"国培"和参加"国培"的朋友们!

2014年10月30日下午

于宁夏大学10号楼209宿舍

一、致老师

二、专题感言

三、培训中的开心事

四、学做课题

五、"影子"实践

六、"国培"感悟

七、个人成长故事

八、美文赏析

九、心系未来

一

致老师

留在心中的感动
——致华俊昌老师

泾源县第一小学　马　玲

听了宁夏教育厅师资处华俊昌老师《教育从这里创造一个全新的世界——对中小学幼儿园校（园）本教研的实践与认识》的讲座，我感受颇深：在知识经济全球化趋向势不可挡的情况下，培养具有"中国情怀、世界眼光"的一代新人是教育者义不容辞的责任。作为教师，我们只有胸怀这样的历史担当，把教育与民族命运联系起来，带着这种厚重的历史责任感，才会有投身教育改革的自觉意识。"中国情怀、世界眼光"这八个字深深地印在了我的脑海中。"中国情怀"不用说，"世界眼光"我们有吗？这值得探究，值得深思。

1. 我在做什么，我能做什么

我印象最深的是华俊昌老师说过这样一句话："我在做什么？我能做什么？明天如何面对学生？这是我们老师首先要考虑的！"就这个话题，我想到我曾经带过的一名学生，名叫××，他曾经得过肝炎，小时候被开水烫过，头部做过手术，这个孩子是休学后到我班的。接这样一名学生着实让人头疼，但凡当老师的都能理解，就他一人，我啥率也别想和同年级的老师比了。他父亲因肝炎早逝，他妈妈为了生计远去新疆打工，他从小就由年迈的外婆看护。看着这样一名学生，说实话，我打心眼里发愁！但作为老师，学生就是我的责任，我就要尽到当老师的职责。我在课堂上教过的汉字，这孩子一个都记不住，一听写，全写错，每次我都很无奈，但我不能放弃。后来课堂听写，他写不上时，我便鼓励他让他抄写。刚开始，他写得确实乱，我就在田字格中示范，然后让他照着写。一次次的鼓励，他的字越写越好，他的脸上也逐渐有了很难有的笑容。说实话，他长得很可爱，身板端端正正，走路很直，于是每次排队时我都让他当领队。他一天比一天自信，脸上的笑容一天比一天多起来，每次上课前我都要特别表扬一下他："今天放学我们班路队走得最整齐，校长都表扬了，这和××的努力是分不开的!""这次书法比赛，××又得奖了!"听着我的表扬和同学们的掌声，××显得很自信、很开心!

一晃六年级毕业了，我对那班学生恋恋不舍。时间过得很快，有一次在广场上举行大型演唱会，我和几个同事正看得入迷。忽然有个声音喊道："老师!"是××的声音。"呀! 长大了么!"我眼前的××个头长得很高，皮肤白白净净。他上中学后好久没见到了，俨然一个小帅哥! 他笑着和我打了招呼，而且硬把一瓶可乐塞到我手里。"老师再见!"看着他远去的背影，我一阵喜悦涌上心头：健康地成长比什么都好!

而今听了华老师的讲座，使我再次顿悟：我要做我能做的，我最想做的就是关爱每一个学生，最想看到的就是他们充满阳光、充满自信的笑脸，看到他们能快乐学习，快乐生活!

2. 怎样做教育案例研究

通过华老师的讲座，我学会了怎样做教育案例研究。

一是勤记案例。教育案例的记述，要求我们教师平时能够看到、能够关注寻常事件，然后把自己对事件的分析、看法及解决问题的方法的整个过程记录和描述出来。

二是挖掘主题。典型的教育案例，意蕴丰富，要善于挖掘出其中的主题。

三是乐于反思。思广则能活，思活则能深，思深则能透，思透则能明。

四是敢于质疑。平时视而不见的寻常事件经常发生，我们看到了，也解决了。然而实际上我们很少把自己遇到什么问题、怎样遇到这个问题和怎样解决这个问题的整个过程记录下来并描述出来，也很少静下心来思考。华老师说得好，应该把整个过程记录下来并描述出来，挖掘出其中的主题并敢于质疑，进行案例研究。通过听华老师的讲座，我对怎样做案例研究产生了极大的兴趣!

华老师学识渊博，平易近人。在开题答辩结束后，我请华老师对《"国培"花儿开金秋》的构思给予指导。他不愧为专家，谈吐之间充满了智慧与鼓励。"'国培'花儿开金秋"，真好! 多优美的语句啊，瞬间我牢记心中，这部文集就以华老师的金玉良言为题，我觉得太好了!

3.　教育就是生活，在生活中创造教育

陶行知曾说："生活即教育。"我在教学中一直品味这句话的含义。聆听了华老师的讲座，从字里行间使我感受到华老师是个有心人，他以身作则，是名副其实的"草根学者"。他讲道："教育就是生活，在生活中创造教育，在教育中实践生活。"其实教师和家长都是孩子的一面镜子，无论教师还是家长，不管是言语举止还是习惯嗜好，都会对孩子产生毕生的影响。生活中的许多细节其实都可以成为我们教育孩子的良好契机，只要我们做个有心人。

心存真善的女人

——记宁夏大学教育学院曾祥岚教授

泾源县第一小学　马　玲

初识曾院长，是在宁夏工商职业技术学院礼堂举行的2014"国培"开班典礼上。当时我坐在礼堂倒数第四排的位置上，距离主席台比较远，看得不是很清楚，但曾院长的讲话很严肃，言辞很犀利，她不仅要求学员们安心、按时、认真学习，而且提醒大家要严于律己，注意安全，更别搞出什么"快餐爱情"来……有的老师还笑了，但细一琢磨，都在理上。

8月23日下午，曾院长给大家做了《提高自我心理调节能力　享受高质量生活》的讲座。她给大家讲了一个故事："我的一位朋友的丈夫在某市当市长，我的这位朋友在大家面前确实风光，她与大家聚会聊天都一副十足的优越感。有一天，她却给我诉起苦来：'你看我婆婆气人不气人？我们给她买了房子，我尽心伺候着，最后为要把房产留给谁的问题她和她的儿女们商量，竟然都不给我打个招呼，把我当外人。她不想想，房子是我们给买的呀！你说气人不气人?! 我说：'看你从哪个角度去想。人家老奶奶生了那么优秀的一个儿子，你享受着，吃香的喝辣的不说，人前你要尽了风头，好不风光，人家老奶奶说啥了。更何况，美其名是你们给老人买了房子，其实就是人家儿子给妈买的，老人心里明镜似的，不叫你参与人家家务事是老奶奶站在她

5

的角度来思考问题的，你从自己的角度看这件事肯定心里不爽。但你换位思考一下慢慢地就接受了。你是媳妇，媳妇就把媳妇的事情做好，该你做的你做好就行了。老人自有老人的想法，这是老人家的事，你生的哪门子气呢？做好自己的事，尊重老人，心胸放宽一点接受现实，把你的市长夫人当好就行了。我的朋友听我这么一说，还真就把那事放下了，心情即刻好了许多。'"

听了这个故事，我很受启发：做好自己角色内的事，尽自己的责任，不干涉别人，尊重别人的意愿，保护各自的空间……

听了曾院长的讲座，我受益匪浅，也明白了一些为人处世的方法。从她的言辞中，我感受到了她做人的大气和内心的真实！

有一天，QQ 群里有学员说拉肚子，不久又有人也说拉肚子。晚饭过后，我们回到宿舍的时候，看见曾院长还有很多领导都站在宿舍楼门厅里。听学员说，领导们亲自来调查拉肚子的情况。就这件事情，曾院长他们一直开会、商议、解决，那天一直忙至午夜时刻。幸好也没什么大事！从那件事可以看出曾院长对工作的高度负责！

时间过得真快，转瞬间三个月的学习已近尾声。我对"国培"感触很深，产生了编辑《"国培"花儿开金秋》的想法，并且把构思模块做了 PPT。马丽老师把我的想法汇报给曾院长，曾院长又报告给戴院长，领导们都特别支持。当得知领导们这么支持，我内心涌起了无穷的力量，于是暗下决心：我要做，更要做好！

说来真巧，好像是缘分吧，培训结束的前一天中午，我进餐厅刚好碰见曾院长，我主动打了声招呼，并且说了《"国培"花儿开金秋》的事。曾院长很爽快地对我说："你吃完饭到我办公室来，把详细情况说一下好吗？""好啊！"我很是激动，也很高兴！来到曾院长办公室，她坐在电脑旁，看到我们（我碰见了另一名同事，就一块来了）进来了，就起身微笑让我们坐。我把U 盘给了曾院长，她下载到了桌面。她边看我制作的 PPT，我边解释。曾院长看完后认为这个想法很好，并鼓励我好好做下去，还建议我也可以做成数字故事挂到"国培"网上，这样可以让更多的人来欣赏！为了让我们有更直观的体验，曾院长给我们看了她去彭阳县讲课的数字故事，很生动，特别好！

临走时我们邀请曾院长和我们合影留念，她很高兴，而且照了照镜子，并披上了她漂亮的披肩。

在宁夏大学文科大楼门口，我们合了影，留下了美好的瞬间。这时有人打电话给她，她匆匆向我们道别，并欢迎我们下次再来。

看着她转身走了进去，走进了高大漂亮的文科楼，我心中无尽的留恋。感谢您，曾院长！感谢您，美丽的宁夏大学！

难忘夜幕下的那道身影
——记宁夏大学教育学院教授王安全教授

灵武市第二小学　刘佳文

一滴晶莹的清泉，一阵凉爽的秋风，一片枯黄的树叶，总能在我们的生命里刻下永恒的回忆，给我们无限的遐思；一个灿烂的微笑，一声关切的问候，一次谆谆的教诲，总能萦绕在我们的脑际，给心灵以温暖的慰藉。三个月的自治区级骨干教师研修学习已暂告一段落，回顾这短暂的三个月，班主任善解人意的关怀，专家教授引经据典的精彩讲座，学员间的深情厚谊都让我久久回味，但印象最深最难以忘怀的却是深秋夜晚的那道背影。

这还得从研修学习中的一项任务说起。本次培训过程中有一个全体学员必须完成且要求极其严格的作业——进行小课题研究。一听到要完成这项任务，我的脑袋"嗡嗡"直响，可以说，我是"谈课题色变"，因为我参与过课题研究，了解其中的艰辛与不易，更让我懊恼的是可能因为方法的问题，我做课题研究总是无功而返。而且我也一度认为研究课题是专家们的事情，与我们普通教师相距甚远。但当我听到本次课题研究从选题到撰写开题报告都由培训部专门指定教授给我们面对面指导的时候，我稍稍松了口气，有专家亲自指导那会简单许多。于是，我盼望着与课题指导老师见面的那天。终于，在一个周末的下午，培训部安排了我们与指导教师的见面会，与其他学员一样，我心中充满了期待与不安，期待一位和蔼可亲，没有教授架子，能够真心实意帮助我们的导师。当我听到我的导师是"王安全"时，我伸长了脖子，仔细打量着坐在台前的近 20 位导师，各个儒雅有气度。一下我的目光定格在一个皮肤稍黑，戴着眼镜，慈眉善目的中年男教授的身上。他面前的牌子上写着"王安全"三个字。还好还好，我悬着的心终于落地了，凭我的直觉和对他外貌的观察，我想他会很好相处，交流起来肯定容易，也不会过分挑剔。接下来便是学员与导师面对面的交流了。由于场地有限，我们被派到学院东边的一个露天角落与导师交流。正如我所料，王教授很有亲和力，说话不紧不慢，不太标准的普通话中透着一股质朴，我们四个学员很轻松地与他攀谈了起来。待我们一一作了自我介绍之后，王教授也自报家门，然后便让我们谈谈对课题研究的认识，我们毫无顾忌地说了我们的真实想法。当我提出开展课题研究的必要与否以及小学教师开展课题研究受理论水平制约等问题时，王教授一下变得严肃起来，他看了看我，反问我："你现在从事语文教学吗？"我回答"是的"。他接着又问："在教学中你遇到过困惑吗，想着怎么解决吗？"我的回答依然是"是的"。王教授便从课题研究的必要性讲起。他说课题研究以需要解决的问题为研究对象，以问题解决、经验总结为研究目标，吸收和运用有利于问题解决的经验、模式和方法，改革教学思路和方法，提高教育教学水平和质量，同时促进教师自身专业发展。小课题研究的立足点就是教师的教学实践。教师在实践中反思、在反思中探索，从而有效解决教学中的现实问题等。当谈到小学教师的理论水平不高的问题时，王教授又告诉我们，不能妄自菲薄，要认识自身的价值，更要严格要求自己，要不断学习等。不知不觉中，天色暗了下来，其他组的导师与学员都陆续离去了，而我们这一组还在探讨，直到同伴提醒王教授今天是周末，要赶车回家，我们才散去。这时突然感觉到腰酸背痛，腿有些抽筋了，整整站了两个多小时啊。夜幕中，看着王教授渐行渐远的背影，我的心又一次揪紧。这个教授不简单啊，是个教育行家，对待教育的态度是严谨的，对待工作是极其负责的，对我们几个学员的要求也是相当严格的，这真是让我几多欢喜几多忧啊。

如果说初次见面王教授留给我的印象是严谨、严厉与严格，那么接下来的一件事让我对王教授更多了几分敬仰与感恩，那就是他对人的真诚与无私。那是深秋的下午，我的手机响了，是王教授打来的，我赶快接听了电话。原来是王教授要到我们这边给我们指导选题与撰写课题事宜，他说下课直接从宁大南校区赶过来，电话约定是晚上七点。挂了电话，我赶快联系几位学员告知他们王教授要来的消息，时间接近晚上七点，出于礼貌与不忍，我们便一直等候在校门口。此时夜幕已降临。宁夏深秋的夜晚已是寒气逼人，我们缩着身子，探着头，一辆又一辆车进来了，不见王教授。不一会儿，一辆电动车慢慢进入我们的视野，又慢慢行进到我们的身边停下。"王教授!"我们几个异口同声地惊呼起来，没想到这么晚了，王教授竟然骑着电动车来辅导。来到宿舍，我们围坐在他的身旁，一个接一个与他交流我们的想法，王教授一个接一个进行指导：对选题有问题的，他详细地指出问题的所在，并提出明确的修改意见；对开题报告的写法与要求，他一一作了细致的说明。当我们提出如何获得国内外有关课题方面的研究资料时，他又不厌其烦地为我们介绍了"中国知网"等国内相关学术网络及如何查阅资料，还为我们提供了宁夏大学图书馆的信息。王教授告诉我们，有需要到图书馆查阅资料的，他会帮助我们。讨论愈加热烈，宿舍内洋溢着和谐的氛围。王教授时而滔滔不绝地讲解，时而凝神静听，我们边听边问边记录，浑然不觉已是深夜了。谈话最终在楼管老师的催促中结束，我们送王教授出来，一直送到校门口，在寒风中，王教授的身影消逝在路的尽头，我的心久久不能平静。一直以来，我心中的教授是这样的：他们风度翩翩，学识渊博但孤傲冷漠、自命不凡，不食人间烟火。今天，我知道我错了。教授是儒雅的，是有学问的，但更是平易近人的，真诚的。王教授就是这样的。

接下来的日子，我顺利地撰写了开题报告，顺利地完成了开题答辩，对小课题研究有了更深更透彻的认识，同时也体悟到项目组安排这一任务的真正目的和良苦用心。"课题"在我心目中变得亲切起来。

时过境迁，但深秋夜幕下王教授骑车离去的那道身影一直深深留在我的脑海……

你的憔悴为了谁
——记培训班班主任马丽老师

泾源县第一小学　马　玲

2014 年的 8 月 10 日，伴着花香，我和参加"国培计划"（2014）宁夏中小学置换脱产研修项目的老师一起走进了美丽的宁夏工商职业技术学院，参加为期三个月的"国培"置换学习。

1. 丝丝秋雨　掠见温情

报到的那一天，斜斜的雨丝伴着一阵凉意。我拉着一个大皮箱，手握一把伞，在班主任马丽老师处签名。然后要进教室里面照相。"进去照相，箱子咋办呢？"踌躇之际，我小声地问着马丽老师："我暂时把箱子放这儿可以吗？"当时马丽老师很忙，但对着我说："你往里面拉拉，就放在这儿。"边说边示意，让我把箱子拉到她的身后，然后又忙着给其他老师报名。我进去很快照完了相，出来拉箱子之际打了声招呼，马丽老师冲我淡淡一笑，又接着去忙了。在那个瞬间，我发现马丽老师很清秀、很年轻，皮肤很白，很漂亮！

刚住进工商学院的学生公寓，因为没有网络、电视，学员们很寂寞。马丽老师想方设法联系项目组，最终让二号楼接通了无线网，学员们可以用手机上网、聊天、看电影，能解闷了。见大家开心地笑着，她也开心地笑了。有一次饭后几位学员聊天时诙谐地说："我们骨干班的班主任马丽老师，心地善良，身材修长，步履轻盈，如阳光照耀下的杨柳那样婀娜多姿，美人一个。"我认为的确是这样！

2. 求真存善　慧眼识金

为了听专家讲座，学员们急急匆匆、来来去去奔走在工商职业技术学院的小剧场和清风园之间。记得有次在小剧场，靳岳滨教授讲座期间用到了黑板，边讲边写，眼看黑板上的字已写满，500多人在听报告但没人上去擦黑板。我坐在下面很着急，很想上去把黑板擦干净，但我犹豫了。坐在倒数第四排离主席台很远是我的借口，当着几百人去擦黑板没那个勇气可能才是我当时没上去的真正原因。做无用的着急之时我也在祈盼："前面哪个老师赶紧上去擦呀！"这时，我们班的刘桂芳老师（因为刚来，不知道她的名字，后来知道的）走上了讲台，麻利地把黑板擦了个干净。这时靳教授也开始边讲边板书。看着擦和写之间衔接得那么自然，我长舒了口气，同时心里这样赞叹："这位老师好样的！"

下午在清风园上分班课中途休息之际，马丽老师对班里的一些事情做了简单的要求之后，对刘桂芳老师早晨的积极行为进行了高度表扬。当时我觉着自己脸上火辣辣的，为自己的怯懦感到羞愧，但打心底里为刘桂芳感到骄傲。她，做得好！就这样，班里每每有这类事情，马丽老师都会慧眼识金，求善存真，把正能量适时地传递到骨干班每一个学员心中。

3. 高度负责　精益求精

成人培训班不像学生那样好管理，但作为班主任，马丽老师有自己的原则。比如，两份签到册，每个人按时亲笔签名，不准代签。个别老师中途有事，尝试着让其他老师代签了一次，她立刻发现，语气委婉但字字有力："是哪位老师代签的我一清二楚，希望不要有第二次了！"简短的一句话后，再也没见谁给谁代签过。每到听课时，我们班除了不得以请假的而外，其他每位学员都按时认真听讲并积极在课堂上与专家教授互动交流，真正达到了"采他山之玉为我所用，纳百家之长解我所困"的效果。学员们听得极为认真，笔记一个比一个记的细致。有的怕漏掉了其中精彩的环节，还使用手机拍照、录像，能想到的办法都想到了。在排练节目时，即便剩最后两位学员，马丽老师也一直陪着，直到排练结束为止。她对工作的高度负责、精益求精，从骨干班良好的班风上看得清清楚楚。

4. 心地善良　乐于助人

马丽老师很爱笑，每当和大家交谈时，她的笑容阳光灿烂，很感染人。她扎着高高的马尾辫，前额光洁露出一种聪慧！那支发卡不让一丝发丝跑到额前，一颦一笑间是那么的美！

白俊兰肚子疼，她问长问短；我挂吊针，她吩咐叮咛抓紧看……她的心很细，不管谁有事她都操心，尽力去帮！不管谁有大大小小的事情她都看在眼里，急在心中，想法帮着去解决。在她的带领下，骨干班的老师们学习、生活都很好，心情都很愉快！

记得有一天早晨，我吃了一个鸡蛋后喝了几口冷水，不一会儿，胃里就阵阵抽疼。我强忍着听讲座，可胃就像被魔鬼的爪子使劲拧一般，疼痛得厉害，喝了几口热水，但于事无补。直到中午回到宿舍，我汗流浃背，冶红梅急忙找来胃药给我服上让我歇息。我感到四肢无力，躺在床上窝成一堆，心里想着下午上课咋办。疼痛和疑虑中拿起手机，给马丽老师发了短信："马老师，我胃痛，下午若好便来听课，若还不好，望请假半天。"她马上回应："好，注意休息，把药吃上。"吃了药以后，不大一会儿，我便迷迷糊糊地睡着了。猛然醒来，已快下午3点半，汗湿了枕巾，我感觉浑身轻松了许多。

踌躇片刻，还是听课去吧，这时去还能听一半的讲座。本次培训的专家讲座一场比一场精彩，专家们以生动的案例、专业性的理论知识和富有哲理而又通俗易懂的讲述使我的心灵一次次得到升华，使我每次都能有新的收获，所以我不想落课。我挣扎着起来喝了口水，拖着有些软弱的四肢，拿起笔记走出了宿舍，走向了清风园。刚到门口，看见马丽老师正和一位老师交谈着什么。我正想打招呼时，马丽老师看见了我："马老师你来了？怎么样？脸色很不好啊！"我说："这会儿感觉还可以，我就过来了！""我看你脸色很差，要不你签完到，回宿舍休息吧！"马丽老师语气中透出关切，眼睛里流露出像亲人一般担心的眼神，就那一句话、那担忧的眼神，瞬间使我浑身一热，一股暖流渗进了心田！人出门在外又在病中，那时能得到别人的呵护与关心，内心的感受非同一般。感觉是那么亲，那么让人感动！"马老师，这会儿我觉着身体还行！"我冲马丽老师笑着说了一声，还是走进了报告厅，心想：人要知足！我知道纪律是约束大家的，何况老师们都那么遵守纪律，我怎能例外。骨干班近120人，自由散漫哪能成！我能感受到马丽老师作为班主任肩头的责任，在这样的情况下，她给我使眼神让我去休息，那一份感动，不在生病中的人可能无法领会！那天听课，我虽然感觉有些困乏，但心情非常好，听课很入神。

整个学习期间，马丽老师每天早早来，向全场一环顾，低头一思索，看着学员们出出进进，谁来了，谁有事，她都掌握的一清二楚。就这样，大家都自觉严格地遵守纪律，按时上下课，没有一个人抱怨。

5. 急人所急　热心暖人

回到宁夏大学北校区的一天中午，温暖的阳光透过窗户照在209宿舍里，也照到了我的脸颊上，暖洋洋的，我顺手把窗帘拉了拉，遮住了晒到我脸上的那些光线，没遮住的阳光幽闲地洒在对面赵静的床上，粉色床单上黑白相间的图案更显清晰，纱巾静静地躺在床上，沐浴在阳光的怀抱里，好惬意！

楼道里偶尔传来脚步声，夹杂着一阵接水的哗哗声，继而一片安静。周末了，家在学校周边的老师都回家了。

培训即将结束，赵静和马迎梅两人去了二十一小跟岗实践，所以209宿舍中只剩下我一人，有三张床、三把凳子、一张课桌和我做伴。坐在窗前写写听课反思，看看书，也不觉得孤单。

闲时我把《金秋》的框架拉了出来，想请马丽老师帮我看看。于是我发了条短信："马老师，我有要事，能否面谈。"马老师很快回应："可以，在宁大C区北门口见。"我站在北门口的路边，低头边弄着手机边等待着，公路上车来车去，人来人往，一抬头，看到马丽老师骑着自行车，瞬间到了我眼前。银川11月份的天气也冷了，跟岗实践我也没有分到马丽老师那个组，看见她，一种久违的感觉，好亲切！马丽老师轻盈地从自行车上下来，甜甜地笑着，原来白皙的脸颊显得黑了一些，又多了些憔悴，但依旧那么美丽。

我向她说明了编写《金秋》的想法。她长舒了一口气："啊！吓死我了，你短信上说面谈，我想肯定是要事，就赶紧放下手头的活过来了！""没有，就这事！"我笑了笑。那一刻我为我语言表达简单而给她造成的紧张感到十分内疚。她立刻看出了我的意思，说："没事就好！"还说："《金秋》这个设想很好！你拿出一个详细的框架，完了我跟院领导沟通一下！"

看到马丽老师这么支持我，我浑身充满了力量，心想，今晚回去赶紧再整理一下思路！过了两天，我在电话里把理好的想法告诉马丽老师以后，听到了她甜美的声音："马老师，这件事你做得很好！昨天下午开会，我把你的意思给曾院长说了，领导们非常支持。你好好整理一下，总结会时把这个想法给参加培训的老师们都说明一下，可以向全班征集稿件。"这时，我内心涌动着一股激情，没有预料到事情会这么顺利，我非常高兴！于是，立刻邀兰喜连一起去打印部做了《金秋》目录的PPT。

时间过得很快，开题答辩的地点定在文科楼，按顺序我轮到了下午第二个，当我顺利地向专家陈述完开题报告后，放心地给马丽老师发了短信："目录已完成，您忙完咱们见个面。"她回信："开题报告结束后，到320找我。"在320教室，马丽老师、华俊昌老师……都在认真地听取学员汇报并一一进行详细的评价。开题结束，大家纷纷离开，这时马丽老师立刻把我编写《金秋》的事儿向华老师做了简单的介绍。华老师耐心地听我把《金秋》的初步设想讲完，非常高兴地说："很好！很好！这里面有几个点我就能用到我的报告当中去。"我还开玩笑说："华老师，这版权呢？"他微笑着说："版权当然是你，好好写，这个名字还可以用《"国培"花儿开金秋》，你可以参考一下。稿子完成后，如果不错，我来负责让出版社给你出。"我一听，兴奋地不知说什么才好！

看着华老师匆匆离去，我激动的心情久久不能平静。亲爱的马丽老师，谢谢你给我指引了方向！

总结会上，我将PPT展示给了大家，《金秋》终于初次和大家见面了！从老师们赞许的话语和眼神当中，我感受到了大家的肯定、支持和鼓励！这一切，都得感谢"国培"让我遇见了你，美丽的马丽！

6. 不徇私情　公平公正

评优选先对于任何一个人来说，都是件值得期待和争取的事情。在这次培训中我一直认真学习，积极参加班里面的一切活动，想争取被评为优秀学员，但最后听个别老师说，普通学员一般轮不上，班干部优先，其余的，班主任老师说谁就是谁。可是在评优那天，马丽老师说得非常清楚，评优是有一定条件的，即：1.请假在五天之内；2.跟岗期间带班一周的；3.至少要参与班级的一项集体活动；4.跟岗期间讲公开课的；5.讲微格课的；6.……这六个条件符合其中三项以上的，就可以参加评优演讲，如果少于三项，那也就没办法了。大家一看有了公平的标准，一个个都报名参加评优演讲，名额36名，在同事们的极力推荐和激励下，我走上了讲台："不想当将军的士兵不是好士兵，我认为不想当优秀学员的老师就不是好老师，所以我来了。"一语未了，掌声响起。那时我看见作为班主任的马丽老师笑了！

7. 任劳任怨 不计报酬

"国培"最后的总结会上，曾祥岚副院长说到马丽老师和马笑岩老师时声音都哽咽了："因为我的疏忽，使马丽老师和马笑岩老师，尤其马丽老师带了小学语文骨干班近120名学员，给的班主任费用却和幼儿班、初中班带班的班主任一样多，马丽老师和马笑岩老师从来都没有因为个人的任何私事或班费给的少了而抱怨过。相反，她们默默无闻地做了许多事情，而且做得那么好。在此，我要感谢你们！"

听着曾院长的话，我在心里默默私语。是的，谢谢你，马丽老师，谢谢你三个月以来辛勤的工作和对我们付出的努力！从你脸上，我看到你变黑了，虽然变黑了，但依旧美丽；从你脸上，我看到了憔悴，你的憔悴为了谁，就为了这一百多个兄弟姐妹！为了大家开开心心地学习，健健康康地生活，平平安安地回家。从你的身上，我看到了作为老师为人服务的品格，你为人谦和，对工作兢兢业业。我从你身上感受到的，是老师的魅力，遇到你这样的老师，真好！

师爱永在我们心中

——记"国培"班主任郝振君老师

泾源县教体局教研室 洪晓玲

师爱可以被传递，同样，快乐也是可以传递的。我的"国培"班主任，宁夏大学教育学院的郝振君教授就是这样一个人，跟她在一起学习生活，我感到无比快乐与幸福。她个子不是很高，但性格开朗，豪爽大度，给我们带来了许多的快乐。她喜欢我们班的每位学员，并且对我们的爱是给予知识的爱、科学的爱。在"国培"期间与她相处的90多个日夜里，她对我们的关心与要求，保护与鞭策都是对我们深深的"爱"。我们班的所有学员们都愿意接近她，和她谈天说地、一起探讨问题。那段时间我好快乐。每当看到老师们灿烂的笑容，感觉心理好温暖、好亲切。

郝老师性格开朗豪爽，乐于助人。很多人认为，经济界人士给民众带来富裕，教师给人民带来知识。然而，郝老师给我们带来的不仅是财富和知识，她带给我们更多的是欢声笑语与克服困难的决心和勇气。刚来到宁夏工商职业技术学院时，好多老师由于家庭、孩子的问题，第一周都回家了，而我离家较远没回去，心想着周末只有两天转眼就过去了。但没想到，宿舍里没有电视看、没有书读、没有人聊天的日子实在是难熬，寂寞、孤独、无聊……一切的悲凉就像一条无形的毒蛇慢慢在我身体里爬行。白居易的"独在异乡为异客，每逢佳节倍思亲"的感觉油然而生。在第二周的周一和郝老师偶然的一次谈话中，我无意提及了"不好过"的周末生活。没想到，说者无心，听者有意。郝老师告诉我，说可以为我们争取让工商职业技术学院给培训学员开放微机室，给宿舍接通无线网，这样我们不仅可以学习知识、交流思想，还可以通过聊天相互认识，促进了解。在郝老师的努力与帮助下，问题很快就得到了解决。我们的培训生活也因此一天天变得热闹丰富起来。大家利用网络资源相互传递着自己的心声，分享着他人的幸福与快乐。

郝老师做事考虑周全，公平公正，平易近人。对学员的要求与困惑，她总是心平气和、很耐心地帮助解答。与她一起聊天，无顾虑没压力，很愉快不拘束。在我们心情压抑的时候，只要找到郝老师就没有散不去的愁云和解不开的心结。宁夏的"国培计划（2014）"培训前两个月在宁夏工商职业技术学院，大部分都是理论学习，后一个月的培训由以理论为主转为以实践为主。为了方便大家，我们搬到了宁夏大学 C 区。分宿舍时，郝老师把离家远的、常住宿的学员都分到了 10 号楼的阳面中层。住进去的那天晚上，好多学员都被郝老师的这种不偏不向、公平公正的做法所感动。特别是 11 月上旬，学校暖气一时供不上，郝老师常常打电话问寒问暖，大家都说在嘴上，暖在心里。在培训结束的评优选先会上，其他班都是学员提名推荐，而我们班却是无记名投票，郝老师当着全班学员的面一个个统计评选结果，一站就是好几个小时，看到老师那种一丝不苟、严谨认真的工作作风与态度，我们班学员没有不从内心佩服郝老师的。

郝老师知识渊博、风趣幽默，说话富有哲理性。与她相处的三个多月中，我们不但与笑声相随，与快乐相伴，而且还开阔了眼界，拓宽了思维，增长了见识，学到了不少知识。她常常根据年龄、性格、兴趣、爱好的不同，给我们讲一些人生哲理："人若把自己框在一定的范围内，就容易限制自己的思维和格局。""尽管你不知道意外和明天哪个先来，但没有危机才是最大的危机，满足现状是最大的陷阱。""一个人的所见所闻会改变他的一生，不知不觉就会断送一生。""生命不在于活得长与短，而在于顿悟得早与晚。""做人处事，待人接物：重师者王，重友者霸，重己者亡。""没有目标的人永远为有目标的人去努力。""人生的意义就是对自己生存方式和发展方向有选择权。不一样的选择绝对会有不一样的结果！路在脚下，用心去走……"这些话对我的触动很大，每次想起，都会有不一样的感受，对郝老师的崇敬与思念就会增加一分。为了让我们开心地度过每一天，她除了给我们讲一些笑话、幽默故事外，还常常利用QQ、微信和我们聊天。到现在一想起《今天惹祸了》这个笑话，我就忍不住捧腹大笑。"办公室的鱼缸里养了几只透明的小虾，领导戴着眼镜看半天，问我养的什么。我说：'虾啊！'领导一愣，走了……我也愣了，赶紧大声地解释：'虾啊领导！领导虾啊！领导真是虾！！是真虾啊！！！'"郝老师的笑话可多了，比如她用抑扬顿挫的语言和夸张的表情，模仿陕西话给我们讲的《陕西女娃方言情书》，把我们班银北的学员惹得一把鼻涕一把眼泪地抹个不停。简直把人笑翻了！"亲爱的，你最近咋向？想你把俄都快想疯咧。你得四把俄忘咧？你前几年胡谝着社你爱俄一辈子呢，咋这一辈子还莫完呢，你个莫良心的咋就把俄不爱咧，俄都叫你快活活地气死咧……"后来，我们这些银南的学员在郁闷、情绪低落、心情不畅时模仿郝老师的语气，相互之间逗乐，给同伴们解闷。

在幼教班学员的眼中，郝老师勤奋好学，克勤克俭，从不轻为妄作。8月至10月的银川，气温高达三十八九度，好多人都不爱活动，怕出汗。可郝老师常常拖着疲惫的身躯，顶着高温酷暑和我们一起听讲座、学跳舞、做国学操。特别是北京李建老师在上《幼儿韵律体操创编拓展》时，那天早晨前半节课是在教室讲理论，郝老师就一直边做笔记边听讲座两个小时。后半节课是在室外。天空没有一丝云，地上没有一缕风，太阳像一盆火炙烤着大地，花儿耷拉着脑袋，树叶无精打采地卷着半边……李老师让我们结合她所讲的理论自由组合，根据幼儿体操的创编原则和特点，从层次、节奏变化、音乐特点、队形变化等方面创编简单的幼儿体操。我班的好几位学员看到外面火辣辣的太阳，眼都不想睁，一边用手挡着阳光，一边扇着风，急切地盼望着李老师早点下课，个别学员干脆就直接找个阴凉的地方舒服去了。可郝老师对自己创编的舞蹈动作总是练了又练，在所有学员都招架不住炎热坐下乘凉时，她还在太阳下认真地比划着、练习着，和李老师研究着。那天，她的精神和学习热情感染了所有在场的人。在郝老师的感染和影响下，11月份学习国学操《弟子规》时，我们班学员都学得非常认真，练习得十分刻苦。有付出就必有回报，郝老师用她坚强的意志力和好学的精神，使我们感到了学习的快乐，使我们幼教班的汇报演出展示出活力与精彩。

作为一名教育工作者，我从郝老师丰富的教育经验和教育实践中，得到了许多有益的启示。我要学习她高尚的师德、师智与师风；学习她灵活多样的教育方法，全面提升自我，超越自我，使自己成为心灵世界的开拓者，智慧田野的播种者，人类文明的传递者，对每一个孩子负责，为孩子的成长、发展引路，认真履行教师职责。我坚信，在郝老师的榜样引领下，我的工作足迹不管脚印是深是浅，只要走在教育路上，我的心就会像郝老师一样，装的全是老师、学生的快乐和幸福。

惜时如金　一丝不苟

——记课题指导老师王惠惠老师

泾源县第一小学　马　玲

初次认识王惠惠老师，第一感觉是很漂亮！高挑的个儿，白净的皮肤，头发挽成一个韩式发髻，既有南方小女人的温婉美，又有当今女性的时尚美！

虽然人很美，但水平如何？我心里嘀咕着，看起来这么年轻，指导课题，行吗？带着欣赏和疑虑，我结识了王惠惠老师。

惠惠老师和我们打过招呼后直奔主题："大家先选题，选中一个主题后，把研究的范围尽量缩小一点，便于操作。"她的语气很委婉，为了便于沟通，她专门建立了"快乐工作"群，由我担任管理员。

惠惠老师的时间观念特别强："各位亲们，为了课题的质量和效率，大家抓紧时间哦！"她在 QQ 上不时地提醒大家抓紧时间。

选题时，惠惠老师考虑到我们可能更多是实践意义上的思考，未能从前人研究基础上深入考虑选题方向，她就利用自己的业余时间为我们下载了很多的资料供我们参考，并且将资料都放在 QQ 群文件里，便于我们参阅的同时，也可以作为以后教学的指导。在选题的过程中，我们每人都跟老师沟通过两个以上的题目，并最终确定课题名称，以至于最后开题时，导师们都认为我们几个的选题在本答辩小组中是比较有新意和应用价值的，这极大地增强了我们做教学研究的自信心。

选题定下以后，惠惠老师积极指导我们进行开题报告的撰写。因为我们都没有写课题的经验，她就把自己专门写课题的一个本子毫无保留地贡献出来，让我们学习模仿，并不时鼓励我们尽早动手。我们中有一部分老师从来没有写过比较正式的本子，所以动笔很艰难，很没自信。惠惠老师经常给我们说："我们要完成，不要完美！"在这样的鼓励下，我们基本上比较快地完成了一稿，然后惠惠老师就开始了细致和辛苦的修改过程。记得她曾经跟我们说，一般看完一个本子会消耗两个小时的时间，粗略算一下，我们每人平均被她细致修改过至少四次，每次两小时，那么一个人至少要有 8 小时，8 个人就是 64 小时，这些可都是要从她的工作、生活中挤时间。这还不算中间因为家事、工作打断然后继续开始，她要对着电脑，思考、整理，再用清晰而易于执行的话将修改意见给我们标注在文章上，并将字体设置为不同的颜色便于我们看清楚。这些真的是不小的一个工作量，其中的辛苦可想而知。

惠惠老师知道这是我们第一次做课题，所以她不忘让我们相互学习，每次修改好的稿件，她都会上传到群里，让大家讨论、学习，看这个学员哪里写得好，哪里需要调整，哪里需要补充，并且用不同颜色的笔迹标出，让我们彼此成为学习的榜样。通过这样的形式，我们虽然只是写了一个课题，但是我们却见识了 8 个课题完整的写作及修改过程，真的是一个很好的学习经历。这个经历对我们写课题的帮助作用很快就显现出来。我们这组某位老师因为觉得选题不是非常的有意义，决定要换题目。当她定下要写什么后，一天的时间就写出了自己的课题，而且基本上可以认为是既有新意又很规范，大家都觉得这与团队学习和老师前期的指导密不可分。大家也因为老师的这种教学方法设计，课下多了很多沟通和讨论的机会，彼此在学习中建立了更加深厚的友谊。

最后待课题开题完成，我初步算了一下，惠惠老师辅助我们下载的文献有 380 篇左右，平均对每个学员的指导次数是 4 次以上。

最让人温暖和感动的，莫过于一稿完成后老师发现我们的文献综述都不太会写，说不到核心点上去，也不知道怎么引用文献。于是她专门抽出自己的休息时间，当面跟我们谈为什么要写文献综述，以及如何写，让我们受益匪浅。

下面是惠惠老师耐心给我们其中的一位学员进行指导的截图（大家基本都是如此），里面都是老师一字一句看后提出的建议，这些建议对我们来说就像指路的路标，让我们的第一次写作有了方向。

图 1，老师指导我们如何进行文献综述，从哪些文献可以找到思路。

补充一段：现在朗读教学中存在什么问题，可以参考的文献“新课改视域下小学语文朗读教学存在的问题及对策_毛明月.caj.caj 浅谈小学语文朗读教学存在问题与对策_覃静.caj 浅谈目前小学语文朗读教学中的若干问题_刘懿.caj 关于小学语文朗读教学的几点思考_王志华.caj”（写个五六行就可以了）

补充一段，本段讲别人对于小学语文朗读教学的有效性做了什么研究，结论是什么方法是什么，说的时候用提炼的一句话就可以了，然后把文献付在后面。可以参考的文献“如何提升小学语文朗读教学的有效性_李涛.caj，论如何优化小学语文朗读训练_于双全.caj，浅谈小学语文朗读教学的优化_谭晓明.caj，浅议新课程理念下小学低年级语文朗读教学_朱晓零.caj，提高小学语文朗读教学有效性的研究_杨寒.caj.caj，如何提升小学语文朗读教学的有效性_李涛.caj” （写个六七行就可以了）

加一段，本段描写农村小学语文朗读训练别人都做了什么，得出什么结论和有效方法，可以参考的文献“农村小学语文朗读训练的策略_黄玉芬.caj，农村小学语文朗读教学策略探究_郜改梅.caj” （写个四五行就可以了）

加一段，本段描写民族地区及方言地区小学语文朗读训练别人都做了什么，得出什么结论和有效方法，可以参考的文献“民族地区农村小学语文朗读教学的现_省略_县_罗城县 4 所农村小学的调查分析_韦苇.caj，农村小学语文朗读教学策略探究_郜改梅.caj” （写个五六行就可以了）

图 1

图 2，老师指导我们如何写具体的研究目标和研究内容，还对我们做得好的地方给予鼓励和表扬。

1、研究目标（你考虑考虑这样说可以吗）

①了解我校语文朗读教学的现状困难与需求；

②探索在中卫方言的语境下，如何进行有效的朗读教学，包括普通话的推广和中卫方言的继承；

③探索有效朗读教学的策略，让学生能正确流利地朗读文本，能体会作品所表达的情感，产生朗读的兴趣。

2.研究内容（重新思考，用数字小标罗列在后）

3、本课题的创新之处（写的不错）

图 2

图 3，老师指导我们如何写参考文献，真的有手把手的感觉。

二、**参考文献**：（格式有问题 而且篇数太少，怎么也应该在十五篇左右,具体格式看我的例子上面）

例子 [1]汤舒俊. 高校教师工作家庭冲突与职业倦怠：社会支持的中介作用. 教育学术月刊, 2010.9（10）:35-38 模板是：作者.文章题目.刊物名称,年,卷（期）:页码 期间标点符号用英文状态下的半角形式。

[1] 王国雄. 让朗读回归小学语文课堂 中国科教创新导刊 2008 年第 4 期

[2] 韦 芳 民族地区农村小学语文朗读教学的现状与对策 . 教育与教学研究 ,2014 年第 4 期

[3] 王国雄 让朗读回归小学语文课堂——浅谈小学语文朗读教学 中国科教创新导刊 2008 4

[4] 鲍里奇著.易东平译 有效的教学方法 . 2003

[5] 韩立福 新课程有效课堂教学行动策略. 2005

[6] 覃 静 浅谈小学语文朗读教学存在问题与对策 中国科教创新导刊 2012 12

图 3

功夫不负有心人，在惠惠老师的指导下，我们组的课题都顺利过关，有的学员的本子还受到了评审老师的高度好评！

李慧香老师感慨地说：“因为课题，我们与惠惠老师相识，因为课题，我们与惠惠老师成为朋友，从惠惠老师身上，我学会了许多。”这句话代表了我们这个组所有学员的心声。

谢谢惠惠老师，你的做法推翻了我最初的疑惑，你的能力让我们的课题轻松而过。感谢你，惠惠老师！

忙碌的脚步

——记小班主任侯娟娟、靳宁宁和杜习震

泾源县第一小学 马 玲

班级形成以后，马丽老师向我们介绍了两位年轻的正在读研究生的小班主任侯娟娟和靳宁宁。侯娟娟是一班的小班主任，靳宁宁是二班的。两位姑

娘各有特色。娟娟温文尔雅，娟秀美丽，白皙的皮肤，一副黑边框的眼镜显得很是文静。宁宁落落大方，干脆麻利，步步生风，如云的秀发披在肩头，属现代女子当中那种刚柔并济之美的类型。还有一位不知名的摄像师傅和一直坚持到底的研究生小杜——杜习震。

不管是两位小美女研究生，还是小帅哥摄像师，从我们培训开始，不管是小剧场，还是清风园；不管是宁大报告厅，还是西夏九小听汇报课的礼堂，我们在哪儿，他们就在那儿，任何时候，我们去了都能看到他们，在培训期间，他们给我、给大家留下了美好的印象。

1. 温文尔雅的娟娟

娟娟是一班的小班主任，她总是温文尔雅，不管是课间签名，还是随便聊天，她都很随和。记得排练节目编辑音乐和歌词时，她耐心地陪我们一直把歌词和音乐对好。当音乐后面多余了一点时间时，她又介绍小杜拿去帮我们裁了。我在搜集资料时，不止一次地麻烦她，她从来都没有推辞过。培训结束返校后，我发现编辑《金秋》还缺少一些资料，怎么办啊？我抱着碰碰运气的想法，给娟娟打电话，她立马接了电话："没问题，马老师，把详细情况发信息给我，我明天早晨刚好有点时间！"我就告诉娟娟，让我在宁大上学的女儿联系她拿资料，女儿后来打电话给我说："今天我在宁大A区考试，那位姐姐拿着资料一直站在宁大音乐学院的门口，直到我考完出来后都12点多了。她看见我给我招手，把资料给到我手里才放心地走了。"一想到文弱的娟娟竟然在寒冷的冬天一直站在门口等了两个多小时，我心里说不出来的难过和内疚，太难为孩子了！不但寒风刺骨，而且12点过后，学校餐厅的饭菜都快收尾了，她那天肯定凑合着吃了点。

2. 热情大方的靳宁宁

宁宁是二班的小班主任，记得开班没几天的一个晚餐后，我写了一些东西，但没地方编辑。正愁之际，遇见了宁宁。我把情况向宁宁一说，她笑着说："马老师，那是小事，你到我们宿舍去，我有电脑，一下就给你弄好了。"

在宁宁的宿舍，她在电脑上很快编辑完了。那天，我们聊得很投机，我们聊到了宗教，聊到了信仰、工作，以及婚姻，我们几乎无话不谈。记得宁宁问我："老师，你信教吗？"我说："信，我信伊斯兰教，父亲是哈知。父亲从小教导我们为人要正直，走正道，能帮的人尽力去帮，把钱财不要看得那么重，人情才是第一。作为一个穆民，尽善敬真，多给予人，少索取……自从我当上教师的那天起，父亲说得最多的一句话是：要爱娃娃，爱了才能教好！我这些年之所以把每个学生都当作自己的孩子去教，和父亲的教诲是分不开的……"宁宁说："我看到有信仰的人活得充实，我也喜欢伊斯兰教，我也知道佛教乃至道教给人的一些启示，但我很迷茫，到底该如何去做？"我说："相信真、善、美，做自己该做的，比如你现在要学习、工作，以后面临着要结婚等，那么你就好好学习，找一份好工作，再凭机缘找个好爱人，踏踏实实地过日子，有更高的目标或理想更好……"我们谈得很是投缘，从那天起，每次看到宁宁，即便我们不说话，一个眼神或一个微笑，所有的语言尽在其中。也是从那天开始，我了解到这个孩子有着远大的理想、执着的追求和坚定的信念。她阳光可爱，有着金子一般善良的心。记得在西夏六小跟岗期间，带教老师要给跟岗老师签写相关资料并签名，当她签字那天我正好没带笔记，她笑呵呵地说："老师没事，回头我去你宿舍给您签。"当周末她过来给我签字时，我才得知她住在 B 区，专门来到 C 区给我签字，完了又赶去见她的导师。看着她忙忙碌碌的脚步和远去的背影，那一刻，着实让我很心疼，就像我的孩子。

3. 非常认真的杜习震

提到小杜，老师们一下子就想到个头高高的、帅帅的那个大男孩，培训过程中所有活动的影像资料都离不了他。刚开始还有一个老师专门摄像，也非常认真，后来那个老师可能有事情，摄像、照相就都由小杜负责。他为本次"国培"留下了许多珍贵的视频和相片资料，其中，我用的很多照片都是他拍摄的。

在编辑《金秋》的时候，有时用到简报，我给娟娟、宁宁和小杜他们三个不管是谁发个信息，邮箱里很快就有我想要的简报；缺少专家相片，一瞬间邮箱里便会看见。他们灿烂的笑容，忙碌的脚步，真诚的眼神，他们恪尽职守，尽职尽责，从他们身上我看到了当代研究生的追求和对人生的态度。感谢三位小班主任，"国培"一路有你们陪伴，真好！

风雨兼程，有您相伴

——赠马丽老师

西夏区第九小学　袁丽娟

如果说有一种关心叫作默然相伴，她做到了……

如果说有一种爱叫作我必须为你负责，她做到了……

遇见她，唯美了我们整个培训生活。

有她！知学员冷暖，懂学员悲欢。

马丽，漂亮、温柔又知书达理。

记不清，多少次，您顶着烈日，奔波于工商职业技术学院与宁夏大学之间。

从夏到秋，您那么辛苦为了谁？为了我们每个学员。

我们的班主任老师，马丽，您以身作则的教育艺术感染了身边每一个人。

马丽老师，您教我们学会了感恩，学会了付出，学会了原谅……

您用人类最崇高的感情——爱，传递温暖，传递理想，传递积极向上的力量……

我们感谢您！马丽老师，爱您没商量！

二

专题感言

（一）田继忠：基础教育教学改革新视点

基础教育改革，一个沉重的话题

——听田继忠教授讲座有感

泾源县教体局　于希花

众所周知，传统的课堂教学中以教师为主体以学生为客体，课堂上教师占用大量时间讲解，却很少关注学生的感受。也就是说，教师带着教材走近学生，而不是带着学生走进教材，让学生去感悟、去体会教材内容，由此导致学生思维和创造力的火花被扑灭，被扼杀！2002 年，作为实验之地，基础教育课程改革在我们固原地区轰轰烈烈地展开了，其间不乏领导重视、教师勤钻，但历时两年后，似乎又回到了原点。

中小学基础教育到底该怎样改？改什么？

我们这些来自一线的教师都很迷惘！

2014 年 9 月 26 日，我们有幸聆听了宁夏教科所田继忠教授为"国培"学员所做的"中小学基础教育改革新视点"的专题讲座，我从中受益匪浅。

基础教育改革新视点，"新"在哪儿呢？

一是新理念。学生的学习是建构性的。课堂教学成功与否的关键在于对学习者个性的关注与促进。课堂上教师的讲解应该少而精，教师应将课堂还给学生，突出学生的主体地位，给学生动手和亲身实践的机会，帮助学生发展。教师要让学生学会学习，"授人以鱼不如授人以渔"。

二是新思想。好的课堂应该是充满互动性、趣味性、实践性的。教师要力争使课堂生动、有趣，重视师生互动、生生互动，保证学生在课堂上的活动时间要在 20 分钟左右，因为教师讲的时间一长，往往是教师在上面声嘶力竭地讲，学生在下面昏昏欲睡。教学效果极差！

三是新观点。建立开放式的教学环境，把学校与社区、家庭联系起来，充分调动家长的积极性，让家长参与到学校管理当中，积极配合教师共同谋划培养孩子的方针策略。为学生、教师、家长创造充满生机与活力的交流互动场所，让孩子们学会积极与父母沟通，善于向老师倾诉心声。

四是新方法。其一，教师在课堂上要始终如一地坚持应用"启发式"教学方法。田教授以洋思学校和杜郎口模式为例，为我们解读了"先学后教，当堂训练"，"五环高效课堂"（自研自探、合作探究、展示提升、质疑评价、总结归纳）的教学方法及其应用价值。他告诉我们：身为教师，我们要懂教育教学规律，工作要巧干，不能蛮干、苦干。其二，课堂上要恰如其分地运用多媒体技术。近年来，多媒体教学以其形象直观、图文并茂、情景交融、有声有色的特点，在课堂教学中极大地调动了学生的兴趣，吸引了学生的注意力，优化了课堂教学。但是，实践证明，多媒体在语文课堂教学中的运用如果不把握好一个"度"，就会使其走入极端，大大冲淡语文课堂中的"语文味"。所以，选用多媒体课件进行辅助教学，一定要服从实际教学的需要。切记，不要把精力和心思过多地用在使多媒体课件制作得漂亮和花哨上，否则的话就是哗众取宠、喧宾夺主，违背了教学目的和教学任务。其三，要使考试、评价制度更合理，要符合学生的全面健康发展。评价一位教师的教学成绩、一个学生的学业水平，不能单凭一张考卷、几次成绩。学校要制定科学的、合理的评价机制，对教师和学生进行综合测评，得出比较客观的、合理的评价结果。

田教授深刻的讲解拨开了我们眼前的迷雾，为我们今后的教育教学指明了方向。

如何使课堂生动有趣

——听田继忠教授讲座有感

同心县韦州镇中心小学　丁彩霞

聆听了田继忠教授对我国课堂教学改革实践的一些看法与研究，使我深有感触。

田教授从六个方面将传统教学的思想观点、弊端与新思想、新观念进行了对比分析。其中，让我感触最深是第二条：关注教学过程中的互动性、趣味性和实践性。传统的课堂教学只关注教案的落脚点，很少关注学生的自主探究，所以教师讲得多，学生活动少，主体地位没有落实。而在新思想、新观点的教学模式下，教师作为一名执教者，都会倾其心血和智慧力图实现教学过程的互动性、趣味性，让学生充分地发挥其主观能动作用，自主探究、合作交流，把自己的潜能发挥到最大。

如何使课堂生动有趣是教师们备课的重点。在课堂上，所有理论知识都由教师通过某种教学活动让学生先体验、先理解，然后再从中找出结论，教师不会把答案或权威的观点直接告诉学生。这样学生自己"探究"得到的知识就是最牢固的，而且还会灵活运用。这正是素质教育理论指导下的课堂教学，也正是我们努力的方向。田教授的讲座为我今后的教学提供了新思想、新方法。

明确学生的主体地位，引导学生自主学习

——听田继忠教授讲座有感

泾源县城关第一小学　兰喜连

传统的教学思想和观点的弊端很多，一直以来也困扰着我的教学实践。2014年9月26日上午，宁夏教育科学研究所田继忠教授做了题为《基础教育教学改革新视点》的讲座，其中让我感兴趣的是田教授关于课堂关注中传统教育教学思想、观点与新的教学观念、观点的比较。

传统的教学思想、观点及它的弊端主要体现在以下几个方面：一是教师是主体，学生是客体；二是教师关注教学的认知目标多，关注学生少；三是教师占用课堂时间多，学生主动学习时间少；四是教师带上教材走进学生，表现为学生很被动；五是主体地位缺失。

而新的教学观念和观点其特点主要是：学生是自身生活、学习和发展的关键、主体；突出学生的主体作用，贯彻"少而精"的原则；主体性发展要求学生主动学习；教师引导学生走进教材；学生带着问题走近教师；教师必须明确学生的主体地位，树立一切为了学生发展的思想。

通过两方面的比较，使我豁然开朗，明白自己在今后的教育教学过程中，要明确学生的主体地位，引导学生自主学习，做一名全心全意为学生服务的教师。

对教学改革新视点的感悟与思考

——听田继忠教授讲座有感

泾源县教体局教研室　洪晓玲

2014 年 9 月 26 日上午，我们聆听了宁夏教科所田继忠教授做的题为《基础教育教学改革新视点》的专题讲座。他通过对新课程改革能促进教师的教育方式和学生的学习方式转变的分析，使我明白了真正的教育讲究的是知识与技能、过程与方法、情感态度与价值观三位一体的教育功能和作为教师要创造的是符合学生发展特点的教育，而不是要选择符合教育的学生。田教授的讲座使我对教育教学工作有了更深层次的认识与思考。

1.　**转变旧观念，走进新角色**

新课改关注的是学生的主体性，教师要想让自己的教育方式适合、满足学生需求，就必须转变观念，把自己从传统意义上的知识传授者、学生管理者转变为学生自我发展的促进者和领路人，由教学活动中的主角变为学生自主性学习的指导者和拓荒人。在教学方式上，要体现出以人为本，以学生为中心，让学生真正成为学习的主人而不被知识牵着鼻子走。在课堂教学中，设计恰当的教学活动，帮助学生不断反思自我，要善于捕捉和激发学生思维的火花和学习的灵感，发现和挖掘学生发展的潜能，维系学生思维的积极性。要有驾驭课堂的能力和灵活的应变能力，确保学生全面和谐的发展。

2.　**正确解读新理念中的新观点**

在讲座中田教授提到"学习是建构的"，这句话告诉我们学生是自身生活、学习的发展主体，我们教师在教学中必须突出学生的主体作用，贯彻少而精的原则，树立一切为了学生的理念。教师要倾其心血和智慧带着学生走进教材，引导他们范学、巧学、会学，为他们提供机会，搭建舞台，营造氛围，让他们通过自己的努力，学习建构知识。在课堂教学中，教师要关注知识的趣味性和学生在教学过程中的互动性、实践性、参与性，让学生发现知识，不能只考虑自己的教学目标和教学任务以及如何教的问题，更多地要关注学生如何学。要将教师讲解的知识通过创设情景和教学活动，留给他们充足的时间和空间，让他们先体验、理解，再从中找出结论。这样，学生在寻找正确答案的同时，也学到了知识，学习了方法。

3. **建构开放的教学环境**

大家都知道，如何把一个僵化封闭的课堂转化为一个开放与主动、充满生机与活力的学习场所，是教学改革关注的重点。一所学校要构建开放的教学环境，要将学校办得有特色、有质量，首先要让家庭、社区参与到学校的管理与课堂教学中，让他们了解学校的管理制度、管理方式及策略，了解孩子在学校的表现，从而和校长、教师共同治理学校、教育孩子。其次，学校要一视同仁、客观公平地对待每一位学生家长。不论家庭收入和生活背景如何，只要家长积极参与教学，学校就应该大力支持、正确对待，让所有的学生家长都愿意来学校。这样，在处处体现学习的环境中，在家长、社区、社会的积极参与中，学校才会办得更好，学生才会学得更好。

（二）华俊昌：教育从这里创造一个全新的世界

——对中小学幼儿园校（园）本教研的实践与认识

功崇惟志　业广惟勤

——听华俊昌老师讲座有感

海原县甘城学区　沙宁平

很荣幸、也很高兴有机会聆听几十位区内外专家、名师的精彩讲座，使我在培训中收获颇丰，感触颇多。而给我影响最大、触动最深的是教育厅师资处华俊昌老师的讲座。

对我来说，听华老师的讲座，最珍贵的收获不是有关校本教研的知识和方法，而是其自身的成长与成功给我们广大一线教师带来的、足以影响我们一生的启迪与思考。

如果说，那些教授、博士成为专家名师有着教育经历和事业起点上的优势，那么，华俊昌老师曾经和我们很多学员没有任何区别：同样耕耘在贫困山区的教育第一线，身处相同的环境，面对着相同的对象，从事着同样的工作。但不同的是：华老师对教育的理解更深，所以他能提出"教育就是生活，在生活中创造教育，在教育中实践生活"这一富于哲理的教育观。他对教育的职业信仰更坚定，所以能树立"我们不是天才，但我们可以创造天才"的自信；他对教育的追求更高，所以能从过去的乡村教员成长为今天的教育专家；他对教育的付出更多，所以能写出《创新教育探索》等几十万字的教育专著；他在教育科研的道路上走得更远，所以能登上给研究生上课的讲坛；他直面教育问题的魄力更大，所以能把国际合作课题——CIDA 项目做到完美，令外国专家叹服，赞誉他为"草根"专家。

这些诸多的"相同"与"不同"，就是教书匠与专家之间的距离！

庆幸的是，华老师的讲座，让我们真切地感受到了这种距离的存在。也正是这些曾经的"相同"和现在的"不同"，唤醒了我们不甘一生平庸、一辈子做教书匠的意识；改变了我们认为"教育科研与自己很遥远"的错误理念；激发了我们对"自己为什么不是名师、怎样才能成为名师"的追问；警示我们对自己职业生涯进行深刻反思和对职业愿景进行重新规划……

华老师的成长与成功，给我们提供了普通教师成长为专家名师的成功范例，向我们证明了普通教师成为专家名师的可能性和现实性。同时，对我们一线教师又何尝不是一种激励与鞭策。"要教好，必先学好""教育是对生命的涵养，不是升学的工具"，这两句话是华老师在讲座中提到的，至今我记忆犹新。我认为，这两句话已非常明确地告诉我们：只有摒弃"拿来主义"的学习观，坚持学中有思、知行并重，我们的身份才有可能实现从教书匠到名师的跨越，我们所从事的教育教学工作才有可能实现从重复到创造的升华。只有加深对生命存在意义的理解，不甘平庸，甘愿付出，我们的生命底色才有可能实现从苍白到绚丽的质变，我们才有可能在不断丰润自己生命的同时更好地熏陶一批又一批孩子的生命。

"功崇惟志，业广惟勤"，这不仅是华老师教育事业的写照，也是他以及他的讲座对我们这些学员最好的精神馈赠。

把童趣还给孩子，让孩子在兴趣中学习

——听华俊昌老师讲座有感

中卫市凯歌学校　杜凤玲

听了华老师的讲座《对中小学幼儿园校（园）本教研的实践与认识》，我对教育意味着什么有了更加深入的了解。教育是什么？教育来自生活！教育在生活中创造，生活在教育中实践。

韩愈说："师者，传道，授业，解惑也。"然而，通过今天的讲座，我认为教育就是要让学生由自然向社会转化。华老师的讲座中，有一句话深深地触动了我："教育是一件轻松愉快的事，培养人才不费吹灰之力……孩子——纯真、纯洁，不要破坏孩子的纯真纯洁，就是一位合格的教师。"今天华老师还告诉我们，作为老师，应该把孩子还原成自然人，最终走向社会人。当下家长在呼吁：孩子负担过重！确实，现如今，为了考试成绩，老师给学生布置大量的作业，有的家长也给孩子买了这样那样的复习资料，逼迫着孩子去做。学生的作业太多，每天除了在学校上课，回家的事情就是写作业、吃饭、睡觉，没有放松的时间，学生慢慢失去了童真童趣，在他们的眼中再也找不到刚进校门时的天真烂漫的笑容，他们的眼睛不再像天空那么湛蓝……学生对社会了解甚微，他们成了学习的工具。

因此，我认为，今后我们的教学应该注重把童趣还给孩子，让孩子在兴趣中学习！教师要用心呵护孩子纯真、洁净的心灵，伴孩子健康快乐地成长！

抓紧学习　提升素质

——听华俊昌老师讲座有感

固原市第七小学　哈瑞珍

听了自治区教育厅"国培"负责人华俊昌老师的专题讲座《对中小学幼儿园校（园）本教研的实践与认识》，华老师讲座中对信息化的发展以及信息化工程对教育的影响的精彩论述，让我惊讶，使我害怕！

我惊讶的是信息技术发展如此之快，在不久的将来，校长及各位主管人坐在自己的办公室里就能观看到每一位老师的课堂，掌握每一位教师课堂教学的效果。家长们可以通过信息化设备进课堂，了解课堂教学，掌握自己孩子的学习、认知情况。我害怕的是面对这一现状，我担心自己平时看书积累不够，对信息化工程技术的掌握不足，那么从 2013 年到 2017 年信息化普及后，信息化技术要实现县县通、校校通、班班通，教师评职称、培训等活动将全部以信息技术模式展现，这样的话，我将会被淘汰。

形势紧迫，我不能再像以前一样随波逐流，安于现状。从现在开始，我要抓紧时间多阅读教育经典，学习先进经验，了解当前教育新理念，把新理念及时贯穿到教育教学中去，并能深刻反思总结，努力提高教育教学水平。我还要加紧学习教育信息技术，上机操作，反复练习，灵活熟练地操作电子白板，使自己能轻松地驾驭课堂，提高课堂效率。只有这样，才有资格稳稳站立在三尺讲台之上，才不会被新形势所淘汰。

相信我会比以前做得更好

——听华俊昌老师讲座有感

中卫市特殊教育学校 李 娟

今天听了华俊昌老师《对中小学幼儿园校（园）本教研的实践与认识》的讲座，我深受启发。在讲座中，华老师讲到校本教研怎么做。他说，有一种模式是"日反思，周交流，月研究，学期总结"模式。我就想，我缺少的就是日反思，周交流，月研究，学期总结。平时由于工作忙，加上懒惰的缘故，很少反思，所以到期末写总结的时候，感觉脑子一片空白，什么也写不出来。俗话说"好记性不如烂笔头"，虽然平时也做了很多工作，但由于没有及时记录下来，所以，时间一长就什么都想不起来了。

听了华老师的讲座，我开始反思自己，反思自己今后在教学中应如何去做，如何尽自己所能去帮助那些特殊的孩子，如何让他们健康快乐地度过每一天。我想，在我返回工作岗位以后，我会尽量做到"日反思，周交流，月研究，学期总结"，不断提高自身能力，全身心投入到教育教学中去！相信我会比以前做得更好！

（三）高石钢：中国传统社会教化的经验教训及其现代价值

对当前社会教化的关注与思考

——听高石钢教授讲座有感

海原县甘城学区　　沙宁平

今天，我有幸聆听了宁夏大学教育学院党委书记高石钢教授关于《中国传统社会教化的经验教训及其现代价值》的讲座，印象颇深。

作为教师，虽说社会教化并非己任，但这毕竟与道德有关，与人的精神成长和价值追求有关，所以我认为今天的这堂讲座有着特殊的意义。高教授的讲座给予我们的不仅仅是关于中国传统社会教化系统的知识，还引发了我们作为教师、作为社会公民对当前社会教化的关注与思考。

当前，无论是学校教育、家庭教育还是社会教育，都把对人的培养目标放在了"上重点、考大学"上。教育的内容以文化知识的学习和特长的训练为主，对于德育则重形式，轻实质。这种近乎功利化的教育，在集体无意识中把人的伦理道德教育边缘化了，从而导致各种道德问题成为不容忽视的社会诟病，甚至一些人因道德的沦丧走上了违法犯罪的道路。我想，新时期社会教化的目的无疑是让公民摆脱假丑恶，走向真善美，从而实现公民个人和整个社会道德水平的提升。如果从公民道德建设的社会需要出发，那么有序、有效的社会教化无疑是弥补公民道德缺失的有效途径之一。

从当前社会教化的现状看，其内容和形式都因时代需要和社会发展而发生了或多或少的变化。内容上，现代社会教化以社会主义核心价值观为主导。

社会层面上，提出了"平等、自由、公正、法制"的价值观目标；个人层面上，对公民个体提出了"爱国、敬业、诚信、友善"的具体要求。这是根据当前社会教化需要，对传统社会教化内容进行科学扬弃的时代选择。形式上，当前社会教化主要以平面媒体和数字媒体宣扬为主。中央电视台播出的"感动中国"、"全国道德模范"、"最美乡村教师"、"最美乡村医生"等系列人物评选和表彰活动都是当前社会教化的主要形式。这种以宣扬社会正能量为目的的社会教化形式，相对于传统社会教化，优势在于普及面更广、时效性更强。但与传统的"家训"、"乡规民约"、"由国家主导的社会礼仪教育"等形式相比，则缺乏执行力和对公民的约束力。所以，中国传统社会教化机制的系统性、形式的多样性，或许是对现代社会伦理道德建设的最大启示，也是传统社会教化的现代价值所在。

习近平总书记曾指出，法律是成文的道德，道德是内心的法律。这说明在推进现代社会文明的进程中，道德与法律具有同等重要的地位和作用。因此，只有辩证地继承和借鉴中国传统社会教化的有效经验，机制上日臻完善，形式上不拘一格，鼓励社会团体、民间组织和个人积极参与，才能更好地发挥社会教化对公民道德素养提升的推动作用。我想，当一种科学、有效的现代社会教化体系形成并不断发挥其不可替代的作用时，它无疑会成为我们构建和谐社会，实现中华民族伟大复兴的强大精神力量！

中国传统社会教化的经验教训及其现代价值

——听高石钢教授讲座有感

泾源县教体局教研室　洪晓玲

2014 年 11 月 12 日，在宁夏大学 A 区一楼报告厅听了宁夏大学教育学院党委书记高石钢教授关于《中国传统社会教化的经验教训及其现代价值》的讲座，使我感触颇深。高教授主要从中国传统社会教化研究的意义与范畴，中国传统社会教化的历史变迁及主要特点，中国传统教化的主要途径，中国传统社会教化的主要经验及现实价值四方面给我们做了全面而精彩的讲座，其中，给我感触最深的是第四方面。

历史研究是一项严肃的学术活动，要发挥它传统的教化功能，就不能只停留和满足于学术上的探究，而应该走出学术狭小的圈子，渗透到广大人民群众之中，没有历史知识的普及，就不可能有历史学之教化功能的实现。

在 21 世纪的今天，继承并发展传统社会的教化作用，使它在新世纪仍然为中华民族的崛起与发展服务，这是我们每位华夏儿女义不容辞的责任和义务，也是我们国人的愿望。要使传统的教化作用发挥其真正的功能，就必须要找到现代与传统相结合的途径。从高教授的讲座中我明白了，要找到这个结合点，一是要坚持传统的社会教化与价值多元的相互统一。当今社会，文化多元是它的主要特征，中国传统的教化思想要想发挥它应有的功能，必须建立在不同社会群体内部之间积极交流、相互切磋、共同探讨的基础之上。二是要明确真实性不是中国传统教化追求的目的，但它是教化合法性的根本依据。历史的真实仍然是中国传统经验发挥其教化作用必须坚持的基本前提。三是要继承两宋以来传统史学所致力的普及化道路。在两宋时期，我国多民族共同发展、经济繁荣、文化灿烂，主要是农耕文化与游牧文化在相互征战中逐步融合，形成了民族大统一的局面。传统的坊市制格局被打破，允许商人经商，街道两旁随处可以开设店铺。尤其是北宋都城开封和南宋都城临安，城市人口都超过百万，是当时世界上最大、最繁华的大都市，并且出现了文人的世界，同时又出现了市民文化。科技水平发展极快，中外关系出现了空前的发展和交流的局面。这些文化、教育、经济、外交等方面的发展对我国现代文化、教育、经济、外交的发展都起到非常重要和不可低估的作用。可见，中国传统社会的教化经验对我国现代教育的价值也是非常大的。

总之，从高教授精彩的讲座中，我对中国传统史学所具有的强大社会教化功能有了进一步的认识与理解，对先秦伦理史学、汉唐叙事史学、宋明义理史学、清代考证史学及它们的社会教化功能的不断改进与发展有了更清楚地了解；对当代中国正处在社会转型期，重新认识和估价中国传统史学的社会教化功能及它的现实意义也有了更加深入的了解。

（四）戴联荣：中小学的班级管理

以人为本，搞好班级建设
——听戴联荣教授讲座有感

泾源县第一小学　兰喜连

2014 年 8 月 14 日下午，戴联荣教授为我们做了《中小学的班级管理》的讲座。戴教授的讲座给了我较深的启发，他引古论今，为我们的班级管理指引了方向。在戴教授平实、幽默风趣的语言中，我们学到了许多班主任工作的理念。这些新的理念犹如清泉，流入我们的心田。

在聆听中，我深切地意识到作为班主任要不断提高自身素质。班主任的素质不是与生俱来的，而是在长期的教育实践中进行修养与锻炼形成的。要想跟上时代的步伐，就必须努力学习，学习好的班级管理方法，将其运用于教学中，并不断反思、提高，使自己的工作水平有更高的提升。我将继续为成为一名优秀的班主任不断努力和奋斗！

培训几天，今天是学员和讲课老师互动次数最多的一次。我也有幸被戴教授点名，谈谈自己对班级管理中消极与积极因素的认识。当时有些紧张，我说把别人的缺点最小化，优点最大化，这是积极的态度。我们当校长的不能老抓住教师的错误不放，这样只能导致恶性循环。因此，不管管理学生，还是管理班级，以人为本是最重要的。

人，其实很简单。大人被别人肯定时都兴奋，何况是小孩？由此，在对待学生的态度、处理事情的方法上，完全可以更积极、更民主，就像戴教授所提倡的班干部的培养方法。

不论什么时候、什么地方、什么样的教师，要搞好教育，都要以人为本，以发展人的素质为宗旨。

班级管理之我见

——听戴联荣教授讲座有感

银川市兴庆区第十八小学　宋金梅

今天在宁夏工商职业技术学院清风园多功能厅聆听了戴联荣教授《中小学的班级管理》讲座，感受颇深，受益匪浅。这次讲座给了我新启迪、新动力。

让我感触最深的是戴教授说的这样一句话："目前我们培养的人才普遍缺乏的不是知识和智慧，而是道德。"是啊，清华大学校长在开学典礼上讲过这样一句话："希望将来的清华学子们要做一个德才兼备的人，而不是高志德差的人。"这也正是这些年我一直坚持的教育理念。在今后的教育教学过程中，继续弘扬祖国优秀传统文化，教育学生做德才兼备的人，这一点是我们首先必须做好的。

学生是自身的主人，是班集体的主人，科学管理班级要靠他们这些班级的主人们，不管孩子多气人、多淘气，当他们站在你面前时，你都要坚信，他们身上有着成为你管好班级的助手的无穷潜力，要穿透孩子那使人生气的表情，看到他那广阔的内心，教育孩子时力争不站在孩子的对立面，而要力争站在孩子的心里，站在孩子真善美那部分思想的角度。只有这样，孩子才会觉得你不是在训斥他，而是在帮助他，你真是他的朋友。一旦和孩子建立了这样的关系，就会进入事半功倍的教育境界。

要想做好班级管理，班主任必须用自身的魅力吸引学生，用独具的慧心引导学生，用独特的方法指导学生，从而激发学生诚挚的感情，培养学生的创造性思维和实践能力，引发学生对崇高人生目标和社会理想的追求，培养学生的专业精神和人格素养。

构建"幸福班级之家"、创建班史，有利于培养一批优秀的班干部，形成班级的和谐氛围，这样的班级发展、建设才是光明的、快乐而丰富的。我们小学生的班级则更需要丰富多彩的班级文化、班级活动。

总之，班级管理是一本读不完的书，需要我们不断学习；班级管理是一段说不完的话，需要我们共同分享；班级管理是一道解不开的题，需要我们共同研讨；班级管理是一件做不完的事，需要我们共同行动。

言传不如身教

——听戴联荣教授讲座有感

泾源县第三小学　佘艳萍

谈起班级管理，大多数人都会用这几个词来形容：烦、累、琐。班级管理的确有许多的事要做，大到按照学校管理制度做一大堆日常工作，小到每个学生的思想、情绪的波动，都要班主任认真仔细地照顾到。但有经验的班主任教师，是轻松自如管理班级的，并且在学生心目中的威信也很高。我觉得，这应该就是身教的结果，教师的正气、人格魅力影响学生，让学生"亲其师，信其道"，自然而然在班里形成各种正能量，从而达到管理的最高境界。戴教授不止一次讲道：言传不如身教，也多次提到学生的道德问题。我虽然只是一个小学教师，但也有近20年的班主任工作经历。多年来，我要求我的学生做到的，我从来都是自己先做到。以后，我还会一如既往地坚持。

（五）曾祥岚：提高自我心理调节能力，享受高质量生活

优化自我内涵，做高品质的人
——听曾祥岚教授讲座有感

泾源县教体局　于希花

初识曾祥岚教授，她给我的感觉是一位精明、强干的学院领导，说话简洁明快，掷地有声，令我敬畏。在校园偶尔遇见，我也远远地躲开，不敢上前打声招呼。

再识曾祥岚教授，是在宁夏工商职业技术学院清风园。她披着长发，一袭藏蓝色连衣裙飘然而至，大气端庄，一副学者的气度，与作为院长的她似乎挂不上钩。

2014年8月22日，作为教授，曾祥岚为我们小语骨干班的全体学员做了《提高自我心理调节能力，享受高质量生活》的心理健康专题讲座，学员们收获颇多。曾教授认为作为一名教师，应该优化自我内涵，做高品质的人。

首先，要做好自己的事情，清楚自己在人生中所扮演的不同角色，知道自己该负什么样的责任。其次，要尊重别人的事情，不把别人的事情当成自己的事情，尊重别人就是不替别人做决定，也不让别人决定自己的事情。同时，曾教授运用NLP神经语言程序学原则与教师进行互动交流，让每位教师找一件自己目前工作或生活中困扰自己的事情，运用NLP原则进行分析。她说，作为现代人，尤其是现代女性，承受着来自工作、家庭各方面的压力，扮演着母亲、妻子、女儿、儿媳等各种角色，每天为生活疲于奔忙，身心憔

悴。人到中年后，更是精力不足，有的甚至身染疾病。生活要继续，怎么办？

唯有学会调节自己，调节自己的心理，调控自己的情绪，使自己心情舒畅，做高品质的人，过高质量的生活。

给自己放个假

——听曾祥岚教授讲座有感

盐池县第四小学　常晓莉

聆听了曾教授的讲座《提高自我心理调节能力，享受高质量生活》，使我认识到无论你是什么身份，在生活和工作中或多或少都有心理压力！当然，作为一位新时代的女性，真的很累，压力很大。因为女性一方面要顾事业，一方面又要顾家，领导希望你全身心地投入工作，把家庭放一放，而家里又希望你是一个贤妻良母，能在家人身上多花点儿心思，这样的矛盾带给女人无限的压力。因此，我们女性一定要提高自我心理调节能力，学会给自己解压，享受高质量生活。

当工作带给自己很大的压力时，不妨索性把工作放一放，同时也给自己放个假。要相信"船到桥头自然直"的道理。合理、科学地安排时间，学会劳逸结合。要尽量挤出时间，与家人享受天伦之乐。我们只要乐观向上，心胸豁达，就能多点快乐少点烦恼。要知道，先要解放自己才能释放压力。生活是美好的，就看你如何丰富自己的生活！

最后，送给所有女性几句话：要坚持读书，漂亮的容颜固然可以让人眼前一亮，丰富的内涵却让人经久不忘。

学会控制感情，成不了心态的主人，你就会沦为情绪的奴隶。

丢什么也别丢气质。笑容、自信和优雅，是女人最大的魅力。

愿我们能在今后的工作、生活中，做个自信的、优雅的女人，做个充满正能量的教师！

每个人都是自己的心理医生

——听曾祥岚教授讲座有感

灵武市第二小学 刘佳文

当老师苦，当一名小学老师更苦，当一名小学女老师最苦。面对家庭的琐事，面对生活中的繁忙，我们总是不停地叫苦、抱怨。工作生活多了几许压力，于是便积攒起许多不良情绪。课堂上，学生稍有倦态，便心生怒火；家庭中，老公孩子稍有"违抗"，便摔碟子摔碗，这样的恶性循环，使我们身心疲惫。有时候反思自己的这些行为，也十分苦恼。总在想：生活怎么这样，这还是我吗？

今天，聆听了曾祥岚教师的讲座，真是豁然开朗，尤其是曾教授的一句"每个人都是自己的心理医生，心病是想出来的"深深触动了我。仔细想想，是啊，我们作为社会的一个个体，扮演着不同的角色，每个角色都承受着应有的压力，不管你愿或者不愿，各种压力是真真实实存在的，对不可避免的来自外界的压力，你的态度将决定着你的行为。与其抱怨、不当宣泄，不如改变自己的思维方式，提高自己的抗挫折能力，学会自我心理调适，那么压力将会转化为动力。这样，在我们的眼中呈现的，将会是孩子们灿烂的笑容，会是信任的双眸，会是更加精致的生活。

学会减压，生活更美好！

教师要有一颗豁达、充满爱的心

——听曾祥岚教授讲座有感

中卫市康乐燕宝学校　金政荣

今天，在宁夏工商职业技术学院认真聆听了曾祥岚教授《提高自我心理调节能力，享受高质量生活》的讲座，我感触颇深。曾教授从"做好自己的事情；尊重别人的事情；接受不可抗拒的事情"等方面详细地讲解了作为教师怎样做学生的领路人，这使我想起这样一句话："教育是一棵树摇动另一棵树，一朵云推动另一朵云，一个灵魂唤醒另一个灵魂。"一个充满爱的灵魂的教师会唤醒许多孩子的爱；一个拥有平等思想的老师应该会唤醒许多孩子拥有平等的思想……

可是，现实并不是这样。很多时候，由于长期繁忙琐碎的工作产生的职业压力和职业倦怠，使我们并没有快乐地面对每天的工作，没有做好孩子的领路人。当孩子们不交作业时，当孩子们做作业不认真时，当孩子们打架时，当孩子们不听老师的话犯了错误时……我们往往控制不住自己的情绪，采取一些不当的措施去惩罚孩子，伤害了孩子们幼小的心灵。

教育是心灵的艺术。听了曾教授的讲座后，我豁然开朗，教师拥有一颗豁达的、充满爱的心，就会培养出豁达、聪明、做事明理的学生。作为老师，我们一定要学会自我调适、自我疗愈，不断超越自我，使自己始终处于积极向上的状态，真正做一个豁达的、心中充满爱的好老师！

（六）周福盛：教育科研——过程、选题与设计

一场开启教师心智的讲座

——听周福盛教授讲座有感

中宁县第十小学　李　虹

"教育科研"一直是一个被蒙着神秘面纱的名词。提及做教育科研也总是让一线教师感到迷茫，谈而色变，大家总觉得做课题、搞科研这是专家们的事，我们只要把学生教好就"OK"了，哪有时间去碰这些可望而不可即的东西。可是教育改革已经将教师推向了风口浪尖，教师不能在"教书匠"的水平上止步不前，许多有志向的教师正在向"专家型"的教师行列迈进。可是，做课题、搞教育科研困扰了他们前进的步伐。

今天上午，听说宁夏高等学校师资培训中心书记、教育学博士周福盛教授要给我们学员做关于《教育科研：过程、选题与设计》的讲座，大家便都想早早来到小剧场等待周教授指点迷津。谁曾想周教授来得比我们还早，他把课件试了一遍又一遍，好像生怕因为自己操作不当耽误大家的时间似的。一切准备就绪，时间刚到周教授就开讲了。课堂上悄无声息，大家时而记录精彩的观点，时而仔细聆听周教授讲座的精华，还不时地爆发出热烈的掌声。

周教授从教育科研的意义和作用、研究的过程与方法、研究的基本方法、选题以及研究课题的设计等方面，进行了全面细致、深入浅出的讲解，使在座的教师们发现：其实我们每天都在与课题擦肩而过，只是我们缺乏总结、积累意识。只要我们做个有心人，适时将教育、教学中出现的触及心灵、震

撼人心的故事记录下来，将困惑的问题筛选出来，养成善于观察、勤于记录的良好习惯，日久天长，教师们就会从"平凡"走向"卓越"，品尝到超越的幸福感。

周教授的讲座还告诉我们：搞科研仅仅靠写作是远远不够的，还需要教师不断地去阅读，通过读经典的书、专业的书、专家的书、知识性强的书来开阔眼界，拓宽思路，积累丰富的理论知识，增强问题意识，并且能在自身的教学中发现热点问题、难点问题、疑点问题、盲点问题，提炼成小而精、目标清楚的小专题，不断研究，敢于创新，就可以使一般问题有朝一日上升为教育教学研究的课题，从而开启科研之路。

周教授的讲座使我们清楚地认识到：教室是教育科研最基本的场所，是教育科研的实验室，教师是教室的负责人，无论从何种角度来理解教育科研，不得不承认，教师工作充满了丰富的课题研究机会。但是一线教师如果仅靠每天阅读教参、教本、教学刊物来获取理论知识，不进行加工与内化，那么所汲取的只能是一些肤浅的知识，不利于教学活动的展开，何谈教育科研啊！教师只有通过教学实践，不断反思、总结，提炼出来的理论才是实在的、有说服力的，才是值得推广的。这样的探索过程是为学生的快乐成长铺路，也是在为教师的教育科研奠基的过程。

总之，科研之路上布满了荆棘，教师们走起来会十分艰难，需要辛勤付出。不过阳光总在风雨后，付出就会有回报，当我们的课题研究成功之时，不仅能快乐自己，提升自己，也能为一直被类似问题困惑的教师起到抛砖引玉的作用。

课题就是解决教学中的问题

——听周福盛教授讲座有感

泾源县教体局教研室　洪晓玲

随着教育改革的不断深入，"科研兴教"、"科研兴校"已逐步深入人心，许多学校的教科研活动开展得如火如荼。但是，只要提起课题，我和绝大部分教师一样，望而生畏！总觉得搞课题研究需要有渊博的知识、高深的理论、精湛的教科研技术、非常前沿的教育信息、严密的逻辑思维能力、很强的分析研究能力和高度的概括总结能力。自从听了宁夏高等学校师资培训中心书记、教育学博士周福盛教授题为《教育科研：过程、选题与设计》的精彩讲座，才明白课题就是把日常教学中的问题选择一个点作为对象，进行研究分析、解决问题的过程。周教授用简洁明快、高度概括、非常精练的语言，从进行课题研究的目的、意义、作用等方面给学员们进行了透彻、清晰的讲解与分析。他告诉我们：教育科研的目的在于探索教育教学方法，提升教学水平；思考教育理论问题，提升自身层次；发掘教育生活价值，升华教育境界。教学生活是发现的生活，也是创造的生活。作为教师在教育教学实践中，一定要寻找、思考学生学习中的困惑、生活中的问题，通过教师的分析与研究，制定出科学合理的实施方案，寻找出恰当有效的解决方法，使学生学到知识、发展能力，这就是课题研究。周教授还运用大量的信息与实例，条理清楚、思路清晰地对教育科研成果的种类、过程、基本方法等方面进行了诠释，他强调教育科研的关键是如何选择和确定课题，并就此为学员进行了系统、全面详细的分析与讲解，使我对课题的选题、方法、过程、范围有了进一步的认识与理解，让我明白了"课题究竟是什么？要研究什么？解决方法是什么"的问题。原来课题就是问题，课题研究的是中小学、幼儿园教育教学中最有针对性、最迫切、最关键、最需要和有待解决的问题，是通过不断的实践探索和研究分析，运用科学的方法去解决问题的策略。

教育需要我们去探索、去研究；更需要我们在身边去寻找问题、研究问题、解决问题。听了周盛福教授的讲座后，使我更加清楚地认识到：目前，课题研究已成为教师专业成长的重要途径。在今后的工作中，我一定要抓住"课题就是问题"这一核心，认真思考，寻找工作中的困惑和问题；仔细观察，了解学生的学习与生活情况；善于研究，寻找解决问题的方法，多角度、全方位去探究教育教学工作中充满生机与挑战的有价值、有意义的问题。

我们可以走得更远

——听周福盛教授讲座有感

中卫市第八小学　马迎梅

长久以来，我一直认为，作为一名一线的小学教师，勤勤恳恳地对待自己的工作，用别人已有的经验来指导自己的教学，能够把他人好的经验很好地运用于教学，已是一件很有成就感的事。对于我们来说，所谓研究，都属于专家的工作范畴；所谓科研，是我们所不能及的领域。今天，聆听了周福盛教授的讲座，他不仅颠覆了我以往的观念，更为我做一名研究型教师指明了方向。

教师进行教育科研，不仅能够通过探索教育教学方法来提高教学水平，而且可以通过思考教育理论问题来提升自身层次，更重要的是它可以发掘出教育生活的价值，升华工作境界。周教授的这些观点我很认同，他说，教师的工作日复一日，周而复始，在别人的思想指引下，时间久了，我们会有一种似机器的感觉。既定的模式里，我们只需要按规定动作完成任务。教育科研，对于教师来说，如一泓清泉，似新鲜血液，在思考课题、研究课题、实践课题的过程中，我们多了探究与行动，前人的经验很可贵，但是自己研究出的方法或许更适合所面对的学生。

面对教育科研的迷茫，周教授给了我们许多方法的指引，他引导我们从教育问题中去提炼教育科研课题，指导我们合理地表述课题。虽然只是初次接触周盛福教授的理论，但我们已开始思考。数年工作中，有那么多值得去思考、研究的问题，哪怕是一个小小的现象，在不断探索的过程中也会变得很有价值。我想，这样的探索一定会带给我们更多的职业幸福感。

是的，把一件简单的小事做好就是不简单，把每一件平凡的事做好就是不平凡。教育就是由许许多多的小事组成的，我们或许不能把每一件都做得很好，但至少可以用教育科研的理念去面对每一个现象。如此，我们的教育一定会变成行进着、思考着的教育。周教授的讲座使我受益匪浅，他所讲授的那些教育思想在我心中逐渐生根发芽，终究有一天它会开出艳丽的花。我相信，只要按照正确的方向坚持走下去，我们一定可以在教育科研的道路上走得越来越宽广！

（七）俞世伟：师智、师德、师风

对师智、师德和师风的再认识

——听俞世伟教授讲座有感

银川市金凤区宝湖实验小学　徐丽玮

国风，国之本也；师风，亦师之本也！"本"乃草木之根，人之本性。而师之本，我原以为恪守教师的本分——爱岗敬业、关爱学生等教师职业道德规范就是其全部内涵。而俞世伟教授的点拨，令我豁然开朗：智慧应是德行的前提，而思维创新则是智慧的最高表现形式。我们应秉承经验之要义，突破框架之束缚；识有相之浅表，透内质之深刻……要达到这样的功力，就要有"学术全面之识"，即向哲学要高度，向史学要深度，向前沿学科要新度，向相邻学科要广度！

教师的德，是一种自律的体现，更是一种境界！德与智是师风中不可或缺的两个方面，如同天平的左右两边，或重或轻，都不能保持平衡。

这一智、一德，在平衡中渗透出一个教师在教学和科研中所独具的气质、能力和为人处世的态度。

触动心灵的话语

——听俞世伟教授讲座有感

银川市金凤区第六小学　贾　娟

俞世伟教授关于《师智、师德、师风》的专题讲座，对我的心灵触动很深。

听着讲座，思绪万千。作为一名从教十几年的教师，由于从教时间长了，在周围大环境潜移默化的影响下，渐渐地有些迷失了自我，在教学中缺少了一份执着与钻研业务的钻劲。今天俞教授讲到，作为一名有德性的教师应当具备的素质时，对我心灵触动挺深，边听讲座，边回忆自己在教学中经历的点点滴滴。通过反思，我感到羞愧，但同时也感到振奋。对此我暗暗下定决心，在以后的教学中写下自己工作中的失误，去改变一些不符合师德的做法，就像俞教授所说——把工作当事业来做，牢记"师志当坚、师心当爱、师风当正、师业当精"，在教师这个职业领域内做一名佼佼者。

对好老师的新认识

——听俞世伟教授讲座有感

银川市第二十一小学　李　珍

惬意的假期还未结束，就开始了"国培"的紧张学习。今天上午有幸聆听了宁夏大学教授、博士生导师俞世伟教授的《师智、师德、师风》的精彩讲座，感受颇深，对如何做一个好老师又有了新的认识。

第一，一个好老师首先要有创新的思维。俞教授的讲座让我们真正明白如何做到创新思维——如何克服定势思维，如何克服我向思维，如何克服有向思维，如何克服背景思维，如何克服情绪化思维，给我们指出了具体的方法，真是"教无定法贵在得法"。

第二，一个好老师是有德有才的精品，德智的平衡，道德的规则，构建德性的几要素，都为我们做一个优秀教师指明了方向。

第三，一个好老师还要在教育教学中具有自己独有的气质能力、态度和自己独有的倾向性，为我们成为有特色的教师提出了更高的要求。

在今后的工作中，我会加倍努力，成为俞教授所说的"师志当坚、师心当爱、师风当正、师业当精"的优秀教师。

教师专业发展路上的领航人
——听俞世伟教授讲座有感

泾源县第三小学　佘艳萍

2014年8月11日，"国培"在我们的喜悦与期盼中拉开了帷幕，来自全区各地的580名教师在宁夏工商职业技术学院小剧场聆听了宁夏大学博士生导师俞世伟教授的首场讲座。

俞教授虽然已年迈花甲，但其渊博的知识、流利的口才、幽默诙谐的语言，让在场的听众无不叹为观止。听说俞教授曾经是宁夏大学的"名嘴"，听了他的讲座，感觉真是名不虚传！

俞教授从"师智、师德、师风"三方面为我们进行了讲述。讲到"师智"他给我们讲了五大思维，即定势思维、我向思维、有向思维、背景思维、情绪化思维。他说："长得漂亮是优势，活的漂亮是本事！"他总结出了人的智慧体现，用美文呈现给了我们：春天，不是季节，而是内心；生命，不是躯体，而是心性；人生，不是岁月，而是意义；云水，不是景色，而是襟怀；日出，不是早晨，而是朝气；风雨，不是天象，而是锤炼；沧桑，不是自然，而是经历；幸福，不是状态，而是感受。他运用幽默风趣的语言表述，结合自身的阅历经验，运用丰富的理论知识阐明了自己的观点："人品不高，总为一个利字看不透；学业不精，总为一个懒字丢不开；人脉不和，总为一个诈字撇不下。"

"师德"方面，他讲到，无论是个人、群体还是社会，进行行为选择要有两个要素：一是才（智慧），二是德（品德）。"有德有才是精品，有德无才是次品，无德有才是毒品，无德无才是废品。"听到这儿，大家都有所思，是该做一个有德又有才的人。"人，只有灵秀之智，不足以确保人生之方向；人，只有仰慕之德，也足以构成生存之绩效。只有秉承德性之崇高与灵秀之智慧的统一才有辉煌的人生。"多么富有哲理的语言！

在讲"师风"时，俞教授将"师志当坚、师心当爱、师风当正、师业当精"送给我们，他的谆谆教导，让我们深切地感受到，这是他对我们的殷切希望和要求！

三个小时的讲座，如白驹过隙般地结束了。在学习的过程中大家时而热血沸腾，时而泪眼蒙眬，时而惭愧万分！俞教授用他丰富的学识，为我们上了生动的一课，也用自身的魅力感染了我们。我想在以后的工作中要倍加努力，不断将学习成果转化为教学成果，这是回报俞教授对我们的期望的最好方法。相信明天会更好，让我们用心干好每一天的工作，用一生去践行师智、师德、师风。

教师应树立德智平衡的理念

——听俞世伟教授讲座有感

泾源县第一小学　马　玲

听专家讲座，如沐春风。在 2014 年 8 月 11 日那个带着小雨丝的上午，俞世伟教授的潇洒自如、大气横秋尽撒宁夏工商职业技术学院的小剧场。

俞教授的一堂《师智、师德、师风》讲座，运用扎实的理论知识，结合自身丰富的阅历，用幽默风趣的语言表述阐明了自己的观点：教师应该树立德、智平衡的理念，通过不断加强自身的师德修养，促进自己良好师风、师智的形成和发展。他说："人品不高，总为一个利字看不透；学业不精，总为一个懒字丢不开；人脉不和，总为一个诈字撇不下。"他带给大家的不仅仅是他的睿智，更是哲理性的思考。

俞教授认为教育的秘密在于尊重生活："尊重源于生活的认知，最为真实；尊重源于生活的情感体验，最为挚诚；尊重源于生活的意念，最令人信服。"

俞教授还讲道："没有信仰，没有敬畏，就没有自律。我忠信教育，为了教好孩子，我在不断地努力。严于律己，宽以待生，是我把握的分寸，使每个学生不同程度地获得最大发展是我的追求。"俞教授的点拨使我反省，使我进步，使我提高！

聆听了俞教授的讲座，使我更进一步深刻地认识到自己要不断地学习，努力提升自身的修养，并用高尚的情操和优秀的人格去影响学生，促进学生全面发展，健康成长，从而培养出德才兼备的对社会有用的人才。

谈到人，俞教授认为，无论是个人、群体或社会，进行行为选择要有两个要素，一是才（智慧），二是德（品德）。有德有才是精品，有德无才是次品，无德无才是废品，无德有才是毒品。我们所从事的教育事业，不仅仅是培养高文化高学历的人，更要培养高素质的对社会有用的人才。

俞教授强调：人只有灵秀之智，不足以确保有为人生之方向；人只有仰慕之德，也不足以构成生存之绩效，只有秉承德行之崇高与灵秀之智慧的统一才有辉煌的人生。"智性，为我事业之术；德性，为我事业之品。二者均是我为师之基。为此，我一日不敢懈怠我之技，一时不敢消解我之德；尽管沧桑辛劳在其中，从中体慰学子与我智性之乐；尽管得失计较在眼前，从中倍感德性人格之贵重。此乃我之幸福！至此，我时时不敢放弃修德之行，虽有舍我之利，但甚有幸福之乐；我日日不敢放弃凝智之心，虽有砺已之辛，但欣为师之术。师者，尚智亦修德也！""正如他所说，他就是这样的人。"旁边熟知他的老师轻语道。

听了俞教授的讲座，我牢记住了他的这四句话：师志当坚，师心当爱，师风当正，师业当精，并以此勉励自己做一个合格的人民教师！

（八）李志厚：课堂生态与课堂动力

学思结合助我成长

——听李志厚教授讲座有感

石嘴山市第十五小学　　陈立虹

一位学者说过："对培养人的培养，比直接培养人更重要。"2014 年 8 月 10 日至 11 月 15 日，我有幸参加了由宁夏大学承办的"国培计划"(2014) 宁夏中小学幼儿园教师脱产置换研修班培训。三个月的培训不仅使我的教育理论知识有了增长，而且在教育理念、教育实践中也有了质的飞跃。

难忘华南师范大学李志厚教授为我们做的《课堂生态与课堂动力》的讲座，李教授从三个方面进行讲述：什么样的课堂才算是好课堂？怎样创造和保持课堂动力？使课堂教学富有活力的关键在哪里？讲座中李教授讲道："学生有着强大的驱动力和创造力，老师的任务就是管理和引导他们，把他们的驱动力和创造力用于值得从事的活动中。因此，教师应当为他们的自身活动创造环境。"细观现代教育大师于永正、王崧舟、窦桂梅等的教学，他们的课堂不就是生态课堂吗？北京史家胡同小学的万平老师的课堂不就是有着课堂动力的吗？生态课堂上，教师的话语诗意盎然，如春风化雨，滋润孩子的心田；教师的笑容激情荡漾，似阳光和煦，温暖孩子的心房。"生态的课堂"提倡自主学习的方式，崇尚研究性学习和探索性学习；"生态的课堂"从个人独立学习的方式转变为小组合作学习的方式；"生态的课堂"为师生发展而教，为师生发展而学，以创新的教学方式促进学生养成可持续发展的生活、学习和工作的习惯，培养学生可持续发展的责任心，造就张扬的个性、开放的思想、创新的品质。新课程理念下我们的课堂更应是和谐的课堂，师生关系和谐，教与学和谐，学科之间和谐，课内与课外和谐，教学目标、内容与方法、手段和谐，教育与教学和谐，师生会在和谐中自然地成长，教师的主体精神和学生的主体精神都得以充分的展现。让我们的课堂还孩子自由发展的空间，还孩子真情洋溢的世界，还孩子心向自然的情愫……让老师在"生态的课堂"中成长为"不仅要做一位说话让学生喜欢，做事让学生感动，做人让学生怀念的老师，而且要做超越优秀追求卓越的教育者"。

教育的发展关键在教师的成长。教师是学校发展的基石，学校的软实力来自于拥有一支业务能力强、团结敬业的教师队伍。培训虽已结束，如何将培训期间的所见、所闻、所思、所想带回去并实践，这是摆在我们面前的一个极其重要的任务。在今后的工作中通过不懈的努力，开拓创新，将理论所得与实践接轨，把所学到的知识运用到教育教学实践中去，相信我们在小学语文教学的大路上一定会走得更稳更远！

如何让自己的课堂教学富有动力

——听李志厚教授讲座有感

长庆小学　张玉萍

通过聆听华南师范大学李志厚教授的《课堂生态与课堂动力》的讲座，我获益良多，对于如何让自己的课堂教学富有动力有了更深的认识。

首先，精彩的开始是一节课成功的基石。课堂的导入就如同是一节课的序幕，也是抓住学生胃口的一道"开胃菜。"自然流畅，富有吸引力，直切主题，生动有趣的课堂导入是学生学习的动力。

其次，合理而精彩的提问是产生课堂动力的催化剂。在课堂教学中，我们要引导学生自主地参与到课堂学习中来，让孩子们成为课堂的主人。那么，课堂上的提问就尤为重要，提问的恰当能促进学生全面而多形式地参与到课堂教学之中，同样可以检测到学生对课堂知识的掌握情况，可以引导学生自主思考问题，提高解决问题的能力，也可以激发学生的灵感思维，产生课堂动力。

最后，教师的语言也是课堂动力的润滑剂。教师运用准确的语言并引导学生准确地表达，学生才能对课堂教学的内容产生探究的精神，提高自主学习的能力。

学习·反思·改进
——听李志厚教授讲座有感
银川市兴庆区第十八小学　宋金梅

8月18日下午，华南师范大学教授李志厚为大家做了题为《课堂生态与课堂动力》的讲座，我边听边对照自身的教学，觉得他讲得很有道理。

听李教授讲课堂生态的内容，让我明白了教师为什么要关注课堂生态环境。因为课堂是教学活动成效显现的场所，是影响学生学习生活质量的平台，是决定师生生命活力焕发的环境。好的课堂有利于学生发展，促进学业成绩的提高，是使学生智力和身体充分成长的空间；有利于促进学生学会自强自立的能力，使学生帮助老师分担课堂管理的责任；有利于促进师生间建立温馨而又牢固的关系，有利于促进学生形成班集体意识的积极态度。

李教授还讲到了课堂动力是激发学生有质量和有尊严学习的关键。课堂生态环境的营造、教学内容的优化、教师影响的落实，往往需要教学过程的动力创建和维系才能产生效果。因此，教师要立足于"以学生为本"的原则，通过合情、合理、合利、合趣、合度的教学，因势利导，促进学生的"有为"，使其在知识基础、方法技巧和心态精神上达到最有利于学习的状态。

在今后的教育教学中，我会把这些好的方法融入到工作中，提高自己的课堂教学效率，争取早日向"有效教学"迈进。

什么是课堂生态与课堂动力

——听李志厚教授讲座有感

泾源县第一小学 冶红梅

2014 年 8 月 18 日有幸聆听了华南师范大学教授李志厚关于《课堂生态与课堂动力》的讲座。他首先讲了什么是课堂生态。教师在课堂教学中要积极改变学生的学习行为，转变学生的学习方式，重在引导学生进行小组学习，做到独学、对学、群学，鼓励学生独自思考、合作探究、相互质疑。通过展示实现交流，通过纠错实现落实，通过点拨实现提升，通过开放实现拓展。教师在教学互动中，要充分实现师生之间的预习交流、任务分配、合作探究，展现拔高、穿插巩固、达标测评。

教师在课堂教学中，要做到：一看学生在课堂上参与的人数，保证绝大多数学生参与；二看学生参与的质量，语言表达是否通顺，态度是否积极认真，情感是否投入，精神是否饱满，板演书写是否整齐工整，词、句、符号、公式的使用是否正确；三看学生的预习笔记，检查预习情况，以便教师可以根据学情适时导入下一个环节，准确做好课堂决策。通过"三看"，关注学生的自主程度、合作效度和探究深度，致力于高效课堂，使课内与课外和谐，教学目标、内容与方法、手段和谐，教育与教学和谐。师生会在和谐中自然地生长，教师的主导精神和学生的主体精神都得以充分的展现。

到底什么样的课堂才能产生课堂动力？它以什么样的方式驱动课堂动力来影响课堂教学的有效性？李教授又进行了剖析：课堂生态是影响师生教学成效的重要因素，在决定教学成效的因素中,教师、学生、教学内容（课程）、教学环境是起着决定作用的四大因素。但人们往往对前三个因素研究得比较多，而对最后一个因素关注得比较少，尤其是如何以生态学的视角分析课堂情境或气氛对教学活动的影响，更是近年来关注的重要课题。

　　课堂是师生进行教学活动的主要场所。课堂不仅是教师传递知识、示范技能、启智劝善的场所，更是师生相互对话、交流思想、增进情感和教学相长的平台。而正是这种思想的交换、情感的交流和教与学的交融，使课堂能够焕发出生命活力，使师生能够知而达智、转知为能，能够发现知识的价值和真理的意义，能够满足师生追求真、善、美的需要和理想。

　　关于好的课堂具有哪些明显特征，是一个见仁见智的问题。无论是基于技术理性、实践理性的立场，还是从解放理性的视角，好的课堂都应遵循以学生为本、以学习为重、以学业为要的原则。

　　李教授还讲到了课堂动力。课堂动力是教师通过课堂中的个人因素或各种外在条件，驱动学生学习的意识、动机、需要、态度和行动的力量，是课堂生态对师生及其教学活动产生作用的影响力、驱动力、激发力和吸引力，主要包括学生动机和课堂活力。

　　课堂动力是激发学生有质量和有尊严学习的关键，课堂生态环境的营造、教学内容的优化、教师影响的落实，往往需要教学过程的动力创建和维系才能产生效果。因此，教师要立足于以学生为本的观念，促进学生的有为，使其在基础知识、方法技能和心态精神上达到最有利于学习的状态。学生的期望是老师对学生之前所做的事情的肯定，学生希望能从老师口中得到应有的赞扬，帮他们建立自信，让他们有足够的能量来继续学习，这样更能体现学生的价值。这一点我以后真的要好好借鉴李教授的方法，努力让学生产生学习的动力，同时还要创造更好的气氛，无论是阅读、学习还是活动，我觉得只有浓郁的氛围才能吸引学生产生兴趣，从而积极参与进去。

　　在李教授的讲座中，我还学到很多很好的知识和方法，我将把这些好的方法融入工作中，把班级管理好，提高自己的课堂教学效率，争取早日向"有效教学"迈进。

　　中国教育界有句老话：施教之功，"巧在激励，重在引导，贵在转化，妙在开窍"。这句话揭示了课堂教学活动进程中的几个关键环节或因素。前八个字说明教师必须营造一个良好的、具有激励性的课堂生态，吸引学生的注意力，激发学生的兴趣，满足学生的需要，并使其愿意参与教学过程。然后，教师在这种良好的状态下引导、指导、辅导学生学习知识和技能，启迪学生思考。后八个字解释学生学习的结果取决于对教师所传授知识、技能和精神的消化、吸收与转化，明白和理解其中的道理、观点、思想，打好基础、掌握方法、领悟精髓、觉悟价值，从而学有所得。

（九）陈大伟：教师成长与观课议课

教师幸福就是学生幸福

——听陈大伟教授讲座有感

银川市兴庆区第十八小学　宋金梅

作为一名教师，你有没有想过你的幸福感和学生的学习状态，乃至学习成绩有关？作为一名教师，你有没有意识到教师的幸福生活对学生的情绪和人格有直接的影响？作为一名教师，你有没有体会到教师幸福就是学生幸福，是学校幸福，是教育幸福，是社会幸福？

在聆听陈大伟教授的《教师成长与观课议课》之前，我从来没有思考过上述问题，我甚至还在想：我幸福与否和学生有什么关系？然而陈教授通过一个个鲜活生动的案例让我知道了幸福是教师的权利，幸福是教师的义务；教师的心情会影响学生的心情，快乐的老师会带出快乐的学生，幸福的老师会带出幸福的学生。他以大量的案例和电影片段作为旁证，解答了"幸福是什么"、"教育与幸福的关系"两个问题。他还指出教师要善于理解学生，教师自身就是最好的资源，要想追求成长的幸福，创造出幸福的课堂，就离不开课前有期望、课中有创造，教学过程中教师能胸有成竹，得心应手地回应教育事件和情境，能创造性地高质量地完成教学任务，课后能审美，对课堂教学进行审视和反思。要想做到这些，就得多读书。

教育的本质是需要我们培养出健全的、对社会有用的、热爱学习的人。我们如果都能够深切体会到平时自己总挂在嘴边的教育指导，把我们的体会、反思运用到和孩子们在一起的教育生活，那我们的教育热情、教育幸福会像涟漪一样浸润每个孩子纯净的、等待和我们一同成长的心灵，那将是无比幸福的。

人因思而变
——听陈大伟教授讲座有感
同心县预旺中心学校　白福朝

聆听了陈教授的精彩讲座，其中有一句话使我回味了整整一个下午，这句话是"人因思而变"。美国杰出的法律经济学家波斯纳曾经说过："没有反思的经验是狭隘的经验，至多只能成为肤浅的知识，如果教师仅满足是不够的。"

反思是对经验的过程、经验的依据、经验的结论保持持续地批判和审视，目的是提供相对正确的经验。教学案例是蕴含问题困惑，或者是能提供教学实践情境的教学故事。

作为一名教师，通过观课议课的平台，才能充分借鉴别人的优点长处，经过自己的反思，提高自己的业务能力和实现专业化的成长。

如何观课议课
——听陈大伟教授讲座有感
泾源县第一小学　冶红梅

2014年8月19日，我们聆听了成都大学师范学院陈大伟教授的《教师成长与观课议课》专题讲座。陈教授的讲座给我们的校本研修指点了迷津。

陈教授在讲座里讲了如何观课议课。第一，他讲了现有听课评课的现象。

现在科技发达了，多媒体被广大教师广泛使用，老师们把它作为现代课堂的一种教学手段。殊不知，这种高科技却束缚了我们的手脚，让我们只能跟着它走，没有半点变通。第二，陈教授对观课议课进行了定义。听课是多种观感并用的，参与者相互提供教学信息，共同收集课堂信息和感受课的信息，在充分拥有信息的基础上，围绕共同关心的问题进行对话和反思，以改进课堂教学，促进教师专业发展。观课议课不是简单地对教师的授课下结论，而是进行探讨，仁者见仁，智者见智，每个人都有自己的观点。教师会在别人的点评中，形成自己对课程、教学质量、教学过程和学生角色等更多更全面的认识。第三，陈教授认为观课是用心灵感悟课堂。观课是心灵感受，观课者要在观课的过程中主动思考执教老师是怎么教的，如果自己教会怎么设计，议课时要交流什么？怎么交流？观课的同时是发现困惑，选取案例，这样在之后的议课中才能够有所"议"。第四，陈教授讲了观课议课的交流活动会促成授课教师和观课教师的共同反思。观课议课后的交流探讨是一个很好的平台。成熟的教师可以提供自己丰富的经验，年轻的教师可以利用好这个机会，解决好自己的问题，充实和提高自己，实现自我超越。

对于观课，要恢复和激活人的感受力，运用多种感官去感受信息，用心去感受课堂，获得更加真实的课堂面貌。陈教授的这个观点我赞同。

而议课主要是发表意见，进行商议，参与者是平等的主体。议课与评课的区别是：多用问号，少用句号，了解别人，促进别人思考，也促进双方思想的交流。观课评课和观课议课各有各的用途和特点。议课是用对话理解教学，议课时老师们是平等交流的，没有一个人拥有真理，但每个人都有权被理解。老师们不能自我省略和删除，但同时要能在对话中看到别人的观点，能取长补短。议课的方式是同在共行的。把问题放在自己的角度，如果我面对了，我该如何教。议课的目的是发现可能，在讨论问题的同时发现解决问题的新方法，然后学以致用。观课、议课的核心是要用心去听课，用诚心去评课。以心换心、以人为本，人是根本，只有把这一理念落实在观课议课中，才能体现出关心人、尊重人、依靠人、发展人、满足人的教育理念和目标。

课堂教学是教师生命流淌的过程。教师是具有专业知识和教学经验的成人学习者，既具有一定的资源价值，也需要用他人的资源来丰富自己。作为教师，课堂教学是其职业生活最基本的构成部分，它的质量直接影响教师对职业的感受、态度和专业水平的发展、生命价值的体现。观课议课是以教师的发展为本、促进教师专业成长的一种研修活动，通过开展观课议课活动有助于增强教师间的合作。如果教师彼此真诚交流、平等对话、互相碰撞思想的火花，在逐渐明晰的过程中集思广益，扬长避短，实现优势互补，分享集体智慧，就能使自己的教学思想和教学行为得到不断更新、重构和迁移，就能达到互相学习、彼此支持、共同进步，从而实现有效教学的目的。因此，课堂教学对教师而言，不只是为学生成长所做的付出，不只是别人交付任务的完成，它同时也是自己生命价值和自身发展的体现。只有当观课议课对一线教师有实际帮助，能有效解决教师在教学过程中遇到的问题，能有针对性地提升教师专业化水平时，才能真正做到有效的观课议课，才能真正使教师的专业水平得到提升。

"青蛙"的经验是要靠"小鸟"来改造

——听陈大伟教授讲座有感

泾源县教体局　于希花

陈大伟教授的讲座令我茅塞顿开。

第一，教师单靠经验从教是远远不够的，因为经验要在不断审视、批判中逐渐成长、完善。要常常问："你为什么这样教，你会做出什么样的调整和改变？"

第二，"青蛙"的经验是要靠"小鸟"来改造。"小鸟"意味着新信息，我们要寻找自己身边的"小鸟"。书本是"小鸟"，身边的同事是"小鸟"，学生中有"小鸟"，自己有时也是自己的"小鸟"。

第三，观课要坚持以学论教，追求有效教学。观课时要发现现象，发现问题，而后在评课议课中研究现象，讨论现象；研究问题、讨论问题，本着互相关心、互相帮助的心愿，引导教师成长。

第四，一名好教师应该是：

1.对学生负责；

2.有水平；

3.还在不断发现自己，不断完善自己，做一名合格的好教师。

（十）吴增强：教师压力管理与心理健康

要做学生健康成长的引路人

——听吴增强教授讲座有感

银川市兴庆区第十八小学　宋金梅

上海市教育科学研究院的吴增强教授在8月12日下午的《教师压力管理与心理健康》讲座中，传递给了我们另一种声音："如果没有人要赞扬你，你可以自己赞扬自己。"他的讲座句句铿锵，字字有力。他结合了一个又一个案例，深入浅出地告诉我们，要对学生进行个别心理辅导，排解学生成长中的迷茫、自卑、自负、焦虑、抑郁、任性、嫉妒、依赖以及厌学等常见的成长烦恼，点亮学生心里的一盏盏明灯，引导学生热爱生活，敬畏生命。

是啊，学生在成长的过程中，总会碰到一些困惑，这很正常。如果给这些学生前面加一个标签，很显然这不符合学生成长的特点。作为班主任，我们所有的工作都是为了帮孩子健康成长，学校教育的对象是未成年的学生，他们的心理情绪时刻影响着其学习成绩。班主任不仅要做学生学习的指导者，更应做学生心理的辅导者。对学生进行心理辅导需要艺术，班主任同时应该成为一名心理老师，帮助学生疏导一些心理障碍，教会他们很多时候要学会自我反思，学会换位思考，学会自我欣赏。总之，要想尽办法发扬学生的长处，让学生在课堂上展现自我，巧妙迁移学生的注意力，善于发现学生的闪光点，注意正强化和负强化，注重表扬，少用批评。只有这样用真心去关爱学生，学会细致，学会耐心，学会平等……学会更多更多，才能引领班级，引领孩子们健康快乐地成长。

这个培训点亮了我对班主任工作的热情和激情，为我今后开展班主任工作指明了方向。

学生心理健康辅导

——听吴增强教授讲座有感

泾源县第一小学　兰喜连

今天上午聆听了吴增强教授关于学生心理健康辅导的讲座，收获颇多。

收获一：自己真正明白了教育不仅仅是思想教育，更重要的是学生的心智成长教育，教师要了解、理解学生的内在世界，了解学生的成长烦恼。我每天在做学生的思想工作时，只是简单的说教，并没有真正进入学生的内心，也没有很好地利用"一句话的化学效应"让学生向好的方向发展。今天，我知道我该怎么做了。

收获二：明白导致学生自卑、产生心理问题的根源是教师和家庭，也明白了心理问题不是天生的，是教师、家长不当的教育行为造成的，多么可怕呀。事例中的王成同学不想上学，假称肚子疼，我听了好心酸，老师把孩子折磨成什么样了？也明白了每个孩子内心都存在一个积极的潜能。

收获三：面对学生的早恋问题，教师要与孩子平等交流，唤起学生对生活的热爱以及爱的能力。以前总认为孩子小，不懂这些，所以我尽量避而不谈。听了吴教授的讲座才明白，每个人都喜欢被人欣赏，我以后要正视这种问题并合理地引导学生正确对待友情，把学习当作目前最重要的事情去做。

收获四：吴教授分析了学生产生厌学情绪的心理原因，让我明白了各种厌学病理的特征和表现，如倦怠型的、自卑型的、适应不良型的、无望型的，并针对各种厌学类型对症下药，如心理减压、克服受挫心理、唤起学生对生活的热爱等方法。我会把这种有效的方法运用到今后的实际教学工作当中。

以乐观的态度对待压力

——听吴增强教授讲座有感

固原市原州区第三小学 袁晓琴

今天听了吴教授的讲座，心里感触很多。是啊，吴老师说的很对，随着社会的进步、科技的腾飞、教育的发展、人才竞争的加剧，对老师提出了全新的要求。而我，作为 70 后的一名教师，已经时常会有力不从心、无所适从的感觉，感觉自己已不能适应 21 世纪教育教学的需要从而心里产生了很大的压力，出现了心理焦虑、精神紧张、情绪紊乱现象，时常感觉身心疲惫。面对很多事情我会变得无趣、无求、无能、无效，当然也就谈不上积极性、主动性、创造性的发挥了。久而久之，这种压力使我对教育改革没有了信念。其实，内在潜伏着教师职业道德的危机。

今天听吴老师讲解了对教师压力的管理，我有些释然了。从此，我会积极充电，以乐观的态度对待压力，正如"问题不是问题，如何面对才是问题。" 在压力面前，学会释放压力，多进行一些有氧运动，遇事多换位思考，退一步海阔天空，既然抓不住就不如送一程，放松自己的身心，让自己获得小的宁静。

人生一世就是一次远游。有时心里装的太多，心就会很累，把心放回到原点，学会享受生活，自己善待自己，努力做到：生活简单就是一种享受，心理简单就是一种自由。

轻囊方能致远 净心方能行久

——听吴增强教授讲座有感

泾源县第一小学 马 玲

"国运兴衰，系与教师"，高素质的教师队伍，是高质量教育的基本条件，是全面推进素质教育的基本保证。随着当前形势的变革，教师面临着巨大的挑战，这些挑战对教师的心理素质提出了更高的要求。尤其是当前复杂的社会形势与较大的工作压力，大部分教师的心理健康存在不同程度的创伤。2014年8月12日上午，聆听了吴增强教授的专题讲座《教师压力管理与心理健康》，我对教师心理健康有了全新的认识。

1. **做自己的"心理医生"**

吴教授说心病是"想"出来的，我们要学会用积极的思维方式去面对困难，问题不是问题，如何面对才是问题。

因此，学会做自己的"心理医生"，学会积极的思维方式，就要有乐观的生活态度，学会挑战非理性信念，学会自我肯定。另外也要学会换位思考，快乐地与内心交谈：别人都对我很友好，为此我感到高兴；我现在精力充沛；我能和所有人相处愉快；今天我感觉很好，周围的一切也很美好；我现在兴致高昂，特别具有创造力；我感觉生活就在我的掌控之中；今天感觉太妙了，一直期待过上这样的日子。

要对自己抱有信心，不要对自己说"不可能"；能力是可塑的、变化的、发展的；专注自己的事，不要总是与别人比较；理性对待自己的成败得失，得之淡然、失之坦然；既来之，则安之，事过心空。

2. **改善沟通方式**

学会宽容与坦诚。宽容别人，也是给自己留下一片空间；真实地展现自我，不要有假面具；不要让别人处于心理防御状态；不要过多压抑、否定自我，与别人多沟通，求同存异。

学会倾听。以开放的胸怀、专注的目光，设身处地为别人考虑；倾听他人的建议，不专断，不自负。

学会赞美。赞美别人要发自内心；要有欣赏别人的态度；不要夸大虚浮，要恰如其分。学会冲突处理。劝说是改变别人态度的一种尝试；对话是对观点、态度、事实和感知的言语交换，需要商讨和妥协；撤回一般认为是消极的冲突管理形式；屈服则容易导致受伤害的感觉。

学会说"不"，学会有礼貌地说"不"。比如我现在精力真的有点透支，如果让我处理这些活，我可能无法做好；感谢您对我的信任，但我还有许多其他的事情要做，现在可能处理不好这件事；我可以为您做那件事，如果我下周三左右把它做完，您觉得可以吗？我很高兴为您做这件事，但我手上的事还没有干完，您希望我先做哪件？

3. 放松身体

放松是最便宜、最快捷的心理辅导。

比如呼吸放松、心理意象放松、多听一些舒缓轻快的音乐等。还有情境想象法、情绪释放法、振奋激励法、养心移情法。还可参加一些旅游休闲活动、体育健身活动。

生活的简单是一种享受；心的简单是一种自由。轻囊方能致远，净心方能行久。

我们要树立与人为善、与人为伴的思想，与我们的同事、家长、学生建立良好的人际关系。

听了吴教授的讲座，使人豁然开朗。

（十一）万平：教育是温暖的

名师指路

——听万平老师讲座有感

银川市金凤区第六小学　李倩楠

放暑假，本该在家休息，却被安排参加宁夏"国培计划"农村中小学教师脱产置换研修学习。说实话，心里是苦乐参半。苦的是暑假本来是要好好放松一下的，同时家里的老父亲还在医院看病。坐在这儿急，心在家中，真是人在曹营心在汉。况且前后培训要3个多月，时间之长，恐怕身体、精神都受不了。乐的是自己不用掏腰包就能接受高等级的教育培训，学习新的思想和知识，感觉像得了便宜一样。怀着这样矛盾的心情坚持完了3个月的学习，现在才感觉这三个月的学习真值，感觉自己"赚大"了，心里暗暗地高兴……

万平大姐，之所以称之为大姐，并不是因为她年轻，而是因为她的精神面貌显得她年轻。这位50多岁的老师，浑身上下都充满了活力，慈祥的脸上充满了笑容，让人看了温暖舒服，她的一句话让我思考了许久，她说："会思考，心里就会有方向。"是呀，对照自己，缺少的就是思考，只会低头做事，不会抬头看路。万大姐说："在教育学生时是要讲究智慧、艺术的，要有耐心。细想想，是学生成就了我们，所以要悦纳学生，给学生播撒快乐、奠基人生，把班级营造成幸福的乐园。班主任是一个班级的快乐之源。"听了万平大姐的讲述，我默默地下着决心，我要做一名撒播快乐的"祥云"。

整整一天，万平大姐就这么站着讲了一天。真佩服她的精神，更佩服她的学识，尤其是她教育学生的智慧。在做人方面，万平大姐讲了很多，有些话真的让我茅塞顿开，如对"舍得"一词的解读：舍字在前，得字在后，只有先舍才有得，大舍大得，小舍小得，不舍不得。这就是一种智慧，做人的准则，有奉献才能有收获。她还说："命在天，不幸应接受；运在手，迎着光明向前走。"多么坚强的人生格言呀，教会了我如何面对挫折，面对委屈。

万平大姐的讲座感动了在座的每一个人，大家经久不息的掌声深深地道出了对一名普通的一线老师的敬佩。从万平大姐的身上，我看到了一名教师对学生的爱和对教育事业的执着，她把自己的青春、才华，无私地奉献给了她爱着的孩子们。听着万平大姐的讲述，我曾几次落泪，这样的一个才女，在权力、金钱面前不为所动，在汹涌澎湃的争位面前，她依然能静心做自己喜欢的事，仍然在用一颗伟大的爱心滋润着一颗又一颗童稚的心。她真正诠释了"为人师表"的内涵，她是我人生的标杆。

通过今天的培训学习，我明白人真正的幸福和愉快的感觉是什么，就是能战胜自己狭隘的思想。做大爱之人，多吃苦，干实事，尊重人，工作起来就有了乐趣。同时，从万平大姐身上，我也明白了：勤学是人的立身之本，不学习则一辈子迟钝，不管什么时代，人生在世都要有所专长，而且勤学要趁早。您看，哪个成功的人士不都是勤奋的？所以，平凡的池水临照了夕阳，便成金海，以此与大家共勉吧！

教育，是温暖的

——听万平老师讲座有感

隆德县第一小学　李玉辉

这次培训有幸聆听了全国著名的万平老师的《教育是温暖的》精彩讲座，被美丽活泼有智慧的万平老师爱学生的平凡事迹所感动。万平老师50多岁，个头有点矮，剪着齐耳短发，但却浑身散发着青春的活力，散发着烂漫无私的童心、爱心，这也敲击着我的心灵，让我更深地明白了做老师的幸福秘籍——爱孩子，为孩子点亮一盏心灯。

"唯有良心，才有教育，没有良心就没有教育，这是不能偏离的。因为它是教育的准绳。"说得多好啊！这是万平老师的教育箴言。是的，老师干的是良心活，良心是一个人最起码的道德底线，也是一名教师的师德底线。师爱，爱的是自己的学生，爱的是别人的孩子。爱自己的孩子是天性，爱别人的孩子是神圣，爱自己的学生是职责。我们的工作，诠释着教师的良心。良心呈现，师爱无言。如果你心里没有学生，没有学生的发展成长和未来，有的只是功利性的分数，日复一日重复着备课、上课、批改作业的机械式工作，把教书育人当作一份挣钱养家的活计，没有兴趣，没有激情，没有创造，更没有幸福之感，只是一个灌输死知识的机器，那么我们的工作将是多么枯燥、乏味，不得职业倦怠症才是怪事呢。

万老师个人的经历充满了挑战，我很佩服万老师迎难而上的勇气。工作中，万老师很细腻同时又很积极乐观，再难的工作被万老师一讲也觉得很有意思。比如她的班里有一个脑部受过损伤，说话有问题的学生，与他有关的事情总是那么令人头疼，但经万老师的处理却又那么的有意思、妥帖，不留痕迹。"教育是有温度的"，有温度的教育，是在孩子们开心时，陪伴在身边的那张笑脸；有温度的教育，是在孩子们受伤时，守候在身边的那个身影。有温度的教育，让孩子的校园生活更加色彩斑斓；有温度的教育，使孩子的人生更加温暖。作为一名教师，万老师是一个取之不竭的温暖源，她那温暖的教育方式让每个学生都能享有幸福的学生生涯。为了让自己的教育永远都能有温度，万老师也付出了超出常人的辛劳和汗水。我们需要向万老师学习的太多！也许我们不能成为像万老师那么优秀的教师，但作为一名踏踏实实、认认真真的老师，我相信，只要我们每天进步一点点，新教育就不再只是梦想。

万老师通过自己做教师、做班主任工作的经历和感悟给我们讲述了一个个感人的故事，向我们传递着育人的正能量，我敬佩万老师，敬佩所有热爱教育的老师们。

（十二）马兰：体现学段教学特点

提高阅读教学的实效性
——听马兰老师讲座有感

泾源县教体局　于希花

2014 年 9 月 16 日，自治区小学语文资深教研员马兰老师给我们小语骨干班做了题为《体现学段教学特点，提高阅读教学实效性》的讲座。她的讲座很接地气，切中了我们小学语文课堂教学的要害——代课教师对学段教学特点混淆不清，教学中不能做到心中有数，怎么办？

马兰老师从"增强课标意识，正确把握学段教学目标与内容"入手，整整用了一天时间，为我们这些来自各市县的一线教师做了讲解。

首先，进一步加强识字、写字、学词的教学。她说，低段识字教学要保证每节课至少 10 分钟，环节要有范写、临写、评奖、再写、用字组词、用词造句；中段识字教学中要逐步培养学生的识字能力，教师可作适当点拨；高段要培养学生独立识字的能力，每课可挑难字一两个指导学生书写。

其次，要加强积累，提高学生语文素养。学习语文是一个积累和运用的过程，所谓厚积而薄发。马兰老师分别从"语言的积累"、"内容的积累"、"思想的积累"解读了积累从量变到质变的过程，即积累语言、积淀语感，凭借语感运用语言的转变过程。

最后，马兰老师将低、中、高每个学段的语言文字运用特点给我们一一做了阐述。

低段。重在激发兴趣，培养学生良好的学习习惯，保护儿童好奇的天性，具体做到识好字、写好字、学好词、读好文、写好话；字词训练要抓住对阅读理解有帮助、有启发，可以迁移运用的训练点；字词、句式的理解与运用，要打开学生的思路，联系学生的生活经验；阅读教学要突出读、说、背、动四要素，即多种朗读，达到想说、敢说、能说的目的；背诵、积累有价值的内容，重视在活动中、游戏中学习。

中段。一是重视围绕听、说、读、写开展语文训练活动。养成倾听的习惯，能提出问题并与人讨论。说话要说清楚、说完整、说具体。注重朗读方式与层次，将一段话围绕一个意思写完整，写具体。二是开始以段为重点，逐步向篇章过渡，渗透一些篇章的写法；逐步树立训练意识，重视从文本中发现、挖掘语言文字的训练要素（训练要素宜小不宜大）。三是增强学生的主体意识，重视提供一定的时间和空间让学生主动学习，培养其学习能力。了解学生的已知，取舍学生的未知，激发学生的想知，引导学生的须知。四是教师要博览群书，提升自己的课堂语言质量，为学生提供典范的语言。

高段。要教学生善于挖掘、提炼文本蕴含的核心价值内容，找准语言运用的切入点，学会取舍，一课一得；加强体会、揣摩文章表达方式的学习，注重读写结合，注重文本的整体性，明确重点是什么，难点是什么；注重语文学习的开放性，在生活中、在大自然中学语文、用语文，且能综合运用小学阶段掌握的阅读、写作方法。

真可谓听君一席话，胜读十年书！

语言文字的运用能力来自阅读

——听马兰老师讲座有感

同心县第二小学　白　梅

聆听了马兰老师关于《体现学段教学特点，提高阅读教学实效性》的讲座，获益匪浅。无论是旁征博引的案例，还是洋洋洒洒的见地，都能激起我们灵感火花的碰撞。

　　积累是语文素养的基本元素，学理如筑塔，学文如聚沙。要指导学生科学地积累语言、积淀语感，首先要将语文中的精粹语言抄写并背诵下来，背诵就是最有效的积累。还要注重语文学习的开放性，在生活中、在大自然中学语文、用语文，不断扩大积累的领域；注重积累和运用的合理搭配，从量变引起质变。

　　在阅读积累教学中，老师一定要保证学生阅读、思考、交流、练习的时间和空间，既要有一定的训练量，还要有灵活多样的方式方法。指导学生学会自主阅读、独立思考，读后有自己真实的感受、体验和理解。还要注重对阅读积累的引领和点拨，注重阅读策略的指导。主要的指导策略有：读懂一段话的方法策略；借助图画阅读，展开想象的阅读策略；指导学习浏览，根据需要提取信息的方法策略；整体把握文章主要内容的方法策略等。积累语言唯一的途径就是多读、多背、多实践，从而促使文本内化为学生的语言。这也是语文学科的重要内容，是实现语言运用的基本条件。

加强语言的积累和运用

——听马兰老师讲座有感

青铜峡市光辉中心小学　李　瑞

　　阅读教学是小学语文教学的重头戏，我们经常上的、听的一些公开课都以阅读教学为主。但在阅读教学中都存在这样或那样的问题，原因之一就是年段特点不够明显。老师在课堂上展示的很多，却忽视了学生的已有经验和接受程度。

　　2014 年 9 月 16 日上午，自治区教育厅教研室马兰老师从理论和实践两个层面给我们带来了《体现学段教学特点，提高阅读教学实效性》的专题讲座，使在座的语文老师对阅读教学的认识"拨云见日，受益匪浅"。首先，我们要加强"课标"学习，正确把握学段教学目标和内容，这是提高教学实效性的前提。其次，在阅读教学中，我们要加强语言的积累和运用，"多读、多背、多积累"，培养语感，把握不同学段教学特点，学习语言文字运用。注重从读到写，读写结合，提升学生的语文素养。

（十三）张杰：义务教育语文课程标准 (2011 版) 解读

对语文课程标准的感悟

——听张杰老师讲座有感

固原市原州区第六小学　赵希瑞

2014 年 8 月 28 日，我们有幸聆听了北京教育科学研究院张杰老师关于《义务教育语文课程标准 (2011 版) 解读》的精彩讲座，让我感受颇深，受益无穷。它开启了我全新的语文视野，丰富了我的教育思想，开阔了我的眼界和工作思路。"多认少写"是新课标规定的识字写字教学基本理念。在低年级的识字写字课上，往往出现"教师教得辛苦，学生学得枯燥"的现象，课堂效果不尽如人意。如何提高学生的识字与写字能力，探索出高效的识字、写字教学策略及方法就显得十分重要。

张老师对课标中"识字与写字"部分进行了深刻的讲解。"我们不应把每课的生字教学平均用力，而应把学生真正不认识的字以及课标中要求认、写同步的字作为重点。"既要做到突出重点，又要能够相信学生，留给学生思考、自学的空间。更重要的是，老师在分析讲解字的音、形、义时，要遵循汉字的规律。另外，识字写字教学必须科学化，遵循汉字系统规律教学汉字。要做到这些，教师自身必须学习和掌握与汉字相关的科学知识。为师者，必备的条件之一就是"术业有专攻"，我们身为一名教师，要不断地深化专业知识，才能一路向前。

　　曾经如奇缺营养的乞丐，趴在同学的桌边不肯离去，就是为了能在同学看完书后借我一读;曾经捧着来之不易的书如饥似渴地吞食精神食粮，大有好读书不求甚解的豪情，为的是能如约归还好不容易借到的宝贝，以至于不影响下次借阅；而今，在与书渐行渐远的今天，蓦然回首才发现，保持持续而适度的读书，是我们教师青春永驻的源泉！

（十四）仇千记：科学指导小学生作文

如何培养学生的习作兴趣
——听仇千记老师讲座有感

泾源县第一小学　冶红梅

鲁迅先生说过："如果要创作，就必须去观察，要用自己的眼睛去读世间这一部活书。"

作文教学是我们广大教师很头疼的一件事，但也是一件不得不做的事。作文教学一直以来都是语文教学的一个难点。2014 年 9 月 22 日，我们聆听了银川市教育科学研究所仇千记老师关于《科学指导小学生作文》的专题讲座，他列举的大量的日记、作文案例，如《我脸红了》《我学会了撒谎》等，使我们受到很大的启发。听了仇老师的讲座后，使我明白了作为语文教师首先应该科学地认识作文，客观认识"习作"，准确定位"习作"。要做到"弯下身来看作文，蹲在地上看小学生作文"。 小学作文意在让学生把自己看到的、听到的、想到的、有意义的内容用文字表达出来。作文的重中之重是培养学生的写作兴趣，让学生爱好写作，这是培养写作创造力的前提。学生如果没有兴趣，那么，他们的习作过程是被动、无奈、痛苦的，对作文自然也是应付了事。只有当他们对作文产生兴趣、有话可写时，才会把这项富有创造性的脑力劳动当作一件愉快的事，乐此不疲地投入其中，自觉留心观察生活，主动积累素材，积极地提笔作文，也只有在情绪高涨、不断要求向上、想把自己独有的想法表达出来的时候，才能产生创造灵感，写出内容丰富、主题突出、思想明确、感情浓厚的作文来。

教学实践告诉我们：要将情境引入作文，融入作文教学的全过程。如引导学生观察后写一盆花、一棵草、一只小蚂蚁，写和同学做的小游戏等，写你的快乐、你的忧愁、考试得到 100 分、你犯的错误……通过积累、表达、修改、评价，既激发起学生积极参与、主动作文的欲望与热情，把作文的外在要求转化为学生的内在需求，又帮助学生加深了对事物的感受与体验，使学生确实有东西可写，有真情实感可表达。另外，对于学生的习作要多鼓励，少斥责，多一些宽容，少一些苛求，努力启发诱导，发展学生的写作创造力。

要培养学生的写作兴趣，就得根据不同年级提出不同要求。如：一年级可以从写一句话开始，哪怕有错字、不通顺也要鼓励；二年级逐渐提高要求，写一段话；三、四年级，着重指导学生写好一件事和一个片断；五年级，侧重指导学生围绕中心选材写具体事物，并学习简单的写人文章；到了六年级，要求学生通过记事来写人，并写出读后感和书评。这样从一句话写起，逐步过渡到写 10 句话、20 句话，直到能围绕一个主题写三四十句话的时候，文思如泉涌。这样不但解决了学生写作文凑字数的问题，而且训练了学生作文中不写错别字、不写病句、正确运用标点符号的基本功。同时，还使学生能围绕一个主题将内容写具体，激发学生写作的积极性，减轻了学生作文的负担，使他们明白作文不是一件难事，而是一件很简单、很轻松、很愉快的事。

其次就是要设计多种形式的练习，发展学生的写作创造力，日记、周记等是我们常用的形式。有的老师除了运用大小作文结合练习以外，还设计了一项写作训练，同学们很感兴趣。这项练习，要求学生每天写一段话，文字篇幅不长，但一定要中心明确，教师批阅后进行讲评。学生每天写一段，久而久之就形成了习惯。在这一辅导练习中，学生的创造力得到发展，扩散思维能力得到培养。

再次，我们的教材中，许多课文习题中都有小练笔，老师一定要好好利用，不但要让学生练习，更要注重检查、评价、交流。有些文章，虽然教材、教参中没有练笔要求，但老师也可以根据实际灵活设计练笔形式，让学生练习写生活中熟悉的人。一开始，学生习作过程中可能会出现许多不同程度的人物形象，然后让学生再次仔细观察，了解她所熟悉的人的生活背景，引导他们运用学过的课文中的写作方法，抓住人物特征，对学生进行指导写作。这样，学生通过多次练习，习作能力肯定会得到提高。

"口语交际"的话题贴近学生生活，学生易于动笔，乐于表达。将"口语交际"和"写作"教学结合起来，效果也是很好的。

最后，仇千记老师在讲座中还强调作为语文教师的我们应引导学生多读好书，养成良好的读书习惯，掌握一定的读书方法。他还列举了日本心理学家得出的一个结论：人拥有的词汇量与智商成正比，3—12岁是记忆最佳期，这也是我们国家的小学阶段。在小学阶段让学生多读、多背，多记忆优美的诗篇和散文对学生具有非常重要的意义。要在大量的阅读中丰富知识，学习做人，懂得道理，学会表达。因此，老师可以布置学生每天摘抄好词好句，定期检查；课外可以向学生推荐一些名言、古诗词、儿童诗歌，要求他们熟读成诵，并学习运用；可以开展读书交流会、朗诵比赛、文学知识竞赛、成语接龙等有趣有益的活动。当然，除了让学生多进行课外阅读积累词句之外，还应引导他们掌握更多的积累方法，如"学会勾画、写批注"，从网上查阅资料，做实验，咨询别人，等等。这样经过长期的积累和内化，学生写作的语言资料库在不断地丰富完善，写作时遇到的障碍就会大大减少，作文兴趣也就更高了。

总之，作文就好像是一个树干，学生只有在积累中才能吮吸营养、丰富知识，作文中才能语言生动而有趣，构思新奇而新颖，作文能力才有可能得到提高，作文之树才能长青。老师要根据不同学段、不同班级的学生，提出恰当的要求，肯定会有利于培养学生的写作兴趣。

科学指导小学生作文

——听仇千记老师讲座有感

中宁县第十小学 李 虹

提起作文，没有老师不头疼、学生不怕的。学生中流传着"横眉冷对千张纸，咬破笔头写不来。大千世界无限好，到我的笔下无话写"的顺口溜。这再次提醒我们作文教学难！今天上午，仇千记老师的讲座打开了老师们的思路，为老师们的作文教学指出了一条明路。

首先，教师们不要对学生的习作要求过高，我们在读语文课标时就会发现，课标中将过去提到的"写话"改成了今天的"习作"，明显降低了要求。小学生正处于写作的学徒工阶段，我们要以激发学生的习作兴趣为主，鼓励学生"我手写我心"，不要过分强调作文的思想性，更不能在习作中强加上政治色彩，使学生对习作产生畏难情绪而不敢写作。其次，作文的素材哪里来？这个问题一直是学生习作最头疼的一件事。今天，仇老师告诉我们要鼓励学生坚持写日记。日记顾名思义，就是一日一记，不需要优美的辞藻加以修饰，可以不写题目，可以记流水账，但它记录下了生活中的点点滴滴熟悉的事儿，写作的内容便源于生活中这些熟悉的事。日记会将这些事记录下来，以备写作之用，写出的事就能表达出真情实感。

广泛阅读　善于表达

——听仇千记老师讲座有感

青铜峡市第三小学　高　涵

作文教学是语文教学的重头戏，也是学生语文综合素养的体现。一直以来，作文都是小学语文教学关注的重点，存在着教师作文难教、学生作文难写的问题，而且这个问题长期困扰着从事一线教学的老师们。而起步作文是解决小学生能否写好作文的关键环节，通过今天仇千记老师的讲座，我觉得指导小学生作文的科学性非常重要。尤其是在学生的起步作文阶段，在非智力因素方面应该以激发学生的习作兴趣为第一要务，而非智力因素则主要是对习作素材的积累和学习习作的方法、技能的培养，重点从以下几方面进行。

一是深化入门，培养自信心。首先，要告诉学生，作文就是用笔说话，把自己看到的、听到的、想到的所有的内容用文字表达出来即可，怎么想、怎说就怎么写，从而使学生有话说、敢说话。其次，要让学生体验成功，激情引趣。信心是每个人的内驱力，一旦有了信心，他们就会知难而进，不断进步。

二是善于观察，多动笔，尤其是以日记的形式练笔、表达真情。

三是广泛阅读，学会表达，从范本中学会如何表达，掌握写作方法。

在反思中升华

——听仇千记老师讲座有感

隆德县第一小学　李玉辉

2014 年 10 月 11 日在宁夏大学新校区文科楼有幸聆听了仇老师关于教学反思方面的专题讲座，引起了我的思考。

隆德一小语文和数学学科的老师在每课教案后面写反思已有几年的历史了，在全县小学教师教案中也可以说是一道风景。但对我来说那是一种负担，是一种浪费时间，从来没有静心写过，总是为了应付检查，勉强完成任务。偶尔想好好写一写，也因学识浅薄，加之懒惰，写不出什么名堂，只好作罢。现在回想起来真有点遗憾，如果一开始就认真对待这份作业，如今也不会在理论知识和教学水平等方面这么贫乏。

今天的讲座让我深深地明白写反思并不难，难的是没有上进的动力和精神支柱，缺少埋头勤奋钻研的那份执着，缺乏甘于扫去浮华潜心做学问的毅力。仇老师从最初的乡村教师到县城教师，再到今天银川市教科所的老师，一步步走来，就是通过勤奋钻研、不断积累、不断反思，才成长为今天的专家。正如他自己总结的：积累＋反思＝我的专业成长。

那么，如何写教学反思，在反思中写什么呢？仇老师通过自己的教学案例总结如下：写教学成功之处——成功预设、精彩生成、瞬间灵感、思维火花、教学智慧、经验一得、教材变通等；写教学败笔，写教学感悟，记录教师的成长，及时留下再教设计。可见，反思的内容多样化、形式多样化，同时也是个性化的体现。

其实，反思是手段，反思后则奋进，存在问题就整改，发现问题则深思，找到经验就升华。如此说来，教学反思的真谛就在于教师要敢于怀疑自己，敢于和善于突破自我、超越自我，不断地向高层次迈进。

记住，反思≠自我批评≠闭门造车，而是自我升华。

（十五）吴忠豪：语文教学内容的选择与设计

关于语文教学设计的要点

——听吴忠豪教授讲座有感

贺兰县第一小学　张彩艳

　　语文课到底要教什么？语文教学内容如何确定？2014 年 8 月 25 日下午，上海师范大学吴忠豪教授围绕这个话题我们做了阐述。吴教授提出了语文课应该"教语文，而不是教课文"的主张。他在讲座中指出了语文课要区分"本体性教学内容"和"非本体性教学内容"，并明确提出"语文课须围绕本体性教学内容组织教学"。如何做到这点呢？

　　首先，关于本体性和非本体性教学内容。语文作为一门以培养学生运用语言文字能力为主要目标的综合性实践课程，理所当然地应该以语文知识、方法和语文技能，即本体性教学内容为目标展开教学。其次，语文课需明确本体性教学内容。教师要根据每篇课文的特点，明确本体性教学内容，然后围绕本体性教学内容的落实来组织语文课教学。最后，依据认知规律设计教学流程。无论是语文知识教学还是语文方法教学，按照学生的认知规律都应该按照"认识—实践—总结"的流程设计。

　　如果我们的语文教师有了这样明确的认识，并且正确选择教学内容与教学设计，那么我们语文课的教学效率就会大大提高。

（十六）文学赏析

文坛之奇葩　生命之歌者
——听了一容先生讲座有感

海原县甘城学区　沙宁平

大约在十年前就拜读过著名作家了一容先生的作品。其实说来很惭愧，作为语文教师，我却不大懂文学。当年读了一容的作品自然也是囫囵吞枣。所幸今天有机会走近了一容，通过聆听他的讲座，使我真正意义上了解了他的作品及其传奇人生，让我感到非常震撼！

了一容，这个40岁不到的东乡族汉子儿时辍学流浪，曾在天山草原牧马、巴颜喀拉山淘金，足迹遍及祖国西部。不可思议的是这个当年的流浪者，现为中国作家协会会员，从事小说创作与书画理论研究。多次获宁夏回族自治区文艺奖，获中国当代少数民族文学研究创作新秀奖，十年《飞天》文学奖。迄今已在全国各大文学期刊发表作品200多万字，小说多次被《小说选刊》《小说精选》《北京文学中篇小说月报》《中华文学选刊》等转载，并入选年度最佳小说和各类文学书籍评奖。部分作品还被译介到国外，是西海固作家群中最具代表性的作家之一。

一个几乎没有正经上过学的人，缘何能成为蜚声中国文坛、在文学创作上颇有建树和深厚造诣的作家？我想这不仅缘于了一容先生个人对文学创作的热衷追求，更缘于充满苦难而又成为他人生财富的特殊经历。现在看来，他的成长历程以及他对生命的思考，就是一部闪耀着智慧光芒的书。而我对这部书的了解，只是冰山一角。也许，任凭我如何努力都不可能从真正意义上去全面而深刻地理解他的内心世界和来自他内心的那些睿智的文字。但至少能从中洞悉他的人生追求和对生命的深刻思考，能感悟到他对生命的敬畏和虔诚。了一容经历过不少苦难却没有把苦难庸俗化，拥有很多成就但没有把成就功利化。过去，在流浪中不迷失自己，以读书滋养心灵；当下，在安逸中不放弃追求，以写作讴歌生命；将来，他必将坚持继续用文学作品表达自己对世道人心的悲悯，继续实践自己对社会的担当。

生命不息，梦想不灭，笔耕不辍。这无疑是了一容永不言弃的坚守与追求，亦是他对生命意义的最好诠释！了一容先生用阅读和写作不仅成就了今天的自己，同时也救赎了和正在救赎着那些迷失于精神家园和理想殿堂之外的人们。他的成长和成功告诉人们：一个人既然选择了远方，就只能风雨兼程，而唯有学习与创造是通向远方永不荒芜的路。当然他的成长与成功值得我们学习和思考的东西还有很多很多。特别是在这个趋于浮躁的社会，他仍然坚持每天八万字的阅读量给我莫大的启迪：智慧来自广泛的阅读和深邃的思考，而心灵的纯净与安详则是阅读和思考的前提。至此，我进一步顿悟：在寻梦的路上安顿好自己的心灵，不断除却心灵的噪音和杂质，勤奋地学习，在学习中坚守自己的精神追求和理想家园。唯有如此，方能绘出绚丽的生命底色，才能提升生命的质量！

笑谈苦难人生

——听了一容先生讲座有感

中宁县长山头小洪沟完小　余小花

金秋九月，当代作家了一容给2014"国培"小语班的学员进行了有关阅读与写作的讲座，作为学员的我有幸聆听了他的讲座。了一容老师用大约三个小时的时间，粗略地讲述了自己极具苦难和传奇的人生，以及走上写作之路的艰难历程，并就如何开展写作提出了指导意见和借鉴。走出教室，精神的洗礼、心情的愉悦让我如沐春风、豁然开朗。

文学无止境，作为一名文学工作者，从接触到熟悉，从陌生到了解，或有刻骨铭心的经历，或有各式各样的亲身体会，了一容就是这样一位历经磨难，仍对文学有着坚定信念和执着的人。1976年，他出生在西吉县沙沟的一个小村落里。小时候由于家境贫寒，只上过三年小学，9岁时，他身背一本《新华字典》和小说《老人与海》离家出走，开始了流浪生活，一直到23岁才结束了颠沛流离的生活，重回故里。流浪在外期间，他在天山牧过马、放过羊，在青海淘过金、挖过虫草，在西藏贩卖过羊绒……艰难的生活没有压垮他的意志，匮乏的知识没能阻挡他对文学艺术的热爱，年仅20出头的他凭着自己的智慧和毅力，克服了重重困难，战胜了生活的磨难，走向了他的文学创作之路。在浩瀚的文学路上，一开始陪伴他的只有他出走时带的《新华字典》和《老人与海》。字典已经背得滚瓜烂熟，著作也被他翻得破烂不堪，对知识对文学的痴迷成了支撑他走下去的唯一动力。讲座期间，他不无感慨地说："能够走到今天全靠文学，要不是写作，也许我早就不在这个世界上了。"听着他对自己的苦难经历侃侃而谈，所有人都折服了，他是在讲自己的故事吗？面对那些经历他仍然笑得那么灿烂，讲得那么轻松……那一刻我们震撼了，被他那灿烂的笑容和苦难的人生震撼了，被他身上坚韧的毅力和坚韧不拔的人生态度震撼了。

整堂讲座他始终谈笑风生，尤其讲到他淘金时所遇到的困境时，他说："一个人在绝境中，方才觉得世上凡是与生命无关的东西都是假的，没有比生命更珍贵的了。"是啊，没有了生命，一切都是空谈，都是泡影。他的流浪生活可谓九死一生，在流浪期间几乎三分之一的时间都是在绝境中度过，面对各种恐惧，所受的各种惊吓，以及无家可归的痛苦……但就是在这样一次又一次地面临绝境与绝望中，他始终没有忘记自己的理想：认识文学，理解文学，学习文学……文学成了他流浪生活的唯一精神支柱，他要用笔书写自己的人生，用笔记录底层人的生活。他的经历和磨难变成了他无形的财富，他的经历和磨难变成了他创作的源泉，也正是这些经历和磨难使他特别关注那些生活在社会最底层的人们。

他的人生是传奇的，是令人感动的。更令人感动的是他的苦难人生结束了，但他没有忘记那片生他养他的贫瘠的土地，没有忘记那里还生活着一群衣衫褴褛的父老乡亲。他用自己朴实的文字记录着那片贫瘠的土地，记录着生活在那里的衣衫褴褛的人们的苦难生活和与苦难相抗的隐忍之美。正如第三届春天文学奖的颁奖词所写到的："了一容向我们呈现的是一个荒凉的世界，但生活于这一世界中的人，他们的精神疆域却是宏大而丰富的，贫瘠的土地上，生长着的却是让人感慨不止的坚韧的生命，原始风情，粗粝山水，质朴言辞，简陋的生活方式以及特立独行的人格构成了了一容小说的天下，这个天下几乎是无法摧毁的，犹如那些荒野中的生命生生不息。"

其文如人，其人如文，在了一容身上表现得尤为突出。其文何文？是反映底层民众生活声心之文。其人何人？是用自己的悲悯和大爱关注底层民众之人。

了一容老师作品中的主人公，大多是生活在西海固的小人物，有善良朴实的农民、慷慨的瓦匠、受欺凌的农村妇女、贫穷的作家以及流浪者等。例如《沙沟行》中因贫穷而遭退婚的牛娃子，《大姐》中勤劳智慧的大姐，《挂在月光里的铜汤瓶》中坚强地照顾残疾儿子的老奶奶，《褴褛王》中因为寻找儿子而受尽凌辱最后不得不用极端手段报仇的尕细目，《向日葵》中心灵高尚的作家，《立木》中精明能干的镜儿……这些人物构成了西海固地区社会的主体，他们身边发生的故事便构成了底层社会的万象。这种与苦难抗争的万象，在任何作家的作品中，都不如在了一容老师的小说中展现得充分。西海固地区民众的苦难生活和与生活做斗争的坚韧在了一容老师的作品中得到了空前的描绘。也许是因为了一容老师自己作为小说人物原形之一，也许是因为他的故事都是来源于现实世界的缘故。一开始写作，他似乎就给自己定了基调，并且一直遵循着：每篇作品都要内容写实，文风朴素。他总是带着一种对社会的忧患意识和对底层民众关注的平常心来写作，创作了一部部精品。

了一容老师的小说中不只有对于身处绝境却能顽强生存的父老乡亲们的崇敬与爱怜，也有针砭社会弊端，抒写愤懑与不平的另类笔墨。如，他近日发表的又一力作——《红山羊》。小说以第一人称描绘了8岁的"我"面对一双新鞋的诱惑，带着羊绒贩子老马到父亲任场长的国有农场收取羊绒的故事。

小说篇幅不长，但却反映了当下社会国有企业面临的严峻问题——贪腐。读完文章，给人留下印象最深的要数那只在钢爪下瑟瑟发抖、"咩咩"哀叫的山羊，因为人们的一己私欲，毫无节制地向那只洁白的山羊贪婪地索取，无论它如何嚎叫，无论它如何哀求，见钱眼开的人们还是没有放过它。

了一容老师在谈这部小说时，曾说我们的国家就像这只受伤的红山羊，被一些贪婪者啃噬。作者用一个作家敏锐的目光挖掘着社会中深刻的现实问题，用自己写实的手法抒写着作者的家国情怀。这部作品实质上是对人性的考量，是对当下社会人们价值取向的一种考量，他用文学的形式介入现实，引人深思。

了一容老师的前半生用跌宕起伏来形容不为过，他的苦难人生、他的坚忍不拔、他的悲悯情怀、他的博大胸襟终将影响我的一生。

救　赎
——评了一容先生小说《褴褛王》

吴忠市金银滩中心学校　马春梅

东乡族作家了一容的小说以鲜明的地域特色和民族特色抓住了读者的心。如果说《挂在月光里的铜汤瓶》表现了人物的精神皈依和信仰的高贵，以及不朽的灵魂，让读者为小说所感动，那么《褴褛王》较之则更深入地走进了人物的内心世界，诠释了一个悲剧式人物的心路历程，让我们在人性的善恶较量面前汗颜。

首先，《褴褛王》在结构布局上，单线连接，一气呵成。小说以"善—恶—善"的线索来阐述尕细目的蜕变，善恶仅在他的一念之差。他找寻儿子意在希望儿子走正道，回归善。在一路无法预设的遭遇中，尕细目多次怀着为别人着想的、为人开脱的慈悲心来安慰自己。如儿子的信迟迟送到，他想："自己这点小事，也许让邮递员送到各个村子，确乎不大现实。"

"儿子在劳教所白吃白住，国家的背子真宽呀！"于是他买了苹果感谢人家，自己宁愿冒着挨饿的危险。到了劳教所没见着儿子，别人帮他打了个毫无意义的电话，他仍然感激；当没有了回家的盘缠，他决意要走回去，他说他不相信饿两天能把人饿死。这全是善。可是直至后来，他发现儿子竟然被按时放出了劳教所，没有如他所想等到家人来接，他四处寻找未果。再到后来他挨饿、挨打、受冤枉。他偷了一个西红柿，别人硬说成两个，还说不是一天两天了！说他把钱转移了，以至于差点儿丢了老命。人丢了性命不怕，怕的是丢了半辈子的清誉。他怕这件事传到水城，担个贼的名声。可见他把名声看得多么贵重。当他被人用秤砣险些砸死时，也并没有引起"哪怕一个人的同情和恻隐之心"。他憎恨，于是他从心底挖掘，终于找到了他遭遇这一切的罪魁祸首——那封迟到的信。更让他气愤的是：儿子因为这迟到的信，也许会自暴自弃，自毁前程。所以，他内心开始孕育着一个可怕的计划。

这些都成为他渐渐走向恶的表面的根由。回家路上的所见所闻和内心想法让尕细目无可奈何，变得"一股无端的火气在心底游走"，直至"幡然醒悟"——原来都是村主任栓儿在捣鬼。再到后来，如果儿子在家，一切都可以忽略不计。可是儿子并不在家，所以就到了"咬牙切齿的时候了"。他已经邪恶极了。当尕细目发现自己杀错了人，错杀了一个可怜的十三四岁俊美的男孩子，"一阵寒战掠过他的脊背"。他的心是冰冷的，一阵一阵战栗。他胆寒，因为他的心里尚且留存着一点善。他不想伤及无辜，于是他想"把他拖到一个干净点的地方"，甚至"他希望突然发生一个什么转机，让自己从这里面挣脱出来，一切保持原来的样子"。"我受着这样的生活，栓儿你得意去吧！"他宁愿挨饿、挨打、受委屈，也不想杀人。此时此刻他是善良的。村主任老婆的隐忍让他怜悯之心陡生。但小屋里的一切更加让他恶心，因而加速了杀人的进程。这让他有快感、狂喜和凄凉，仿佛在为自己一雪前耻。此时的尕细目已经完全走向了不归路，连同他的灵魂。但恰巧此时他又饶过了栓儿的老婆和年幼的小儿子。他在女人卑微、低贱、无依地吻着他的双脚时，眼睛里微微涌上了泪花。谁能想到杀红了眼的人也会在这个时候有善心呢？这不正是"人性至善"的本真的诠释吗？

女人的阳奉阴违让尕细目的善念转瞬即逝，他举起了屠刀。他还想到"让他再睡一阵吧"。善与恶如影随形。大火燃烧起来，孩子的哭声传来，

"每叫唤一声，他的脚步就会停顿一下，神经也猛地一收缩，他感到浑身疼痛，他的心就像在火中沥炼似的的"。如果内心的善完全泯灭，夵细目便不会如此痛苦。他想与那个火中精灵一样的孩子在那个世界成为朋友。啊，灵魂无罪！当他主动地、老远地向警察伸出双手，即是赎罪了，解脱了，完完全全地归于善了。这是他未泯灭的良知。他体尝了惩罚，只是这惩罚必将时时刻刻噬啮着他的心，噬啮着他的灵魂，让他永世不得超脱。

小说在语言上大量运用内心独白式的铺陈，细腻如丝地刻画出夵细目的内心挣扎。丝丝入扣的剖析，仿佛这个人活生生地站在你面前，让我们看清楚了他的每一根血管，看透了他的每一粒细胞。小说语言地方特色强烈，体现了"西海固"地区的语言风格，使读者如沐春风，亲切而不造作。如："夵细目把他们也没治。""你把我的饮食扣掉。""骑马就得二十八马站。""狗能改掉吃粪便的毛病吗？""老白老婆叫孙子媳妇核澈用一根阴毛吊死。""心乱得如一堆鸡毛似的。""他还不相信狼是啥颜色了。"还有宁夏方言的特色"倒装"，如"依旧没的夵细目的特困户当"，更能强调当个特困户的难度。

小说还大量运用比喻和通感，为这部悲情小说增添了一番别样的味道。当然，小说更吸引人的是它的现实批判性，使读者不得不陷入深深的思考，思考当前社会存在的许多问题的成因，用主人公的话说："人大约是太多了，人把人都不爱了，人对人都无情无义了。"村主任的任命是镇上定好的，那是一次次把上面的人喂好才得来的，所以村主任也有他的难处。定贫困户的名额由村主任说了算，发放的救济被村主任侵吞，所以全村就唯有村主任家灯火辉煌。而真正的贫困户可能因为得罪村主任日子更加不好过。村主任是"土皇帝"，掌握着"生杀大权"。警察让流浪的孩子们偷自行车，教他们怎么陈述口供。所以"穿上警服去扫黄，脱了警服要流氓"这种流传在民间的说法，不可能空穴来风。劳教所到了日子就放人了，这在夵细目看来不可思议，把个十几岁的娃娃撂到人生地不熟的地方，没吃没喝的，怎么生存？不是推着他走"老路"吗？因为娃娃再不会干别的来维持生命。这显示出制度的人性化不够，不能以人为本。特困户名额的确定及救济物资的发放，真是"山高皇帝远"，鞭长莫及。政府用心良苦，实际上又有多少政策落到了真正需要者的头上。

尕细目告诉妻子的哥哥那件事，也算是"人之将死，其言也善"吧——为了特困户的名额，与村长狼狈为奸，结扎了一个少女，使其最后自杀。

人，在利益面前是多么短见，利欲熏心，根本无暇顾及别人的感受，甚至生死。道德的缺失让良心遁逃，人心浮躁的背后，利己性、利他性，自律与他律时刻在较量。

最后让我们走进尕细目，体会他饱满的、呼之欲出的性格。文学作品的审美性和教化作用以及它的主旨目的在于让读者汲取营养，矫正自己。"有则改之，无则加勉"，真正荡涤人的灵魂。老实巴交的尕细目，集善良淳朴于一身，甚至可以说是木讷的、认命的。在接儿子出狱未果，寻儿子不见的情况下，蒙受饥饿、羞辱、冤枉、毒打，险些丧命，让他觉得"并没有唤起人们——哪怕是一个人的同情和恻隐之心"。在这一系列身体与精神的双重磨折下，他发出了这样的叹息："人对人都不爱了，人对人都无情无义了。所以我尕细目也不需要爱人了。"想到所受的种种不公，于是尕细目产生了可怕的念头——复仇，以寻找心理平衡。此时，我想我们对苦难的理解可能太过于肤浅了，苦难让我们产生敬畏，就尕细目的处境而言，我甚至有一种站在他这一立场的冲动。苦难对于生理的折磨尚且能忍受，但一个人的尊严不容践踏。哪怕是个贼，哪怕是杀红了眼的尕细目同样不可辱。

"谁都想欺辱一下弱者！"人性中都有不为人知的卑劣，只不过隐藏的很深而已。尕细目以前也隐藏着，但现在他不想隐藏了。他这样做了，姑且说他被迫这样做了。对于手无寸铁的妇孺他终于敢下手了，他释放了久违了的恨。原来的尕细目，原来那个善良的淳朴的能为别人着想的穷且益坚的尕细目走远了，一起走远的还有他作为人的尊严。他执拗地以为儿子的信迟到的原因是栓儿在捣鬼，这是不是他的臆断当然不是作者要我们做的判断题。借着他的一系列的遭遇，借着他的尊严一寸寸被践踏，他燃烧了栓儿的家，也燃烧了自己的恨。它燃烧了最初接儿子回家的原始的爱，燃烧了他爱人的权利，也燃烧了天使的微笑。让尕细目愤怒和绝望的不是没有接回儿子，而是他的被侮辱。他顺手拿个西红柿充饥，却被怀疑偷了两个西红柿，这是多小的一件事，至于受辱、挨打、险些丧命吗？"把别人需要的给他，你是人。把你需要的给别人，你是神。"但是，尕细目却连一个哪怕是同情的眼神都没有得到，在接下来的逃命途中他见到的一切都是灰色的，是那么丑恶。这激怒了他心底潜藏了许久的不满。"月满则亏"，他的心盛不下了。他得砸个缺口去释放，所以他那样做了，但得到的又并不尽然是快感。尕细目始终在矛盾中斗争，他游走在善恶的边缘，最终他选择了恶。如果说迟到的信耽误了儿子的前程，那么之前儿子进劳教所是因为谁呢？人之可笑就在于总爱找理由替自己开脱，倒不如说尕细目是为了泄私愤，也许还有些假大义。"尕细目有一种发自内心的悲凉感，同时又觉得以他一个人的力量又能把这个世界上人的自私自利和丑恶怎么样呢。"一个好人就这样毁了。一旦一个人毁灭自己良知的那一刻，他就已经输掉了他的世界。他之前建立起来的有形的无形的世界都随之毁灭了。

有一种东西似乎比世界上一切有权有势的人和一切法律的力量都大，那就是天道良心。作者在这里再一次与读者呐喊。"儿子没有在劳教所的乒乓球台上打打球"这让尕细目"肠子就像被刀绞了一样，难受得浑身连连抽搐。"由此可知，他的儿子为什么会进劳教所，为什么出了劳教所不会像他爹一样讨饭也要回家，尕细目教育儿子是"愚教"。即使儿子回了家又能怎么样？尕细目这样的思想，儿子进劳教所是必然中的必然。所以从这个意义上来说，尕细目的"革命"、"复仇"都是徒然，是一种阿Q式的、自欺欺人的自我安慰罢了。

生活中人人都有自己的苦难，不放大苦难就是一种境界。生理的苦难比起精神的苦难微乎其微。尕细目在将自己的苦难放大后便造成了别人更大的苦难，致使自己万劫不复，"精灵"也不能将之救赎。

这是一个人格悲剧。事实上，尕细目的复仇没有解决任何问题。贫困地区的教育滞后更引发我们的深思。济贫很重要，济思想意识之贫更迫切。

小说最触及我灵魂的是小说坚守善的主旨。"人，做一个一时半刻的好人还可以，要一生一世地坚守住自己真不容易呀！"

一个人心若善，但行为不付诸相应的善行，那么你就是伪善。当你的恶的动机和行为有了相应的后果，你就十恶不赦。而作为一个社会人，你首先是有责任的，任何人都没有权利剥夺别人活着的权利。

尕细目先毒死了栓儿家的狗予以试探，随之实施了更加惨烈的行动，这不正是贪婪吗？这恰恰表达了当下社会许多人道德价值观的缺失。人若在贪婪面前无力自制，那么必将付出沉痛的代价。

（十七）谢延龙：专家型教师的生成之路

专家型教师的困惑

——听谢延龙教授讲座有感

泾源县第一小学　兰喜连

聆听谢延龙教授的课是一种享受！

2014年8月15日下午，宁夏大学教育学院谢延龙教授做了题为《专家型教师的生成之路》的讲座，他从三个方面阐述了自己的观点。

第一，教师的尴尬：从不合格到教书匠。

现在我国的中小学教师存在三个主要问题：不读书、不研究、不合作。这些应该被视为是不合格的教师。

教书匠在现实中指的就是一种低层次的、靠经验维持的对教育教学勤劳、踏实、认真、负责的老师。其特点，一是"教书匠"所教的"书"是以书本、教材为唯一的书；二是"教书匠"把教育教学仅当作是教师的"教"，即传道、授业、解惑，从根本上忽视了学生的学，把学生当作被动接受书本知识的容器；三是"教书匠"把自己的教育教学仅建基于经验和技巧之上。

第二，教师的追问：育人先育己。

教师要学会追问、反思，不应从外在去找原因，而应该从内在去找原因，即从教师自身找原因。教师之所以不合格和甘当教书匠，最根本的原因是教师自身的问题，是自我教育、自我提升、自我发展的问题。

教师如何"育己"这一问题通常被人忽视，然而这一问题却是对教育质量、教师的生命质量具有决定性意义的问题。没有教师生命质量的提升，就很难有高的教育质量；没有教师精神的解放，就很难有学生精神的解放；没有教师的主动发展，就很难有学生的创造精神。在这个意义上可以说，即使一个教师有 20 年的教学经验，那也仅仅只是他一年工作的 20 次重复而已。

对教师而言，要让高尚的事真正高尚起来，要让人们以师为荣，成为教育家或专家型教师，这是当代教师自我救赎与发展的唯一出路。

第三，教师的个人教育哲学与教育家的诞生。

教育家对教师而言主要有两个层面，一是实践行动，二是教育思想。也就是说，教师成为教育家意味着教师既是有着系统的、自觉的教育思想指导的行动者，又是有着优异的教育实践行动的思想者。教育思想、教育实践行动都不可偏废。但就教师而言，他们缺乏的不是实践行动，而是教育思想，从这个意义上讲，教师成为教育家最关键的就是对教育教学有理论的自觉意识。因此，对一线教师而言，成为教育家更重要的是要形成自觉的教育思想，这种教师的个人教育哲学为教师提供了通向教育家的形成之路。

教师的个人教育哲学，是教师以一定的哲学思想和哲学方法为基础，在长期的教育实践中通过感悟、研究、批判、反思教育问题和实践行动，自觉形成的属于自己的独特的教育主张。教师的个人教育哲学不是肤浅的教育经验总结基础上的个人主张，而是教师以哲学的思想和方法为基础，经过深思熟虑、提炼加工而形成的具有一定逻辑体系和话语系统的个人教育主张。教师的个人教育哲学是教师的一种形而上之思，它是立基于教师实践生活之上，属于教师个人的通达形上、关乎形下的对自己教育生活的高度自觉的思考。

教师的个人教育哲学是教师成为教育家的必由之路。它是教师从肤浅经验到深刻思考的攀爬，它使教师通过系统、深刻地思考自身的教育生存方式和教育生活实践，而培养教师理性的思维、彰显教师健康的心灵、塑造教师高尚的人格，给教师以思想的尊严、思维的力量、逻辑的法则、灵魂的慰藉、自由的空间和意义的诠释，使教师成为真正的思想存在。

教师的个人教育哲学应包括：教育信念、教育理想、教育信仰。因为教育理想是在教育信念基础上形成的更高的观念，教育信仰则是在教育信念和教育理想基础上形成的永恒的教育追求，是最高层次的支配教师行动的观念。

知识必须上升到教师个人教育哲学的层面才能成为教师的教育信念，即知识需要教师以自己的哲学观点和方法进行内化而成为自己所确信、坚持的独特的知识时，才能成为教师的教育信念。因此，教师成为教育家在教育信念生成上，就要善于学习知识，包括理论知识和实践知识，并善于把所学的知识提升到个人教育哲学层次而最终转化为自己的教育信念。

美国著名教育哲学家乔治·F.奈勒曾讲过一段耐人寻味的话："那些不应用哲学去思考问题的教育工作者必然是肤浅的。一个肤浅的教育工作者，可能是好的教育工作者，也可能是坏的教育工作者——但是好也好得有限，而坏则每况愈下。"我们必须说，那些具有个人教育哲学的教师必然是深刻和智慧的，一个深刻和智慧的教师，可能是好的教育工作者，也可能是普通的教育工作者——但是好就必然成为教育家，而普通也并不意味着将来不能成为教育家。

从以上三个方面我领悟了许多。

如何做专家型教师

——听谢延龙教授讲座有感

泾源县教体局教研室　洪晓玲

9月18号上午，宁夏大学教育学院谢延龙教授以《专家型教师的生成之路》为题，为我们做了一场精彩的讲座。这次讲座对我思想的触动很大。我记得雷夫曾说过："如果一位教师每天都怀着积极的心态走进教室，尽自己的最大可能，一个个生命就会被改变，这就是事实。"谢教授的"从某种意义上看，教育的本质就是教师的活动"这句话使我陷入了深深的思考中。的确，一间教室，三尺讲台，承载了多少教师的汗水和梦想，而这间教室能带给孩子什么？同样的教室，有的让人感到局促和狭隘，有的让人觉得有无限伸展的可能。是什么决定了教室的尺度？不是别的，是教师。没有教师的生命质量的提升，就很难有高的教育质量；没有教师精神的解放，就很难有学生精神的解放。谢教授的"教师要育人，必须先育己"告诉我：如果一个人一生一贫如洗，对别人绝不可能慷慨解囊。凡是不能自我发展、自我培养、自我教育的人，同样也不能发展、培养和教育别人。可见，教师的面貌决定了教室的内容、教室的容量，教师的精神决定了教室的品质。我们不能再把自己界定为"教书匠"，而是要做儒师，做哲师，做专家型教师。

如何才能做专家型教师？谢教授指出：首先，教师要有仁爱之心。爱是教育的灵魂，没有爱就没有教育。爱要以教育情感、知识为基础，这正如医生和病人一样，光靠关系好，病人的病是不会好的，还需要医生有高超的医术。教师和学生的关系也如此，教师仅靠爱是不能让学生学会学习、学会做人的。我们要明白，师爱是基于知识的爱，没有知识就没有爱。师爱也是一种学生能够体验到的爱，是可以传递的爱。这种爱不但能促进学生身心和谐、健康、全面的发展，还能培养学生活泼开朗、欢快幽默的性格。这种爱不但能使学生爱老师，更能让学生懂得去爱别人。其次，教师要有读写的能力。读写是一名教师最基本的能力，是一位教师走向卓越的必由之路。教师作为知识分子的天然身份决定教师必须不停地去读、去写，只有经常去读、去写，才能让自己与自己的灵魂对话，让自己与教材、与学生对话，才能不断地思考与认识自己，总结自己宝贵的教育教学经验，提高自我教育能力和专业水平。

总之，要做一名优秀的专家型教师，不仅要有爱心、有思想，有勇于实践、敢于创新和善于思考的智慧，而且要懂教育、会教育，要不断学习，反思自己，取人所长，补己所短，认真钻研，努力提高自己的教学水平和业务水平，努力使自己成为一名孩子们喜欢与爱戴的老师。

（十八）薛晓光：教材研读是语文教学的重中之重

教材研读在语文教学中的作用

——听薛晓光老师讲座有感

泾源县第三小学　佘艳萍

2014 年 8 月 29 日，北京教育学院朝阳分院的薛晓光老师为我们做了《教材研读是语文教学的重中之重》的讲座，薛老师从四个方面讲授了教材研读在语文教学中的作用。

1. **亲历亲为，获得阅读的真知灼见，不随意接受现成的结论**

薛老师讲道：有一种阅读，叫"好读书，不求甚解"。语文教师不是一般的读者，要追求真正阅读的过程，直接体验新鲜的阅读感受，要用自己的生命与学识和文本对话。教材研读不能本末倒置——先看教材再看文本，随意接受现成的解读理论。教材研读要珍视和梳理自己对文本的理解。首先是备读，了解语言的价值；初读，享受怦然心动的感觉；再读，整体感知文本的价值；三读，细品表达方式的特点；深读，获得教学设计的灵感。其间，薛老师以《跨越百年的美丽》《螳螂捕蝉》为例，告诉我们在讲解过程中要针对学生的情况，认真设计，要用人所未见、想人所未想的方法，多视角寻找切入点，确定自己的重点。

2. **要关注原文和作者的权威解说**

薛老师讲道，眼力是练出来的，不能人云亦云。而且，名篇最怕被讲得浅薄。就拿《将相和》来说，要适当穿插资料来助读。如"廉颇者，赵之良将也，以勇气闻于诸侯。蔺相如者，赵人也。为赵宦者令缪贤舍人"。从二人的身份上来解读，使学生明白，一个完璧归赵，就让蔺相如连升六级！以此来助读，让学生明白，这里的"和"不是简单地和好，而是在效忠君王、捍卫国家主权的最高准则下，二人结下的"生死之交"。又如老舍的《草原》："在天底下，一碧千里，而并不茫茫。"这里的"茫茫"该怎么来理解？作为教师，不仅要读原文，还要读作家同期的其他作品，从而得出：并不是看不清的意思，而是指荒凉。

3. 教过的教材，也不要驻足于以往的解读视野

薛老师讲，有一种阅读叫陌生化阅读，也就是把阅读对象，哪怕是读过多次的文本，当作全新的文本对待，把曾经有过的经验和认识搁置起来，带着时代的气息和探索的目光，从新的角度、新的途径个性化地阅读文本。只有这样，才能常教常新。如《长城》，我们不应看到孟姜女哭长城的哀怨，应看到今天在崇山峻岭中盘亘的长城已经是中华民族的伟大象征；应看到恢弘的长城背后显示出的古代建筑家和军事家的气魄与胆识；应看到长城已经被联合国教科文组织确定为中国首批世界文化保护遗产。《地震中的父与子》，文中的三个问句"谁愿意帮我？"这眼神和声音中不应有父亲的祈求，甚至不应有恳求和哀求。"你是不是来帮助我？"分明有质问的口气。"你是不是来帮助我？"此时，这位父亲，带着愤怒，可能都咆哮了。这三个问句，有心如刀绞的焦虑和祈求。

所以，有时候熟悉文本未必有利于教学，因为熟悉会导致没有办法突破以前的教学思路，会定格于已有的阅读理解，驻足停留在以往的阅读视域中。

4. 居高身自远，读出文本的教学价值，设计精彩的教学

薛老师讲道教材研读要做出准确的教学价值判断，解决教什么的问题；教学设计要关注问题的确定与整合，解决怎么教的问题；还要关注语言的运用、训练的落实。语文要致力于培养学生运用祖国语言文字的能力。在引导学生吸收营养、陶冶性情、唤醒灵魂、建构情感和精神世界的同时，要学生学习基础的语文知识、语言技能。语文课程的本质是学习语言，感悟文化。教者的阅读不同于读者的阅读，他的目的性、任务性非常强，不仅要读懂文

本的信息内容，还要用敏锐的目光审视教学价值。结合课标要求，薛老师还具体地给我们讲了"教什么"的问题。要根据课标的要求，思考教材的资源在哪里，怎么用教材、这篇文本教这个学段的学生应该掌握的语言技能、应该认识的人生智慧，以培养学生积极健康的人生价值。

（十九）李瑾瑜：课堂改进新策略——基于学生和学习的视角

如何做一名好教师

——听李瑾瑜教授讲座有感

泾源县教体局教研室　洪晓玲

2014 年 8 月 18 日，我聆听了西北师范大学教育学院李瑾瑜教授的专题讲座《课堂改进新策略——基于学生和学习的视角》。李教授声情并茂、言简意赅、风趣幽默的语言迎来了在场学员的一阵阵掌声，也激发了我对教育的深思：我们做教育、教学生的人一定要辩证地看问题，创造性地工作，不能墨守成规，穿新鞋、走老路。更不能像李教授讲的那样：明明看见一名学生背着沉甸甸的书包汗流浃背地向教室跑来，还用一双很沧桑的手指着他说："按我说的做没错……"许多高考名校的学生在高考的前几月就有三分之二的学生打点滴的事实我们能视而不见吗？为了考试的分数、自己的名利，学生的健康就不顾了吗？有人说："教育是人类最具理想、最具热忱、最具智慧的劳作和耕耘；教师既是开拓者，也是播种人。"但是，如果我们仍然用作业、考试作为教育的代名词，那么，"我们每位教师都是学生理想目标的引导者，是将良种播植于孩子心田的人"这个定义将会名存实亡。那么，怎样才能当好教师、创造性地做好教育呢？

1. **要培养学生的创新思维**

作为教师，大家都知道要解放学生，让他们动手做、动脑想、动口说。

大家也清楚中国基础教育做得非常扎实，可就是很少培养出诺贝尔奖获得者，是何原因呢？今天，李教授用《漫画狗》的事例说得再明白不过了。有只狗，他从小就被主人用一条绳拴着，等长大了在它面前放了一大堆香肠，马上到嘴边了它就是吃不到。是别人拽着它吗？没有！是别人挡着它吗？拴着它吗？拦着它吗？都没有！是它自己尾巴上长着一只手自己拽着自己。如果我们教师都像这只狗的主人一样，用一条无形的绳索束缚住学生的手、脑和思维，把他们仅有的一点创造力和创新性早早抹杀掉，这位学生成人后谁能保证他不会循规蹈矩呢？又有谁能保证他不用同样的方法教育他的子女呢？所以，要当一名好老师，一定要把培养学生的创造性思维作为自己义不容辞的责任。

2. 要脚踏实地地做好教学工作

教学工作不允许存在侥幸心理和想象力，就像大象想站在一盆花的枝干上一样，那是根本不可能的。它是一项实实在在、有规律的双边活动，是师生在课堂中互动才有实效和价值的一种工作。在课堂教学中，教师一定要把学生从受教育者的角色转变成学习者的角色，不光要考虑自己怎么教，更要考虑学生怎么学、怎么思考，要明白自己是为学生更快、更轻松的学习而教，为学生的全面发展、健康成长而教，千万不能做表面工作，急于求成。就如李教授说的那样："在课堂中的合作就是为了学习，如果合作不能发生学习，宁愿不要合作。"我们部分老师从开始就没有认认真真地钻研、学习过课改中的合作学习，只是将合作学习看成是拉桌子、搬凳子等一些表面外在的活动。后来又将之简单化、妖魔化，最后又庸俗化。在合作中，根本看不到孩子们最简单、最朴素的学习过程，好多问题表面看似乎都解决了，实际上却像肥皂泡一样，一触即破。这样的课堂、这样的教学态度值得大家深思。我们每位老师一定要沉下身，静下心，认认真真备课，扎扎实实教学。在教育过程中，只有学生有了真正的学习，才会有教学意义的发生。

3. 要正确处理学生和学习的关系

学生和学习是教学的关键，也是教改的出发点和归宿，只有学生有了真正的学习，才会有教学的意义。我们必须要处理好学生和学习的关系。"学生学习的天性是人类教学的基础，离开了这个天性就无法谈教学。"从李教授的这一观点可以看出，学生和学习是教育和教学发生与发展的内在依据和因素，脱离了学习，教学就无从谈起。因此，探讨学习问题，一定要从学生出发，去唤醒、激发、促进学生的学习能力或终身学习的潜能。要明白"教"因"学"而在，"教"基于"学"，"教"为了"学"。处理好了"教"和"学"、"学生"和"学习"的关系，教学就是件很容易的事。

总之，教育一定是教师牵着学生的手，在风雨中和他们一起行走、一起成长。

（二十）魏兰：儿童文学——小学教育专业讲座

儿童文学的魅力

——听魏兰教授讲座有感

金凤区第六小学　贾　娟

魏兰教授《儿童文学 ——小学教育专业讲座》的内容包括三部分。第一部分是文学对成人的魅力。通过剖析鲁迅先生的《阿Q正传》和史铁生的作品《我与地坛》的精彩部分，让大家对文学作品的魅力产生了浓厚的兴趣。第二部分是儿童文学的基本理论。这一部分，魏老师通过儿童文学的意义和作用、儿童文学的特殊性、儿童文学的教学应用这几项内容来进行阐述。第三部分介绍了儿童文学的各种体裁。魏老师重点给大家讲解了安徒生童话，启迪大家读书，引导学生读书刻不容缓。心在哪儿，智慧就在哪儿。由于我很少关注儿童文学，导致我的知识和技能在原地徘徊，专业素养不能得到很好的发展。魏教授的讲座使我明白，阅读越广泛，知识越丰富，眼界越开阔，思想越充实，境界越高。

儿童文学的奇妙之处

——听魏兰教授讲座有感

同心县预旺镇中心学校　白福朝

有幸聆听了魏兰教授关于儿童文学的讲座，使我受益匪浅。

我们每个人在天真烂漫的孩提时代，不是听着妈妈哼唱的童谣，就是听着《小红帽》《白雪公主》等经典的儿童文学故事成长起来的，这些带有童真童趣的故事，以其离奇曲折的故事情节吸引着一代又一代的小读者，让我们对未来的世界充满了奇思妙想，仿佛进入了一个如诗如画的梦幻世界。

作为一名教师，学习儿童文学，我才恍然大悟，原来儿童文学本身就是奇妙的史诗，潜移默化中渗透着教育的光辉思想，启迪着孩子追求真、善、美，批判假、恶、丑，既彰显了文学的教育作用，又促进儿童健康成长。同时，儿童文学是伴随着孩子成长的好伙伴，它"无形"的启蒙是任何事物都替代不了的。经典作品可以使孩子开阔视野、增长知识、发展智力，帮助孩子树立正确的人生观。魏兰教授的讲座引领我们反思我们的教学和我们的生活，阅读经典让我们获得了一个宁静的内心世界，消除尘世的喧哗和浮躁，提升人的精神品质。作为语文教师应引领孩子走进经典，让经典在孩子幼小的心灵扎根，让经典伴随孩子健康成长，让书香温暖孩子金色的童年！

（二十一）吴丽莉：小学语文教学设计的要点

让孩子在赏识中成长

——听吴丽莉教授专题讲座有感

泾源县第一小学　马　玲

这次学习让我眼界大开。俞世伟教授的讲座，使我懂得教师首先应具备良好的师德、师风；戴院长的讲座，使我懂得了更多管理班级的好办法；曾教授的讲座，使我学会了如何适度调节工作和生活中的压力，用良好的心态对待工作和学习；吴丽莉教授的讲座，促使我反思如何用爱心引导学困生爱学习。一个个精彩的讲座听得我如痴如醉，在讲座过程中，有些专家还提出问题，和台下的教师互动。每当此时，我都做了充分准备，心想如果专家点到名的话我会立刻站起来；每当这时，我把要回答的话在心里捋了再捋，精练了再精练，可几百人的讲座，这种几率太小了，每次都那么一两个，最多也就三四个，这少之又少的机会总会被大胆、口齿伶俐的老师抢去，看着他们尽情阐述自己的观点，提出自己的见解，我好生羡慕，但我没那个胆量。机会就这样一次次从眼前溜走，我一次次的遗憾！

终于有一节课，使我由一个不敢举手发言的"胆小学困生"变成了思路清晰、表述流利的"胆大优等生"，这便是听了宁夏大学吴丽莉教授关于《小学语文教学设计的要点》的专题讲座后对我的改变。这节课和前面那些专家讲的课相比确实显得枯燥了些，乏味了些，我扫视课堂一圈，有看手机的，有趴着睡觉的，当然大多数学员都在认真听讲。

吴教授前面讲了啥说实话一句也没记下，当吴教授播放一段视频时我抬头一看大屏幕，上面显示着《放弃射门》的设计要求：一组导入，二组板书，三组总结，四组作业，五组课时安排，六组问题，七组教学目标。吴教授提示："根据我给出的提示设计出一两个环节来。"教授说完，教室里静悄悄的，我有意无意地把文章阅读完了，对内容一知半解，写啥呢？拿起笔便写了几个字："一、情景导入，二、板书设计。"我准备把这两个环节设计出来，刚写了这几个字，不经意间抬头看了看老师，正好和老师的目光碰了个正着，一瞬间，我感到老师的目光那么祥和，那么亲切，又有一种说不出的期待。瞬间，我觉着我不认真写对不住老师那祥和的目光，我便低下了头认真地思考，哪个环节我最拿手？哪个环节最省时？为了写得好，我下意识地把原文又认真地阅读了起来，但后半部分课件没展示出来，我皱了皱眉，咋办？不知是老师在关注我，还是老师随意刚好走到我跟前，她冲我微微笑了笑。不知哪来的一股力量，我对老师说："吴老师，您可以把文章的后半部分再放一下吗？"我朝着老师笑了笑，不好意思地要求老师把课件向前拉拉，老师虽腰有些弯曲，身子看着有些瘦弱，但人显得很精神，她冲着我又微微一笑说："可以啊！"她边说边轻快地走到讲桌前握住了鼠标，大屏幕上原文从头清晰地展示在我眼前。这时我不知哪来的聪明和智慧快速阅读完原文，并用很短的时间完成了"情景导入"和"板书设计"两个环节，我看了看，很满意地放下了笔。这时老师又走到我跟前，看了看我的笔记会心地笑了笑转身离去了。过了一小会儿，老师环顾了一周，看了看其他学员，便逐步落实起了她的教学环节，学员们有的汇报自己设计的情景导入，有的汇报设计的问题……吴老师都一一做了恰当的评价。吴老师又问谁设计好了板书来和大家一起分享一下，当老师提出这个问题时，我看了看周围没人举手，这时我看到吴老师向我投来期待的眼神，我不知哪来的勇气和胆量，勇敢地举起了手，大声、流利、完整地表述了我的板书设计。当我话音一落，全场想起了热烈的掌声，这时我感到了一种莫大的幸福，这种来自老师赏识的幸福，来自同行肯定的幸福，来自自己终于敢举起手当着几百人表述自己心愿的幸福，使我感到很兴奋，很自豪！这时我看着老师，那个面部清秀，腰略显弯曲，身子瘦弱的老人，这时的她怎么这么可爱呀！

通过这节课，使我不由得想到在我的课堂上，那些不主动举手回答问题的学生，经常令我无奈，甚至生气，这次讲座使我顿然醒悟，无奈什么？生气什么？我给了学生几多赏识？几多信心？我的耐心又有多少？想到这里，我沉思了，他们是孩子呀，需要鼓励，需要赏识，作为老师，如果我们对待学生能多一分耐心，多一分爱心。有时，甚至一个鼓励的眼神也会给孩子一种无穷的力量，给他们快乐，催他们奋进，那么，我们的眼前将会展现出一张张灿烂的笑脸。

就这样，我在学习中感悟，在学习中反思，在反思中总结，在总结中成长。

（二十二）张玲：如何应用教育技术

教师的时间从哪里来

——听张玲教授讲座有感

泾源县第一小学　冶红梅

"书到用时方恨少，事非经过不知难。""对于我们教师而言，要学的东西实在太多，而我们知道的东西又太少了。有人说，教给学生一杯水，教师应该有一桶水。"这话固然有道理，但一桶水如不添加，也有用尽的时候。作为教师，特别是语文教师，更加要拥有渊博的知识，这样才能被学生家长看得起，才能不误人子弟。但是作为教师的我们经常抱怨每天都忙死了，这项工作没干完，另外的工作又找上门来！每天备课、上课、反思、批改学生的作业、辅导学困生，又要时常接待家长、处理学生之间发生的摩擦、小纠纷，还要完成大队部、学校其他领导安排的工作等，真是有点应接不暇，筋疲力尽，更何况现在既要抽出时间来搞科研，晚上回家又要忙着家中琐碎的事情。那么，教师如何抽出时间去充实自己，时间到底从哪里来呢？

2014 年 9 月 15 日，张玲教授在讲座中给我印象最深的一句话是："教师的时间从哪里来？一昼夜只有 24 小时。"听到这个话题我仿佛抓住了救命稻草，我就被这个问题深深地吸引住了。她的整个讲座里不但有生动的事例，也有精辟的理论分析，很多都是苏霍姆林斯基教育教学中的实例，她娓娓道来，有益于我们教师开阔眼界，提高水平。她讲的众多理论对我影响深远，即所谓的"问渠哪得清如许，为有源头活水来"。

　　教师每天都要不间断地读书学习，跟书籍结下终生的友谊。只有每日不间断，相信潺潺溪水就会注入思想的大河。张玲老师说："教师读书不是为了应付明天的课，而是出自内心的需要和对知识的渴求，只有这样才能使自己过得充实。"这段话发人深省，让我从本质上领悟了一些教育技巧的奥秘。我们不应该总是抱怨没有时间，抱怨事情太多，我们应当在自己所教的语文这门学科中，使学校教科书里包含的那点科学基础知识，成为入门的常识。在知识的海洋里，我们所教给学生的那点基础知识，只是沧海一粟。明白了这些道理，一切抱怨都可以抛到一边。讲座中张教授所举的那个历史教师的例子就是最好的证明。他的成功之处就是用他终生的时间在扩大自己的知识海洋，持之以恒地提高自己的教育技巧。由此我想到了给我们讲课的仇千记老师，他原本也是隆德县一名普普通通的乡村教师，就因为他好学，才一步步走到了今天，站到讲台上为我们讲课。教师的时间问题是与教育过程的一系列因素密切相关的。教师进行劳动和创造的时间好比一条大河，要靠许多小的溪流来滋养它。怎样使这些小溪永远保持活力，有潺潺不断的流水，这是我们教师安排时间时应该首要考虑清楚的。

　　常读书和常思考，会使我们勇于和善于对自己的教育教学做出反思和内省，既不惮于正视自己之短，又要努力探究补救途径，更要善于总结自己的或同行的成功经验，从中提炼出可供借鉴的精华，为理论的突破夯实根基。读了《给教师的建议》，听了张教授的讲座，我想对自己及我的同行们说："学习，能使我们的知识变得更丰富，使我们过得更加充实，作为教师的我们，成绩的取得，不仅要付出辛劳，更多的是对教育教学不断地总结与探索。在提倡素质教育的今天，学生没有经过筛选，其智商的发展本身就存在着差异，在教学中要理论联系实际，让学生去观察、去思考、去动手操作，培养他们的学习兴趣，激发他们的学习热情，让他们感觉到学习充满着无穷的乐趣。那时候教科书在我们眼里也许就会像认字写字一样变得轻而易举了。"

（二十三）杨志成：小学语文优质资源介绍

优质资源无处不在

——听杨志成老师讲座有感

中宁县恩和镇中心学校 高 婧

没有一个教育工作者不希望自己的学生接受最优质的教育。优质的教育离不开优质资源的支撑，那优质的资源到底是什么呢？2014 年 8 月 27 日上午，灵武市教培教研中心教研员杨志成老师告诉我们：优质的资源包括学校的文化资源、制度资源、物质资源、特色资源、优质的教师资源等。优质的教学资源包括优秀的教学团队、优化的课程体系和教学内容、良好的教学条件和科学的教学管理等。优质的课程资源，是经过"教育哲学"、"学习理论"、"教学理论" 3 个"筛子"筛选出来的。名师资源，如被誉为"中国的苏霍姆林斯基"的斯霞老师、曾被周恩来总理称为"国宝"的霍懋征老师、教育部在"跨世纪园丁工程"中向全国推出的首位名师于永正老师、倡导"为每个孩子的成功学习而教"教育观念的王崧舟老师、在课堂 40 分钟之内进行"海量阅读"的韩兴娥老师，还有我们身边土生土长的名师等。

优质资源无处不在，无时不有，只要做小学语文教育的有心人，就一定能很好地利用身边的优质资源，开发出更多的优质资源为我们的孩子服务。

（二十四）郑桦：汉字与汉语

重视识字教学

——听郑桦老师讲座有感

青铜峡市光辉中心小学　李　瑞

2014 年 9 月 5 日上午，郑桦教授以《汉字与汉语》为专题给小学语文骨干班的学员进行了深入浅出的讲解，她主要从汉字的性质与特点、汉字音形义的关系、汉字的应用三方面进行具体的阐述。郑桦教授以"汉字听写大会"为切入点引起了我们广泛的兴趣，使我们在惊叹学子们熟练书写的同时，也感叹自己书写能力的退化。当然造成这种普遍现象的原因有很多，其中就包括许多人对汉字起源与字理意义的不了解，所以很多字虽然学过、接触过，但都没有留下深刻的印象，造成提笔忘字的现象。而郑桦教授此次讲座恰恰从汉字与汉语的起源、构造方式、字理意义等方面做了详细而透彻的讲解，她边讲边写边画，借助黑板让我们对汉字的特点、性质有了更清晰、更深刻的认识。

作为小学语文教师，识字教学是我们的主要任务之一，我们不但要使孩子热爱汉字，正确、规范地写好汉字，还要提升自己对汉字文化的认识，将汉字字理和造字规律带入到识字教学中，逐步渗透汉字文化，使学生对汉字的认识更到位，记忆更牢固。

培训中的开心事

拍　照

红寺堡区第一小学　马爱喜

在宁夏大学培训的日子里，我们在一起学习、一起娱乐、一起谈家常、一起傻笑……一幕幕快乐的情景给我们留下了美好的回忆。

那天晚上，我们的开题报告通过了，学员们高兴坏了，个个神采飞扬的。我们宿舍的四姐妹，也开始疯狂了——纷纷拿起手机，留下我们瞬间的美好回忆。

先是我们可爱的白俊兰闪亮登场，她是个活泼可爱、个头不高的机灵鬼。不管从哪方面来说都机灵，无论是表演节目，平时的娱乐活动，还是餐厅吃饭，她都是强手。当我们盛上饭时，她已经坐在那里边吃边做鬼脸，嘴里还说着"吃饭不积极，思想有问题"，常常惹得我们哈哈大笑。

第二个登场的是平时善于打扮的吴桂萍老师，她天生自带洋气，穿什么衣服都好看，都46岁了，一点儿也不显老，拍出的照片不仅优雅气质，还青春有活力。

第三个登场的是在课堂上发言积极、朴素大方的胡雪晴老师。在大家的带动下，她也活跃起来了，和大家互相借穿衣服，轮流照相。那兴奋劲儿，甭提了。

这时候，有人敲我们的宿舍门，开门一看，是我们的学友冯海霞老师，她住在我们楼下。她说："你们干啥呢？在楼下都能听到你们的嬉笑声。"我们异口同声地回答："臭美呗！"于是，她也加入了我们的行列。在拍照的过程中，我悟出了一个道理：作为女人，我们不仅要热爱生活，热爱工作，还要多打扮自己，活得潇洒一点、阳光一点，快乐地度过每一天。

快乐的课堂

银川市金凤区第四小学　费　涛

到 2014 年 8 月 27 日为止，我们小学语文骨干班的培训学习时间已近半月之久，每一天我们都在经历着一次次头脑风暴。专家的讲座异彩纷呈，震撼人心，时时引起我们的共鸣。今天下午的参与式教学实践与指导《以学生为中心的教学法》，以一种全新的培训方式更是让我耳目一新，我喜欢这样的学习方式，对同学们的智慧更是敬佩不已。

我们的学习分成了三大块。第一块是组建团队，各小组讨论所组建小组的名称、口号，以及成员的个人简介，在规定时间内进行汇报。教室里顿时热闹起来，各个小组立刻行动起来。时间很快到了，首先汇报的是"向日葵组"，他们抓住了向日葵微笑阳光的特点，并将其延伸到老师乐观积极向上的心态上；接下来的"扬帆起航组"，抒发了老师们对教育的憧憬；接着是"火凤凰组"的凤凰涅槃、浴火重生，更是表明了一群女教师们对教育的执着与坚定；"七叶一颗星"、"非常 8+1"等都非常有创意，真让我敬佩不已，我的同学们太有才了！组名起得好不说，就连介绍都是妙语连珠、出口成章。这还不算什么，再瞧瞧人家的"中国剪纸个人画像"，真不愧是骨干教师。

"读书方恨知识浅，观海倍觉天地宽"，还没走多远就发现身边有这么多优秀的人才，钦佩之情油然而生，向你们致敬！

"回忆往事，讲我的故事"板块更是有趣，我们一下子仿佛回到了童年，学骑自行车、缝沙包、第一次缝裤子……各种有趣的往事，涌上我们的心头。

第三块是阅读讨论。老师组织我们分组集体阅读，大家捧着书放声朗读，又过了把学生瘾。我们阅读了杜威著作章节的简短导言，针对我们如何学习经验知识，为什么在某些方面对学生来说，老师的身教重于言教等问题进行了分组讨论。同学们的积极性很高，"学生的模仿性极强，老师的言谈、书写、做法不用语言只需行动，一位爱阅读的老师，她走进教室认真读书的样子无形中就是孩子们的榜样"。这些实践中的经验，都是我们学习的资源，使我们受益匪浅！这个快乐的下午，真令人难忘！

双簧：马翠花培训记

作者：马　燕　　表演者：何芳　马锋

人　物：马翠花

甲：各位领导，各位专家，各位老师大家好！国庆长假已结束，大家怀着依依不舍的心情离开了妻儿老小欢聚在此，现在由我给大家表演个节目。但是这个节目我需要一位搭档配合我来完成。我这个搭档很讲究，不化妆，不打扮他不出门，估计这会儿他打扮得也差不多了。下面就请大家以热烈的掌声欢迎我的搭档闪亮登场。

乙：你请我来演节目，我们给大家表演个啥节目？

甲：太难的你也来不了。今天我就看看你的反应能力，来个双簧，双簧知道不？

乙：不知道。

甲：那就好办了。

乙：啥？

甲：不不不，我说那就好看了。

甲：其实这个节目很简单，就是你在前面做动作，配合我说的话，考考你的反应能力。

乙：木麻达（没问题）。

（就以这次培训学习为题，全面给大家介绍一下）

甲：我叫马翠花，今年28，人送外号马大哈，十年前也是一朵花。告诉大家一个秘密，我至今未婚。有给介绍公检法、公务员、医院的，我都木看上。俺跟俺娘说，俺要找一位教师。俺娘说，人民教师有知识、有文化，是

123

人类灵魂的工程师，好！俺娘还说，教师工作稳定，收入稳定，就是情绪不稳定。不过没关系，有我马翠花在，没有情绪不稳定的（奸笑）。

乙：（跳起来）出来，出来，你想干什么？

甲：好好说。

甲：这次培训来宁大，激动得我天天笑哈哈。吃住学一条龙，害得我体重天天加。早餐三碗稀饭八个蛋，午饭各样一碗半。

乙：出来，出来，我是个饭桶呀？

甲：好好好。专家教授讲得好，深入浅出讲得妙。俞世伟教授学识渊，字字珠玑道理深。了一容经历坎坷不一般，未来诺贝尔定是他。万平老师在一线，平凡之中显伟大。曾祥岚教授说，心理不健康就玩完。戴联荣院长真有才，每次讲话不一般。魏兰老师幽默又风趣，培养儿童阅读有技巧。小学作文不难教，仇千记老师来支招。谢延龙语言颇犀利，揭示社会丑态有力度。宁大教授周福盛，教育科研要玩命。各位教授都认真，就是我一句没记下。

乙：出来，出来。我一句没记下我干啥来的？

甲：说重点，再来（拍肩）。

甲：我们是青年班，班主任老师能力强，陈琼老师很沉稳，办事果断雷厉行。马笑岩老师很麻利，管理班级很独到。刘婷、杜习振老师年龄小，人小办事效率高。班主任老师仁美女，工作认真又负责。哎！要有仁帅哥该多好啊！

乙：唉——唉——唉，这是啥意思？说正题。

甲：青年班学员年龄小，靓妹帅哥可不少。学习奋进争上游，学好本领做贡献。宁大校园真是美，绿树成荫鲜花开。重温大学好生活，好像回到年轻时。拉着当年同桌的他，睁眼一看，嗨，是孩儿他爹。

乙：嗨嗨嗨，这都是哪跟哪儿啊？出来出来，我这是学习来了。

甲：学习感受真很多，提高了认识素质强。回到岗位多实践，努力工作多贡献。

甲：好了，今天就来这一段。请大家记住我哟，我叫马翠花。今年28。哪位帅哥如果对我有意思，就请联系我，我的电话是：070707007。

乙：嗨嗨，出来出来，我算是看出来了，感情你不是来培训的啊。

甲：你说呢？

超级模仿秀

作者：马　燕

编剧：余小花

旁白：余小花

演员：罗晓菊　饰　甄　嬛

　　　任三瑞　饰　鲁迅、古龙

　　　贾应彪　饰　赵忠祥

　　　白俊兰　饰　最炫民族风

　　　沙宁平　饰　朱自清

　　　余小花　饰　仓央嘉措

时间：10 月 25 日

地点：宁夏大学

出场顺序：甄嬛、鲁迅、仓央嘉措、赵忠祥、最炫民族风、朱自清、古龙

　　旁白：我们在半截粉笔中、在三尺讲台上默默耕耘，无私奉献，书写着自己无怨无悔的人生！蓦然回首，那一段或短或长的流金岁月淘去的是虚华与浮躁，沉淀的是镇定与从容。年复一年，日复一日，三尺讲台,两袖清风！今天我们不是明星，但我们比明星更耀眼。

　　旁白：请看甄嬛版。

　　甄嬛：（小主穿着花盆底鞋缓缓入场，边走边说）今日提到成绩，倍感乏力，恐是昨夜梦魇，扰了心神，都是最近差生众多烦闷了些。加上早起后，看了周测成绩，不想那数据难看极了，愈加心烦。四郎若能取消成绩考核，那必是极好的！

　　旁白：请看鲁迅版。

鲁迅：（先生身着长袍，他神情严峻地说道）进了学校，办公桌上有两堆本子，一堆是作业，另一堆也是作业。初夏已经颇热，脊背上却一层又一层冷汗。班主任例会照例是不会少了，优秀班主任排名榜全然没有我的名字。责任似乎并不在我，譬如使惯了刀的，这回要我要棍，能行么？

旁白：请看仓央嘉措版。

仓央嘉措：（活佛仓央嘉措身披袈裟，口中念念有词）上与不上课时都在那里，不多不少；批与不批作业都在那里，不增不减；让我的努力走进你的45分钟里；或者你把45分钟递进我的手心里；默然焦虑寂静哭泣。

旁白：有请赵忠祥老师。

赵忠祥：（赵老师那浑厚的富有磁性的声音徐徐道来）全校上下人人心里白茫茫一片，像冰雪笼罩着的阿拉斯加。成绩下滑不是谁能负责的，绝望之中，我们只好紧紧闭上眼睛，像一头濒死的海豹，坠入无边的冰冷与黑暗。

旁白：请看最炫民族风版。

最炫民族风：（最炫民族风用自己的歌声诉说着）静静的课堂是我的爱，一份份作业慢慢打开，什么样的老师是最呀最无奈，心里绞痛得无法释怀……

旁白：请朱自清先生出场。

朱自清：（最有傲骨的朱自清先生一脸忧虑，慢慢说道）这几天心里颇不宁静，看着教室里越来越多睡觉的学生，像牛毛，像花针，像细丝，密密地斜织着，却无从做起。于是忆起《长歌行》里的句子：少壮不努力，老大徒伤悲……这样想着，猛一抬头，却见教室外炽热的眼神，校长要喷火了！

旁白：请看古龙版。

古龙：（"求新求变"，不受传统拘束的古龙先生侃侃而谈）尽管校领导脾气很怪，但各个年级排名手法更是匪夷所思，闻所未闻。只见月末绩效考核、月初教案检查，似乎好兄弟商量好了一般！

旁白：新时代教师标准？

甄嬛：上得了课堂，跑得了操场。

鲁迅：批得了作业，写得了文章。

仓央嘉措：开得好班会，访得了家长。

赵忠祥：劝得了情种，管得住上网。

最炫民族风：解得了忧伤，破得了迷惘。

朱自清：Hold 住多动，控得住轻狂。

古龙：受得了奇葩，护得住低智商；查得了案件，打得过嚣张。

齐说：还有一点是，忍得住工资不涨。

舞动的快乐时光

吴忠市利通区第八小学　韩淑琴

刚到宁夏工商学职业技术院时，一切都那么陌生，陌生的环境，陌生的面孔。更让人受不了的是宿舍没有电视，更别奢望上网了，日子有多难过，你难以想象。没有信息的沟通，我们如同与外界失去了联系。

"走，跳广场舞去！"同宿舍的好友叫我一同去。

"是谁呀，真是想人所想。"我心想，穿上衣服一路小跑，到楼下一看，只见一位女教师旁边放着一个小音箱，虽然音响的效果不怎么好，但她跳得很带劲，我不好意思地站在旁边静静地看着。她似乎忘记了这是工商职业技术学院，忘记这里有许多陌生的面孔，她是那么的投入，随着悠扬动听的乐曲声，她的舞姿那么优美、柔软、熟练、热情、奔放、潇洒……

一会儿，操场上就聚集了十几个人，大家都在观望着，她边跳边招呼大家一起跳起来。在她的舞动下，大家慢慢融入到悠扬的音乐声中。

于是，早饭前的一小时和晚饭后的近两个小时的广场舞就成了我们每天的盼头。在这段时间里，我们忘却了自己，忘却了紧张的学习，忘却了回家的欲望，大家都不由自主地舞动起来，任快乐在脚下挥动。队伍越来越壮大，花样越来越多，即使不会跳的姐妹们，也在静静观赏，时不时地扬扬手、摆摆脚，可乐呵了。

每天迎着朝霞，伴着夕阳，还有音乐陪伴，接下来的日子不再是那么无聊。

默默的我

固原市原州区高红小学　郭桂红

在"国培"的那些繁忙、快乐而又充满生气的日子里，您是否还记得那首甜甜的、柔柔的、美妙的《月亮花儿开》吗？

那就是我——这个从大山深处悄然无声走来的普通教师的最爱！

平日里，

我热爱生活，默默地热爱着。

我特爱写诗，默默地抒写着。

我很爱歌唱，默默地歌唱着。

在"国培"这个鲜花盛开的国度里，

我，就像山崖下石缝里的一株小草，

无人知晓我的存在，却快乐地生长着。

在"国培"这块肥沃的土地上，

我，就像洼地里的一朵野花，

无人叫出我的名字，仍努力地开放着。

在"国培"这片湛蓝的天空里，

我，是众多雨滴里的一滴，

我知道我的力量弱小，挤不进河流涌向大海，

但我依然选择了润泽刚刚出土的小苗。

我，是"国培"这片茂密的森林里，厚厚的落叶中的一片，

落在厚厚的落叶群里谁也找不见的那一片。

但我知道，是"国培"这股暖人的风让我们聚集在一起，

形成了文化界一道靓丽的风景线。

在"国培"的每一个晴朗的夜空，

看到流星从天际划过，我为流星祈祷。

看到雪花在空中飞舞，我跟着雪花高兴。

在"国培"的每一个风和日丽的日子里，

看到蝴蝶翩翩，蜜蜂忙碌，我为它们加油！

看溪水欢唱，听泉水叮咚，我为它们喝彩！

在"国培"的日子里，

我，与世无争，默默地做着我该做的事。

我虽没有为"国培"增添色彩，

可"国培"的文化气息依然熏陶着我。

让我，空空地来，沉甸甸地走……

我管婆婆才叫妈

固原市实验小学　张雯婷

2003 年，全国人民抗击非典，昔日繁华的商场酒店一下子门庭冷落，药店里的熬药罐稀缺得如同海参般珍贵。街道上行色匆匆的行人都捂着厚实的口罩，空气中到处弥漫着消毒水的味道。尽管这一年人心惶惶，我依然将自己草草嫁掉。

婆婆家住大山里，十年九旱，家境贫寒。之所以会选择这个大山的儿子一起生活，源于第一次见到他，感觉他憨厚质朴的就像厚重的黄土地，不掺杂丝毫虚假的元素。他没有带给我太多的惊喜，只是感觉到很踏实。因此，从相识到步入婚姻这段路走得很短，也就是九零后所谓的"闪婚"。十年后的我不赞同闪婚，危险系数太高，没有感情做基础，单凭跟着感觉行走，稍不幸运，闪错了就会闪掉自己的后半生。直到今天我才明白婚姻对于一个女人意味着什么。我时常会为自己当初的草率惊叹不已，好在我是较为幸运的那一位，十年的时光证明，老公是个靠得住的男人。

我的婚礼现场来了不足百人，虽然有点冷清，但是程序和礼数一样也没少。

　　婚礼正式开始后，主婚人浑厚的男音回荡在礼堂的上空，一张张陌生的面孔给我披红挂彩，我像个木偶似的听从着司仪的指挥，老舅家小舅家，七大姑八大姨，不知道鞠了多少回谢谢的躬。

　　轮到公公和婆婆登台亮相，那是我第一次认真细致地端详两位老人。从认识老公到筹备婚礼好似只是我们两个人的事情，和其他人无关。我了解老公老家的状况，也就没什么指望。倒是公公和婆婆在没有任何负担的情况下多了个儿媳。

　　两位老人看上去六七十岁的样子，坐在酒店的大堂上显得局促不安。虽然崭新的衣服没有丝毫的折痕，但依然掩饰不住被岁月侵蚀爬满皱纹的脸庞。面朝黄土背朝天的日子让他们过早地佝偻下身子。主婚人让我改口叫"爸、妈"，看着和奶奶年纪一般大的公公婆婆，嘴巴张了几次，我却未能发出人类与生俱来就会发出的那两个元音。主婚人给了我三次机会，我还是没能给现场的来宾交上一份满意的答卷。实在无奈，主婚人利用自己妙语连珠的口才将这尴尬的气氛一带而过。就这样我错失良机，今后再改口那真是比登天都难。

　　在后来的日子里，我依然无法启齿唤出亲切的"爸、妈"，我不知道公公婆婆有什么感觉，但老公明确表态，对于我的行为十分不满。

　　一年后，可爱的女儿出生了，女儿的降临带给我前所未有的温馨和幸福，心里满满的都是柔情。婆婆从老家带来了一只很壮的大公鸡和一筐子土鸡蛋，风尘仆仆地赶来侍候我坐月子。每天她都起得很早，给我熬稀饭、炖鸡蛋。婆婆的厨艺很好，虽然生活在山里，但是做事很细致，她不但精心照顾我的饮食，还帮我带孩子。她很有经验，女儿的一切都被她打理得井然有序，我很轻松，只负责给孩子喂奶。慢慢地我从心底里很佩服贤惠、善良、能干的婆婆，心里很想叫她一声妈，可依然没能自然地喊出来。

　　直到有一天我吃完午饭，给孩子喂过奶，睡得很香很沉。女儿吭哧吭哧的声音惊醒了我，想着小家伙怎么了，有什么不舒服吗？掀开被子一看，天哪！婆婆裹得很紧的布片已被蹬开，尿布也蹬向一边，孩子的屁股底下、腿上、脚后跟都沾满了便便，整个被子底下被她搞得一塌糊涂。我不知该从何下手，更不知先干什么，情急之下我就大声地喊开了："妈……妈……"一声连着一声，没有做什么准备，也没有进行思想斗争，就不由得脱口而出。那是我第一次喊婆婆叫妈。原来情到深处自然露就是这个道理。

从那以后，我管婆婆开始叫妈了，那么自然、那么顺溜。人家说：婆媳婆媳，前十年看婆，后十年看媳。婆婆在我最困难的前十年待我如亲生女儿般照顾我，帮我带孩子，尽心尽力！后十年该是我心甘情愿回报她的时候了！

（注：这个故事是我们在郝振君教授执教的《以学生为中心的教学法》课堂上学员展示环节张雯婷讲述的故事，我搜集来供大家分享，感受那至情至深的婆媳感情!）

舞动人生　别有洞天

红寺堡区回民中学　杨菊花

在优美的音乐声中，迎着晨曦、踏着落日余晖、合着律动的节拍，翩翩起舞，对我来说，那是我的最爱。与广场舞结缘，起初只是单纯的兴趣所致。每当听到广场上的乐曲响起，就会欣然前往，在跳的过程中，学得也快，舞姿也凑合，动作还算协调，便受到了观众、舞友的青睐。所以，时不时地会被大家推到前排带上大家跳，要是哪天出去迟了，大家便会觉得群龙无首，我一旦现身，便能感觉到大家期盼的眼神。久而久之，领跳成了我所肩负的一种责任，要是哪天想偷懒不出去的话，会觉得对不住大家。

对于我个人来讲，往前一步的感觉完全不同，一旦站到人前，对自我的要求就高，便要负责任地、尽心尽力地当好领舞者。当看到大家跟着我跳，听她们说："跟着杨老师跳能学会，不愧是当老师的，教得清楚，能看明白"时，我就会感到很满足，很欣慰。领舞的结果是收获满满的自信。后来跳广场舞，是为身体健康而舞。

2012 年，我查出患有肾结石，医生建议"要多喝水，多跳跳绳"。"喝水吧平日喝不了多少，跳绳强度大，坚持几天便又会引发身体其他疾病的出现，干脆往我驾轻就熟的广场舞上靠吧！把它变成自己的自觉行动，长期坚持下去，看有没有效果？"抱着这样的目的我冬夏坚持着跳广场舞。果不然，2014年9月份参加单位组织的体检，结果肾结石没了。我还不敢相信，又复查了一次还是没有。这下我对广场舞由最初的感兴趣到主动担负责任再到变成自觉行动，如今五年过去了，我依然乐此不疲。

2014年8—11月，我有幸参加为期三个多月的自治区级骨干教师的置换研修。在学习之余，感到我们这些女教师姐妹们从繁忙的工作、繁重的家务活中解脱出来，在这里除了学习，早晨、下午闲暇之余没事可干，挺无聊的，有的便会抱怨，这三个月咋熬出去？我和老同学马玲躺在床上说着说着心就想到了一处，干脆发挥我俩的一技之长——领上大家学跳广场舞。越说越激动，说干就干，反正我俩都是闲不住的主儿。但是得有基本的条件——音响设备吧！于是第二天就给主管培训学员的熊丽萍老师说了。没想到，没出三天，一台小充电音响就搞到手了。这下活了，赶紧自备一个U盘，下载好我们的广场舞曲，就准备跳起来了。

起初，虽然群发了讯息，做了热情的邀请，但只有熟知我们的、有点基础的几个姐妹们在跟着跳，人很少，很冷清。但我俩坚持早晨6：30~7：30，下午7：00~9：30，音乐准时响起。随着时间的推移，加上起初几个姐妹们的呼朋引伴，我们的广场舞队伍越来越壮大，"舞林高手"不断涌现出来，我们的舞种不断地随之丰富。瞧！老同学马玲爱跳交谊舞，探戈尤其拿手，可苦于没舞伴，这时宿管员大姐"危难时刻显身手"、"真人露了相"。只见她抓着马玲连说带跳，兴致盎然地跳将起来。真是没料到，宿管员大姐舞姿一级棒。这下，我们的交谊舞有了"总教头"，又吸引了一批交谊舞爱好分子的加入。

小精灵、老古怪——白俊兰简直是个大活宝。她总是在大家间歇时趁机发挥特长，来段迈克尔·杰克逊的霹雳舞。两只胳膊、眼珠子像是安了弹簧，伸缩、转动得像摁了电钮开关一样，太神了，搞得大家开怀大笑。尽管蚊虫也蜂拥而来凑热闹，但我们跳舞的热情不减，欢笑声不断。

更让人欣慰的是，之前一些无任何基础的、压根没想过要跳舞的、觉得自己压根就学不会的姐妹们也被我们的热情和音乐所感染，在经历了观望、等待、试探后也加入了进来。大家在一起跳，除了锻炼身体、打发时间外，有意义的是在彼此打闹、说笑、切磋学习中，心情变得愉悦起来，生活过得充实起来。更有意义的是，搭建这样的一个平台，让那些平日里不爱运动、不爱玩、不自信、少与人交往的姐妹们，走出宿舍，走出自我，走到人群中来，动起来、舞起来、自信起来，发现一个不同以往的自己，转变观念，活出心劲。这是我和马玲为之付出后得到的最大的收获和值得珍藏的记忆。

转眼间，短短三个多月的培训学习结束了，我们的团队也解散了，但四州八县的姐妹们人散心不散，回到各自的家乡、单位又会成为一个个组织者、参与者、传播者，就像那句不朽的名言，"我们的队伍像太阳，照到哪里哪里亮"，会带动更多的人加入广场舞团队，舞动自己的人生。而今，我们单位的广场舞队伍在经历了起初的质疑、观望、冷清后也走出了困境，年轻人通过我们几个中年人的现身说法，也见到了实实在在的效果——祛病、瘦身、养气色、养精神，名不虚传。就拿我的同事张老师来说，前几年体弱多病，加之更年期，各项生理性能紊乱，人整天乏殃殃的，面色蜡黄，头都有点撑不住地老歪斜着。可自从加入广场舞团队后，整个人的气色、精神状态明显得到了改善，大家都看得出她的变化。

一路走来，广场舞让我体味到：

第一，帮助别人真的能快乐自己。同时也会在不经意间受到别人的帮助，收获信赖与支持，体现自我的价值。

第二，女人走不出的并不是家庭、子女的牵绊，以及别人的目光，真正走不出的往往是自己的内心和观念的束缚与牵绊。而要实现自我突破，往往需要他人的引领、带动、提醒和帮助。

第三，在人生的大舞台上，要有勇于往前站的胆识。尽可能多地寻找机会历练自己，哪怕你只有一样能拿得出手，也要勇敢地绽放。别总是以"我老了"、"我不行"、"怕人说"等当借口，一味地往后退。往后退固然舒坦自在，但也会错失你人生出彩的机会，失去帮助他人、快乐自己的机会。

第四，瞅准一件事就要坚持做下去，虽然会付出自己的时间、精力、心血，甚至会遭到误解、招至埋怨。但风雨过后，终会见彩虹，会在背负责任中成就自己，使自己的人生从此与众不同。

难忘的餐厅生活

红寺堡区第二小学　白俊兰

　　当我装满沉甸甸的收获回到工作岗位上的时候，心情依旧沉浸在培训那段快乐的日子里。在培训期间，除了悉心聆听各位专家们的精彩讲座和亲身体验大学生活外，一日三餐就是我们最为开心的话题，餐厅里就餐的每一位学员、每一张餐桌、每一个盛饭的窗口都让人回味无穷。

　　工商学院餐厅的主管是一位 60 岁左右的老头，个头不高，体形偏胖，脱落得稀疏灰白的头发一根根整齐地排列在头顶，虽已上年纪但仍精神抖擞。常常板着一副严肃的面孔，背着双手在餐厅里走来走去。一日三餐，他寸步不离餐厅，有时候站在门口，有时候站在走廊，有时倚窗而立，有时候站在我们身后，不论在哪个角落，他的目光始终不离就餐的老师们。有时候竟然不知不觉站在你身后，你若不小心一转身准会吓一大跳，心脏在胸膛里就得跳几个来回。起初见到餐馆负责人，看到那庄重的表情会感到郁闷，总是觉得他似乎在监督大家，生怕哪位老师多吃一点儿似的。时间久了，聊开了，才觉得那老头很亲切，有时候嘴巴甜点，叫一声大叔，老头儿便像一个天真的孩子似的笑得合不拢嘴。后来每天就餐时，我们都会和老人聊上几句！

　　我是一个不习惯吃米饭的人，在家除早餐喝稀饭外，午餐和晚餐餐餐都要做可口的面条或者揪面。记得初到工商学院，一日三餐，餐餐不离米；早餐稀饭自然赢得各位学员的喜爱，但午餐和晚餐，尤其像我习惯了吃面的农村人，突然一日三餐与米为伴，这真让我不知如何是好。所以，早餐是我的主食，能多吃就多吃，至于午餐和晚餐，不必那么较真，有蔬菜多吃点就行。记得有一天用早餐时，我盛了稀饭，取了鸡蛋，还拿了各种饼子，找了一张靠门口的餐桌坐下来用餐。正吃着，感觉眼前有黑影一晃，我抬头一看，是他——餐厅主管。"哦，吓我一跳！"我低声叨咕着。发现他正朝着我微笑着，并竖起了一个大拇指——强强强。坐在一旁的爱喜开始取笑了："大叔，这位老师饭量好，特别能吃!"说着便放声大笑起来!

"好，好，好，能吃就好，能吃就好!"大叔在一旁边笑边说，笑的似一朵灿烂的花儿!

"大叔，别听她瞎说，她就会损人。我不喜欢吃米饭，只能利用早餐多吃点，以解午餐和晚餐之忧啊!"我也不愿被他俩冤枉，说罢做一个鬼脸便迅速离去! 从此，我们的午餐就多了一样主食——饼子、馒头或花卷。我无意的一句话竟然换得了意想不到的结果。于是，中午可以尽情地吃我喜欢的。

一日中午去就餐，因为小语班下课迟了点，等我们到餐厅，馒头早已被大家一扫而光。无奈之下我又多盛了点蔬菜，刚坐下来用餐，餐管大叔看见了走到我面前，和蔼可亲地问："怎么没吃米饭?"

"大叔，我不吃米饭，馒头早也没有了，我只能吃菜了呀!"我笑着对大叔说。

"有有有，馒头大量的有。"说着他立刻转身向后厨走去。在他离去的瞬间，我发现他步履有点蹒跚，但仍然是小跑着的，不由得我对他产生了一种敬仰之情，仅仅因为我的一声"大叔"就使他这么关心我? 还是因为他对就餐的学员们的饮食负责? 不论怎样，我觉得这老头越来越可爱了。思索间，他已出现在我眼前，并将两个热气腾腾的馒头递给我，那一刻，我激动得泪花在眼里直打转转：谢谢大叔!

培训有感

——一次特殊的培训之旅

银川市金凤区第二小学　邹晓燕

8月27日，在班级教室，我和小语一班的38名成员参加了一次特殊的培训之旅。

开课之前，老师将我们每八人分成一组，每组配发了手工用剪刀、卡纸、彩笔等。难道是手工制作吗? 我心中充满疑惑。

伴随着网络神曲《小苹果》的响起，投影仪出现了 2000 人齐跳广场舞的热闹场面。教室里有了轻微的骚动，学员们有驻足欣赏的，更有在音乐声中轻轻起舞的，教室的紧张气氛变得些许轻松。

在小组活动中，老师要求大家完成小组命名和以图画的形式做自我介绍两项任务。当我还迟疑之时，二十二小的老师已经想到用向日葵做我们组的名称，并阐述了理由。小组里有绘画才能的老师主动请缨，生动地完成了向日葵的绘画，更有老师出主意不断完善绘画，而我只剩下赞叹！此时，我发现小组内的成员瞬时有了合作意识。

要完成自我介绍的绘画了，小方老师很形象地画出了卡通人物机器猫作为自己的人物形象，并告诉大家机器猫有许多宝贝藏在肚子里，在大熊需要帮助时，总能伸出援助之手……我心里暗想：做有智慧的人、做有爱心的人，正是我们教师职业所需要的……我的绘画作品还没有着落，怎么办？东张西望之后，我把眼光移到小方老师身上。有了，请她帮忙画个草图！小方老师笑盈盈地答应了，很快一只飞翔的蝴蝶跃然纸上，我照猫画虎将其临摹在彩纸上。别说，还有几分神似呢！向他人请教，敢于向他人学习，主动与他人交流，应该也是我们老师安排活动的目的之一吧！

我给这幅画题了字：破茧成蝶。小虫子因破茧成蝶而美丽；我们每个人也是经历了一次一次破茧成蝶而变得强大。那么我们教师何尝不是在一次次破茧成蝶的过程中不断提升呢？我相信，我们每个成员经历了 90 天的培训，也是一次破茧成蝶的历程！

接下来的交流环节，教室里的气氛一下子变得活跃起来，一个个精彩展示让人耳目一新，不时响起一阵阵掌声，学员们的脸上露出了久违的笑容。再看看一旁的指导老师，不住地点头，且目光中有赞许的味道。

小组选派代表交流一件事、汇报思考题的看法……不知不觉，一下午的时光就这样过去了，没有课间休息，也没有人进进出出，每个学员都全情投入，这是十几天来所没有的情景。思其原因，"小组合作共同完成"培养了大家参与的意识，激发了学员学习的热情……这应该就是以学生为中心的教学法吧！

今天，在陈老师的引导下，我们一班的学员经历了三次小组活动。

第一次是完善自画像，画出自己的爱好，并向小组成员介绍自己的爱好，再选出代表进行全班汇报。这次活动要求较低，探究门槛较低，为下一次的探究活动起到了热身作用，组员之间有了初步了解，使探究活动变得轻松，创设了自然和谐的交流氛围。

第二次活动应该是此课堂的重点。不同小组分发了一组"神秘物品"，要求在小组活动中注意观察物品的特点，并将特点汇总，猜测其用途。六种物品无论外形、材质，都令组员来了一次头脑风暴，群策群力，大家的想象力因小组探究而达到极致。在代表将来环节中，展示如此精彩，令教室不时传出阵阵掌声，课堂活动达到了高潮。

第三次活动是在小组交流中完成探究过程的流程图。你一言，她一语，想法太多，导致时间延误。这个活动，其实是对上一个活动理性思考，不单纯参加活动，有了反思的欲望。

在课堂结束时，陈老师讲述了"跳蚤跳高"的故事，启发我们思考人生、思考教学……

回顾三次活动，我们明白了探究过程是一个活跃的过程，在探究中不断地创造着意义。而这一过程并不是杂乱无章的，必须遵循一定的节奏和基本指导原则。

进十月　轻嗅秋之息
——迎"国培"文艺汇演

石嘴山市第二十六小学　胡翠莲

2014 年 10 月 16 日，一场别样的晚会在宁夏大学文科楼报告厅隆重上演——宁夏"国培"（2014）共近 300 名参训教师及各班班主任相聚在这里。宁夏大学教育学院的院长戴联荣、党委副书记张翼、教育学院曾祥岚教授百忙之中亲临会场观看了本次演出。戴联荣院长发表讲话。

晚上 7:00，宁夏"国培"（2014）文艺汇报演出准时开始，伴随着优美的音乐声响起，置换幼教班带来的手语舞蹈《让爱传出》率先登场，拉开了本次欢庆活动的序幕。接下来，诗朗诵、歌伴舞、大合唱等陆续上演，节目内容丰富、形式多样。其中我班的《超级模仿秀》给大家留下了深刻的印象，而青年班带来的双簧《马翠花培训记》将整场活动推向了高潮，笑声阵阵、掌声连连，舞台上老师们或热情奔放、活力四射，或含羞待放、渐入佳境，70、80、90后们活跃全场，尽显个人魅力，让我们看到了学员们多才多艺、多姿多彩的另一面！

紧张的学习之余，为了能够为大家呈现一台有水准的晚会，学员们自觉克服困难、团结一致，在院领导的大力支持以及相关处室的鼎力相助下，匆匆数日，自行筹备了本次活动，无尽的汗水化作舞台上张张灿烂的笑脸、种种神气的姿态，欢欣一刻，一扫数日来的疲惫。

欢乐的夜晚，美好的回忆，留在了培训学院的天空。今夜星光灿烂，明天辉煌卓越。最后，在我班学员大合唱《明天更美好》的熟悉旋律中，晚会圆满结束。让我们每一位学员带着友谊和希望，感恩"国培"，继续踏上教育的征途，付诸实践，共同推动宁夏教育事业的发展与进步，谱写教育教学的新篇章。

我和"国培"在一起

红寺堡区第二小学　白俊兰

初识"国培"，满心的欢喜和期待不言而喻；走进"国培"，整日的忙碌和困惑充盈心头；深入"国培"，紧张的幸福和充实不期而至，每一天都是精彩，每一天都有进步，每一天都有收获。"国培"如风雨阳光走进我的生活，走进我的心里。"国培"以她独特的魅力吸引着我们！"国培"，她更像绵绵春雨滋润着我们的心田。沿着"国培"的大道一路走来，心灵经历了迷茫、忐忑、彷徨、探索、喜悦、享受和收获。

从师范学校毕业就站在三尺讲台上，20年时光一晃而过。在这些年的教书生涯中，我一直努力耕耘在教育这块沃土上，也曾有过不小的收获与成就。但是我不满于现状，闲暇时我常常思考：怎样才能使我在教育这块沃土上能更好地发挥作用，取得更好的成绩呢？正当我为教与学举步维艰、苦思冥想的时候，"国培"，她姗姗地来了，悄悄地走进我的心里。

三个月的"国培"学习，对我既有观念上的洗礼，也有理论上的提高；既有知识上的积淀，也有教学教研能力的增强。这是我汲取小学语文教育教学知识营养大餐的三个月，也是促进我专业化发展的三个月！这次培训就像是寒冬里一抹浓浓的绿意，带给我无限希望！此次培训实现了我走进"国培"、提升自己的心愿。

食堂的晚餐更有趣而令人难忘。食堂顺应了学员们的要求，晚餐多了一道最实惠、大家最想念的饭——刀削面。下午听完课，大家都步履匆匆地赶往餐厅，目的就是为了吃上一口舒心的刀削面。吃面的人从出饭窗口一直排到了餐厅门口，似一条长龙不见头。餐厅大叔站在一旁督促厨师快点儿出锅。面刚一出锅，我们手中的勺子便此起彼伏游荡于锅碗之间。大叔站在一旁乐呵呵地看着。一日我又晚去一步，餐厅里已寥寥数人。大叔见我进来，一边用勺子盛起锅里的饭一边笑着说："刀削面，今天的刀削面好好吃！再来迟了可就没有了！"

"是吗？大叔，我最喜欢吃你们食堂的刀削面了！"说着我拿来碗筷，大叔特别高兴地为我盛了满满一大碗，只为自己盛了一小碗。我问他为什么吃那么一点饭，他的回答很令我惊讶：减肥！我一边吃一边和大叔扯家常，从谈话中才知道他身体不好，不能吃太多，更不能吃油腻食物。

三个月的培训生活弹指般挥去，但培训期间的日子却使我难以忘怀！尤其是那给人带来无限乐趣的工商学院的餐厅生活，还有那可爱的大叔！

四

学做课题

开题引领

盐池县第三小学　李慧香

11月10日，宁夏大学教育学院召开置换研修课题研究开题报告会，会议由教育学院领导及学院指导教师负责，课题研究开题报告会在文科楼召开，学院领导及学院指导教师对学员的课题研究方案是否合理进行了有针对性的指导。会上，宁夏大学教育学院院长戴联荣做了重要指导，要求每个学员结合自己的教学实际对自己的课题作一次全面系统的梳理。各位学员听了戴院长的指导后，纷纷表示回去后会按戴院长的指导意见，认真完善自己的课题。戴院长的指导为我们制作课题奠定了基础。

课题变奏曲

马爱喜　吴桂萍　白俊兰　胡雪晴

初识课题心渺茫，东拉西扯凑成行。
满心欢喜去交差，稿件回复傻了眼。
辛苦奋斗俩月半，千修万改终定稿。
辗转反侧难入眠，定铃五点理思路。
心情忐忑奔A区，今日答辩险过关。
课题虐我千百遍，我待课题如初恋。

幸福的时刻

——开题答辩之感

泾源县教体局　于希花

从梦中醒来，凌晨 4:00。

再也无法入睡！

人到中年，再一次走进大学校园，心中感慨万千，细细想来，竟是满满的幸福。

做课题研究，对我来说是平生第一次，早晨 8:30 的开题答辩，也是开天辟地第一回，有焦虑，有激动，也有期待。

终于开始了，学员一个个在紧张中陈述着自己所研究课题的目的、意义、内容……

三位导师认真地聆听着，匆匆地记录着，而后又将我们的优点、不足，以及他们所给的建议娓娓道来……

他们还是学富五车、令我们仰望的大学教授吗？他们更像是一位小学老师在给小学生上课，是那样朴实、和蔼、亲切。一刹那，我眼眶竟湿润了，是感动！

27 位学员，从早晨 8:30 到下午 5:30，中间只用一个小时吃饭，整整 8 个小时，他们自始至终没有流露出疲乏、倦怠的情绪，就连年长的吴丽莉教授也是精神抖擞！

多么令人感动的一幕！

多么幸福的时刻！

虚惊一场

吴忠市利通区第八小学　韩淑琴

经历了一个多月的开题准备，今天终于结束了，长长舒了一口气。

晚上，刚从外面回来，胡翠莲老师慌慌张张来找我，一把把我拉到她们宿舍着急地说："你赶紧问问张老师，你过了吗？"我说："咋了？"

"张老师说有两个人没过。"胡老师紧张地说。

"不可能吧，是我们整个组还是张老师辅导的我们八个人？"我急切地问。

"不知道，只说是两个人。"

我赶紧拿出手机，给张老师发了个信息。不一会儿，张老师回信："有你，你就是其中的一个。"啊，我脑子一片空白。完了，一个多月的时间白费了……群里面其他学员都在着急地询问张老师。

"看，张老师发了一个偷笑！"胡老师惊奇地喊道，"不会是在跟我们开玩笑吧？"

"不可能，人家张老师哪有时间和我们开玩笑。"我闷闷不乐地说。回想答辩时刻，一切都顺利，怎么会卡呢？我又鼓起勇气给张老师发了信息："张老师，你别吓唬我，我心脏不好。"另一边的郝春燕老师也在询问二次开题的时间，并对张老师表示歉意，这么长时间的准备让张老师失望了。

"你们俩。"张老师又发来了一条信息。

"张老师怎么没把话说完呀，是过了还是没有过？"胡老师在宿舍里走来走去，自言自语道。

"肯定是没过，人家张老师都生气了。"我无力地说。大约过了五分钟，张老师又发来一条信息："过了。"紧接着张老师又发来一张笑脸。

"我的个妈呀，张老师，你不能这样吓人。"我迫不及待发了这样一条信息，这下群里沸腾起来了："张老师你好可爱呀！""吓坏人了，好怕人呀！"

发笑脸的，鼓掌的……信息嗖嗖嗖地都上去了。

张老师这会儿也许是在旁边偷着乐呢！张老师随后跟了一条："谁让你们折磨我呢，课题改了那么多遍呢！"

真是虚惊一场，虽然这次课题挺折磨人的，但是一路走来，跟着张老师学到了许多，过程是艰辛的，结果是快乐的。

我在课题中成长

吴忠市利通区第八小学　韩淑琴

从事了20多年的教学工作，说实话，我对课题研究一直是个很模糊的概念。总以为作为一线的教师，搞好教学就行了，搞课题研究那是专家们的事。今年在为期三个月的"国培"脱产培训中，我终于明白教师为什么要做课题研究及怎么去做。在课题研究中，我不断学习着、实践着、反思着、收获着、成长着。

"国培"脱产培训课程中，要求每一位学员根据自己的实际确定一个课题，如何确定课题？确定什么样的课题，让我辗转反侧，苦思冥想，无从下手。正在这时，宁夏大学周福盛教授和李冲锋教授及时给我们进行了一次专题讲座《教育科研——过程、选题与设计》《教师如何做课题》，使我明白了课题就是从自己的课堂教学、学生身上、教师自身、教材中、考试评价、社会需求等方面进行选题，选题的范围不能太大，目标要明确。周教授的讲座给我指明了一个努力的方向。于是我注意通过网络资料查找一些专家同行的课题研究。渐渐地，我明白了课题研究是探索教育教学方法，不断提高自己的教学水平之路，教师做课题研究不是加重教师的负担，而是让我们的教学变得更轻松。正如苏霍姆林斯基所说："如果你想让教师的劳动能够给教师带来乐趣，使天天上课不至于变成一种单调乏味的义务，那你就应当走上从事研究的这条幸福的道路上来。"

在指导教师张爱琴老师的指导下，我根据本校学生的实际情况，确定了

《小学语文课内外阅读集合的策略研究》的课题。为了能够做好这个课题，我在导师的帮助下，上网学习，查找这方面的资料，了解了专家同行的一些好的做法和他们研究的现状，并在他们研究的基础上，提出了自己的创新之处。在指导教师张老师的指导下，我一遍又一遍修改着自己的课题，在修改的过程中不断查找资料，学习着、思考着、反思着。有行动就有收获，在不断的学习中，我不但掌握了许多理论知识，学到了一些专家同行们好的做法，更使得我明白了教师做课题研究的目的和意义。在研究课题的学习中我渐渐成长了。

回到工作岗位，我带着自己的课题，一边学习，一边摸索如何依据教材，挖掘阅读资料，找准课内阅读与课外阅读的结合点，引导学生由课内掌握的阅读方法进行更深入、更广泛的课外阅读，激发学生学习的欲望。在教学中，我先根据教材内容进行课外拓展，如学习《手捧空花盆的孩子》这篇课文时就教育孩子要诚实；同时我引导孩子阅读《列宁打碎花瓶的故事》，从思想内容上对两篇文章进行结合。《动物过冬》讲述了一些动物过冬的方式，学完这篇课文，我带孩子们走进学校图书室，阅读有关动物如何过冬的书籍。孩子们在查找的过程中，不仅了解了其他动物过冬的方式，还了解了更多有关动物的知识。在那段时间里，特别是男同学都沉浸在动物世界之中，大大激发了孩子们阅读的兴趣。孩子们读书的兴趣也促使我不断摸索课内课外如何结合、有效结合的策略是什么、如何让学生能体验到阅读的乐趣。于是，我在本班开展了有关动物的知识竞赛，还特意请来一些家长观摩这次比赛，最后还对优胜者进行奖励。利用这一活动，我向家长们讲述了阅读对孩子成长的意义，家长们应该如何去帮助孩子培养阅读习惯。通过这一活动的开展不断激发了学生的阅读兴趣，更激发了一些家长的参与意识，渐渐地孩子们喜欢上了阅读。

如何帮助学生养成良好的阅读习惯，在教学中，我不断探索、实践，我向同行有经验的教师讨教，借鉴前辈们在这方面的一些具体做法，帮助孩子们制订了一份读书计划，每天坚持读十分钟阅读，中午进行午读，每学期坚持读完五本课外书。为了督促孩子们养成良好的读书习惯，我设计了一份读书表，内容有读书内容、页码、家长签字。在孩子们读书的过程中，我也坚持每天中午坐在教室里陪孩子们读书，孩子们读一本书，我读两本书，课下我和孩子有了交流的共同语言，孩子们更亲近我了，也更喜欢语文课了。经过一段时间的实践，我发现孩子们的语言表达能力提高了，识字量增加了，日记的内容也更丰富了。

我一天天地感觉到孩子们更可爱了，我的语文课更丰富了，我的教学更轻松了。在教学中我享受着语文课带给我的快乐，我真正感受到，作为一名语文教师是幸福的。这一切都源于这次"国培"中我对课题的研究和理念的更新，促使我慢慢地成长。感谢"国培"让我的思想上得到了洗礼，精神上得到了鼓舞，理念上得到了转变。相信有了"国培"，教师专业成长之路会走得更远；有了"国培"，教育事业的明天会更加灿烂辉煌。

我学会了撰写课题开题报告

银川市西夏区第十一小学　徐鸿丽

国家计划置换研修有一个重要任务是课题研究。因此，培训项目办安排了三个关于课题研究的讲座，从不同的角度和侧重点介绍如何进行课题研究。

8月25日安排的讲座是宁夏大学周福盛教授的《教育科研——过程、选题与设计》。我认真地研读了周教授的ppt讲座稿，认识到教育科研的意义和作用在于：探索教育教学方法，提高教学水平，思考教育理论问题，提升自身层次，挖掘教育生活价值，升华工作境界；明确了教育科学研究的过程有选题、设计、实施、分析、表述五部分组成，了解了教育科学研究的基本方法和研究设计的基本结构。特别是选题这部分我一遍又一遍地研读，终于搞明白了选题的方法、原则及注意事项，这是课题研究至关重要的第一步。

9月2日，我又倾听了宁夏教科所支爱玲老师的精彩讲座《教育科研方法：调查法和行动研究法》，她告诉我们教育科学研究经常使用的方法有文献研究法、调查法、观察法、行动研究法等，强调采用调查法时设计调查问卷的注意事项、访谈的技巧等。

9月6日，培训班安排我们和指导老师见面，每一个指导老师分配8位学员，我的课题指导老师是华俊昌老师。那一天因工作忙他没有来，班主任马丽老师对我们提出要求，先根据自己的实际选题情况请指导老师帮助确定课题。研究什么呢？我在苦苦地思索着。选题是教育科研的关键，选题就是选择确定研究问题，将一般教育问题提炼上升为教育教学研究课题的过程。选题决定研究方向和范围，制约研究过程和方法，关涉研究价值和意义、衡量研究意识和能力。具有研究价值和可操作性的问题才能成为课题，课题来源于我们教育教学中的困惑。我们研修的小学语文，选题的范围必须是小学语文教育教学。

如何提高学生的写作能力，同时还能提高学生阅读能力，是我多年来的困惑。充分利用教材挖掘课程资源，在课堂上经常进行习作练习，让学生在润物细无声中提高写作能力和阅读能力，这是我一直思考的问题。对了，就进行补白研究，确定课题题目为《小学高年级语文记叙文教学中"补白"训练的尝试》。于是，我到"国培"骨干班QQ群中下载《宁夏"国培计划"农村中小学教师置换脱产研修课题申请评审书》进行填写。我按照培训班给的开题报告模板要求填写相应的内容，认为万无一失，信心满满地发给了指导老师华俊昌老师。

9月25日，华俊昌老师来到工商学院小剧场做讲座，我紧抓机会，利用课间休息时间请华老师指导。他问我："补白是什么意思？补白是你自创的还是从网上查来的？"我回答："补白就是利用文本中的空白点进行补充，表达自己的认识、理解、想法。不是我的自创，也不是从网上查阅所得，是一次到兴庆区景岳小学参加教研活动受到的启发。"华老师说："我建议你重新选题。"我当时如同当头一棒，不行？为什么？难道华老师不知道补白是什么？休息时间很快过去了，又开始讲座，华老师讲什么我哪里听得进去，满脑子都在想为什么。突然听到华老师讲："刚才我看了给我分配的几位学员课题的选题，问题不少，选题要选择我们教学中遇到的困惑，值得研究的问题，不是去推广更不是搬移，别人研究的东西不一定适合你。"我恍然大悟，原来他认为我在搬移别人的东西，在进行推广并不是研究。我很不情愿，还没研究怎么知道不适合我？为了让指导老师更加了解本课题的研究价值，我精心补充说明了本课题的研究目的，又发送给指导老师。

9月12日，马丽老师征稿："我给大家串讲一下开题报告的写法，谁的开题报告发给我，上课时做例子讲解。"我第一个自告奋勇连忙举手大声高喊："我的给你。"讲座时老师明确题目的表述为××（定语）小学（是否分段）语文××（主要内容）××（侧重点）的××（研究类型或方法）研究，又用我的开题报告为例讲解题目的表述，我们是教学第一线的老师，课题要在教学实践中进行，是行动研究，课题研究不是尝试，而是探索与实践，所以题目应改为《小学高年级语文记叙文教学中"补白"训练的探索与实践》较适宜。接着马老师详细介绍了课题研究的目的、意义、目标、内容、思路、方法、步骤等表述方法，以及国内外研究现状的评述等。因为缺乏资料，马老师又教我们查阅资料的方法，专门安排机房指导老师指导我们查阅资料。特别是参考文献的编排是有严格规定的，必须严格按照《文后参考文献著录规则》要求的格式编排。马老师的讲座让我受益匪浅，思路清晰起来，找到了自己的不足之处，立刻修改课题开题报告。这一次更规范了，又发送给了指导老师华俊昌老师。

等了一个星期又一个星期，华老师没有回应。同学们在指导老师的指导下已经修改了三四稿了，我心里开始七上八下。是因为老师让重新选题我没有执行的原因吗？离答辩的时间越来越近了，我也越来越着急，怎么办？重新选题，只能这样。选题范围太大，无从下手；问题太小，范围太窄，意义不大；课题太难，资料缺乏。我研究什么呢？再度陷入困境，我在教学中的困惑就是怎样才能提高学生的写作能力。文本中不仅仅只有留白是习作资源，还隐含着许多有待于我们开发的习作资源，研究的范围更广，而且"补白"也包含其中。我就确定研究的课题为《小学生语文课堂习作资源的开发与利用研究》，加班加点撰写开题报告，写好后连同前面的课题一起发给了指导老师，请他帮助确定课题，当仍无消息。我坐不住了，发短信催促，华老师回了一个字："好！"意思是知道了尽快给我看，虽然只有一个字的回复，总比杳无音讯的好，我等啊等，究竟行还是不行，不行问题在哪里？我煎熬着。

跟岗实践老师马丽来学校巡视，我央求马老师给我看看，马老师两天后反馈给我，我打开一看红红的批注一片片，再仔细看看批注内容我傻眼了。

只有实践意义而欠缺理论意义。什么是实践意义，什么又是理论意义？文献综述要针对课题所涉及的关键问题，内容全面简洁，国内外专家学者教师关于本课题提出什么观点，与本课题密切相关的研究成果，特别是最新成果。既要"述"也要"评"，"评"的重点在于指出已有研究的不足和值得进一步研究的问题或领域。研究思路是如何一步一步地进行研究，实践操作法和总结反思法不是研究的方法，刚刚开题还未研究不可能已经形成创新之处，只能是在理论上丰富前人研究，提供一些新经验。这些问题如何解决主要还在于语言表述方法上。再一次当面请教马老师，认真细致地研究了马老师给的优秀开题报告范例，一字一句反复斟酌、推敲，完成了第四次修改稿。

11 月 5 日晚上 11:34，华老师以短信的形式给了我指导意见，我非常激动，指导意见是："课题总体结构完整，内容比较翔实，建议数据表中题目要填写完整，课题类别填基础教育，主要参加者选择本市县学校帮助你做课题的教研员或老师。"看到这条短信我非常感动，原来华老师工作太忙了，在大家已经休息之时他还在给我们修改课题。于是立即回了一句："谢谢！"紧跟着叮铃又一条短信："如果研究第一个题目建议为《小学高年级语文记叙文补白训练的探索与实践研究》。"天哪！这么忙竟然给我看了两个课题开题报告，不由得自责起来，不应该发两个开题报告。连忙问："华老师，你认为哪一个好一些？"他说："第二个更有意义。""好的。"已经深夜 12:00 了，我不能再打扰华老师休息了，赶紧给他说声再见。趁热打铁立刻修改发送过去，华老师回复："可以答辩。"太好了，多少天来的压力一下子卸了下来，多少天来的愁云一下子烟消云散。

11 月 10 日，我满怀信心到文科楼 320 室答辩，教室里有三位导师指导答辩，不仅有 28 位参加答辩的学员们，还有几十个大学生，会场非常严肃。我清晰流畅地陈述了开题报告，三位导师对研究目的和研究内容的表述方法进行耐心指导，认为在研究思路中突然出现高年级有些唐突，如果只研究高年级就要进行界定，题目应改为《小学高年级语文课堂习作资源的开发与利用研究》。我认真记录，倾听其他学员的陈述及指导老师的意见，对我的开题报告进行修改，利用休息时间请教华老师语言表述是否准确，在华老师的指导下终于完善了课题报告。

在撰写开题报告过程中有煎熬、有辛苦，有喜悦、有收获，有幸福、有感激。我终于学会撰写课题开题报告了，体会到发现之乐、创造之乐、成人之乐。如果想让自己的劳动能够有乐趣，不使天天上课变得单调乏味，我们就要走从事研究的这条幸福道路。

五

"影子"实践

跟岗，实实在在地来了

　　"国培"，如一缕清风，带着春日的和煦走进我们每一个人的生活中，从未奢望过自己还会重新再做一回学生，惊喜已摆在眼前。当我们已经习惯于每天三点一线的学校生活，经历了两个月的理论知识培训，还未来得及将汇报演出后的喜悦完全品尝时，跟岗，实实在在地来了。

　　季节轮回之时，秋冬交替之季，微寒的早晨，我们站在了各自跟岗实践学校的大门口。多少个这样的星期一，伴随着雄壮的国歌，看着孩子们高高举过头顶的手臂，我们的心竟是那样的激动，仅仅几个月的时间，这样的场景让人觉得无比亲切。不同的校园、不一样的面孔，传递的却是同一个温情的字眼——教育。如果教育是一座馨香的花园，我们必是那耕作的花农，来到这里，我们期待着未来自己那一亩三分地也能如眼前一般绚烂。满怀憧憬，忽然觉得自己在这里一定会有一个质的飞跃。因为当年，我们就是从实习开始，在指导老师的引领下走上了讲台。那年，我们战战兢兢；而今，已至中年，却有了一种即将腾飞的冲动。

　　跟岗实践，犹如一张宽大的跳板，这里，是我们远航的又一起点！

　　学习是一件很辛苦的事情，就看你能不能换一种心态来感受。如果你觉得是一次难得的机会，就会去珍惜；如果你有收获和进步，就能感受到愉悦和欣慰；如果你能把它看作是一种少有的生活，你就能用心去感受，享受生活的情趣。我们常常羡慕别人生活得很幸福，慨叹幸福往往与自己擦肩而过，甚至越走越远。其实，幸福就在你的心中。幸福是你感受到的，不是你千辛万苦找到的。如果你拥有阳光的心态，你就能享受到生活中的阳光，感受到阳光般的幸福。

唯有不断学习，才能不被淘汰

——西夏六小跟岗培训心得

彭阳县红河乡中心学校　任三睿

西夏第六小学始建于 1997 年，前身为银川铁路职工子弟第二小学，2003 年更名为西夏第六小学，2012 年 9 月迁址新建。学校现有教学班 30 个，学生 1379 名，教师 78 人，各级骨干教师 25 人，骨干教师占教师总数的 32%。学校拥有充足的现代教育资源，各功能室健全，使用率高。

年轻而富有朝气的西夏六小，在精明能干的石丽娟校长的领导下，在全校师生的共同努力下，学校正在走向初具规模、具有明确方向的发展之路。学校树立了两个字的办学理念：一个是"润"字，一个是"悦"字。学校始终将这两个字践行于日常教育教学实际当中，学校的每栋楼、每条路都因此而起名，诸如润德楼、润善楼、润智楼、悦阳大道、悦心路等。学校由外部建设到内部管理逐步走向了可持续的发展之路。

精妙的校园文化理念渗透到了日常管理当中，渗透到了党建、校务工作当中，渗透到了各种功能室的管理和使用以及各种特色的兴趣小组（27 种）活动中，渗透到了学校点点滴滴的日常教育教学管理活动中。

与副校长张琴风的谈话更令我感动——"刚搬新校址，新的组合，人心波动，问题多如牛毛。随着领导层出头肯干，教师们也就跟着干起来了，现在的工作思路清晰，人心向上，富有激情……"是啊，任何工作，任何集体，工作的关键是人的问题。一个勤奋、富有思想内涵的领导更是关键。如何调动教师的积极性是一个学校走向发展亘古不变的话题！愿西夏六小的路越走越宽！

回想我们南部山区的教育，特别是农村地区，虽然受一定客观因素的制约，但更主要的原因是主观上安于现状，部分教师思想消沉、不肯钻研学习，管理凭经验，教法老一套。近几年，虽然有了一定的转变，但部分工作仍停留在应付的层面上，发展速度缓慢，效果不佳。要想改变我们的教育现状，只有不断地学习！

难忘西夏十小　有缘如影随形

大武口区文教局教研室　徐惠珍

经过一个多月的理论培训，终于盼到了到影子学校深入学习的这一天。一进入银川市西夏区十小，我们就立刻感受到了这个学校的朴实厚重。这里没有华丽的校舍，没有若大的场地。但是我们感受到了严谨的学习氛围。热情的领导团队，认真的教师群体，可爱的学生娃娃，让我顿时倍感亲切，乘车而来的疲劳顿时一扫而空。

在师徒见面会上，我们得知银川市西夏区第十小学始建于1982年，位于西夏区文昌北路东塔巷38号，与美丽的西夏公园毗邻，环境优美，交通便利，是读书治学的好地方。学校占地面积14157平方米，建筑面积4148平方米，在校学生1741人。教职工71人。近年来，在上级政府及教育部门的大力支持下，在学校的积极努力下，陆续建成了标准的篮球场、足球场、200米塑胶跑道、水冲式厕所及逸夫综合楼。学校现有银川市一流的多功能教室、舞蹈大厅。还有现代化教学的多媒体电子教室，在西夏区率先达到一人一机。为了配合教育教学活动的开展，学校设有专用的语音室、电子琴室、美术画室、图书阅览室、自然实验室、教学仪器室、体育器材室、乒乓球室、台球室，党、团、工会、少先队组织活动室等。这些科室的构建为师生的学习、活动创设了一个平台，使他们的才能在这个平台上得到了展示和升华。

历经32年的风雨，西夏十小逐渐发展成为一所具有现代化教学设施、环境优雅、绿树成荫、花草茂盛、人文气息浓厚的新型学校。校园内有教学区、运动区、生活区、园林区四大板块。通过培养学生"学会做人、学会健体、学会创造、学会选择、学会抗挫、学会合作、学会学习"等，全面提高学生的综合素质。使每个学生朝着品行好、基础牢、体魄健、能力强、有特长的方向发展。学生科学文化和艺术教育并进，成立了拳术、舞蹈、书法、田径、足球、棋类、科技等十多个兴趣小组，并在各级各类比赛中取得了好成绩。教师队伍整体素质高，有自治区人民代表大会代表、自治区"三八"红旗手；自治区先进教育工作者、银川市"十佳"老师；以及自治区、银川市、西夏区模范班主任、优秀教师、优秀辅导员、优秀教育工作者等荣誉称号获得者。学校的整体工作多次受到上级有关部门的表彰和奖励，成为西夏区的窗口学校。

面对新世纪的机遇与挑战，学校坚持"三个面向"的方针，以"创一流学校，育一流人才"为目标，紧紧抓住国家基础教育课程改革的有利时机，建立国家、地方、校本三级课程体系，倡导自主、合作、探究的学习方式，构建具有时代特色和地方特色的办学模式，跻身于强校、名校之林。努力把学校建成"学园、家园、乐园、花园"四位一体的新型学校。

影子培训这三周下来，我们受到了西夏十小领导和老师们的热情接待和无私帮助，开阔了视野，丰富了知识，增进了友谊，收获很大。这次培训，我听了近40节课，参观了西夏十小校园绿化、文化、建筑风格及功能分布情况，听了西夏十小的五节公开课和两节评议课，观摩了周一升国旗及国旗下讲话、课间跑操，聆听了校长的报告会，旁听了西夏十小每周一次的行政办公会。

这次培训，时间虽短，但安排紧凑，内容丰富，接触面广，参加的活动多，涉及的范围广，可谓受益匪浅。在听课和交流中我们体会到西夏十小老师先进的教育理念。教师们教态自然，口语流畅，注重学生的情感教育和学生良好的学习习惯的培养。其次，课堂气氛活跃，学生积极主动参与，教师评价及时，能够激起学生的学习兴趣。每一位老师在集体备课的基础上，结合自己学生的实际情况，设计出具有自己特色的教学方案，知识的讲解非常到位，注重重难点的突破，给学生独立思考、交流讨论、质疑的机会，关注每一个学生的发展。她们不仅爱岗敬业，更是建立起了和谐的人际关系，为学校的发展尽力，值得我们每位学员学习。

感受温暖　收获精彩

银川市西夏区第十一小学　徐鸿丽

今年有幸参加"国培"计划（2014）宁夏骨干教师脱产置换研修培训，接受了两个多月的理论学习洗礼，10月20日，我们六位"国培"骨干班培训学员和一位青年班的培训学员怀着收获的心情，来到西夏区十一小，一个立足传承"启迪童年　放飞童年"，给师生增强幸福感的地方参加为期三周的跟岗实践学习。在学习实践期间，实习教师非常珍惜这难得的学习机会，深感这次培训任务之艰巨，决心抓住这次千载难逢的机会来提升自己的业务工作能力。根据"影子实践"研修手册的要求，细致观察指导老师的日常教学行为，感受学校的教育理念和特色，深刻体验、领悟指导教师的教学思想、实践智慧。通过近半月来的学习，收获颇多，感触颇深。

1.　领导重视　接收影子教师

10月17日，在宁夏大学文科楼一楼报告厅召开"'国培计划'（2014）宁夏骨干教师置换脱产研修跟岗实践布置动员大会"。西夏区教育局非常重视"国培"工作，要求城市学校必须全部接收影子教师跟岗实践，各校校长也参加了动员大会，西夏九小代表西夏区进行了跟岗实践活动经验交流，宁夏大学教育学院戴联荣院长做出了周密的安排部署，曾祥岚副院长向全体学员提出跟岗要求。

2.　精心安排　享受热情接待

西夏区十一小是第一次接待影子教师，全校都非常重视，校领导慎重确定指导老师人选，还召开了影子教师和指导老师见面会，一对一师徒结对，大家自我介绍，相互沟通。学校精心部署影子实践活动，制订了指导教师授课计划，影子教师不但听自己指导教师的课，还要听其他指导教师的课，博采众长、取长补短。学校也邀请影子教师多听学校刚刚参加工作的几位老师的课，给予其指导，以便青年教师快速成长。学校还专门安排一个办公室供影子教师办公学习，提供水壶、茶叶等日用品。影子教师来到西夏十一小受到了学校领导和指导老师的热情接待，倍感温暖。

3. 走进校园　感受校园文化

影子教师走进校园第一眼看到的就是学校一名领导值周，每天早晨迎接师生进校门，中午护送学生安全离校，下午4:50静校，学生听到静校音乐快速离校。值周领导要对文明礼仪、校园安全、卫生纪律、放学路队和学生到校情况等方面进行检查，发现问题及时处理，促进学生文明行为习惯的养成。在校园里，我们拍摄、追寻一个个美丽的瞬间，边拍边询问着、欣赏着、探讨着、感动着……你们学校书香校园是如何创建的？班级图书角的书从哪里来的？升旗仪式值得借鉴，等等。让影子教师感动的一幕是中午放学排路队的场景，从班门口到学校巷子口不到10分钟的路程，学生边走边朗诵古诗词、名言警句，校园里诵读声此起彼伏，不仅积累了经典美文，还有效控制了学生打闹、吵闹的现象，我们要把这个好办法搬到我们学校去。大课间活动中，影子教师和学校师生一起先做操，再一起活动，然后进行观摩，各班按照安排每天到体育器材室领取活动器材，在规定的地点由班主任组织活动，高年级打乒乓球、打篮球、踢毽子、跳大绳，低年级跳单人绳、跳皮筋、做游戏、跳广场操，老师在打羽毛球，大课间活动内容非常丰富，而且有序。袁梦莹老师感慨地说："我是大队辅导员，回去以后开展大课间活动我也有招了。"最让影子教师欣赏的是学校蕴藏着深厚的文化底蕴，散发着人文气息，两个校园文化墙营造出校园古色古香的文化韵味。学生坐在长条椅上既能看看球赛又能休息、读书，学生们课间在五颜六色的汽车轮胎上蹦蹦跳跳，还可以坐着休息、聊天，有的爬杆、有的玩双杠，孩子们在这里快乐地尽情玩耍，这里充满了孩子们的欢声笑语，这里留下了孩子们美好的童年时光。

4. 走进课堂　收获精彩课堂

为促进教师专业成长，学校开展校本教研分层次活动，党员、骨干、组长示范课，引领青年教师学习进步；预约听课、推门课，促进了教师提高课堂有效性；青年教师汇报课，促进了青年教师提高教学技能；在三周的跟岗学习的日子里，影子教师领略了党员、骨干、组长先进的教育理念和对工作一丝不苟的敬业精神、扎实的专业知识、丰富老道的经验，感受到青年教师谦虚好学的工作态度。在四年级丁晓雯老师的课堂上，老师要求学生搜集在生活中、在校园里哪句话印象最深？一个孩子说："我们校门口的校训'好好学习 天天向上'虽然只有 8 个字，但寓意深刻，它时刻提醒我们认真刻苦学习，每天有收获，每天有进步。"还有一个学生回答说："在升旗仪式上大队辅导员教育我们只有小时候弯弯腰做小事，长大了才能抬起头做大事，要求我们在校园里见到纸片弯腰捡起来虽然是小事，但是养成了好习惯，形成了好品德，终身受用。"教师的课堂完全和校园的点点滴滴及学生行为习惯的养成融合在一起。尤其是一年级唐老师的课干脆利落，拼音的发音非常准确，利用手势帮助学生发音，培养学生的语言表达能力，对表现突出的学生给予鼓励表扬，对不利于学习的行为绝不迁就，有效地组织了课堂教学。周四参加学校教研活动，授课教师先说课、自评，其他教师畅所欲言，肯定优点，客观地指出不足，共同探讨商榷的地方，交流研讨，进行思维碰撞，相互学习，共同提高，教研氛围非常浓厚。在观课议课的过程中，影子教师能够变换角度审视自己的日常教育教学工作，在新理念的引领下，不断反思、调整教育教学观。

5. 走上讲台　展示教师风采

第三周，影子教师推选出两名学员代表上汇报课，她们两人的精彩展示让老师们赞叹不已，回味无穷。青年班袁梦莹老师的《搭石》一课，突显了随文识字教学，采用选择注释、出示图片、学生表演等方式帮助学生理解课文中的词语，指导非常到位。骨干班白俊兰老师的二年级《窗前的气球》一课让听课教师为之叹服，整堂课充满了活力，每一个环节、每一个动作、每一句话都让人赏心悦目。她的幽默风趣、活泼开朗的性格特点让学生很快喜欢上了她，她就像一块吸铁石紧紧地把学生们吸引在自己身边，采用各种游戏吸引学生的注意力，同时对学生进行思想品德教育，牢牢地把学生抓在手中。当讲到一个红色的气球摇摇摆摆地爬到窗前时，白老师一边拖着腔说着一边做摇摇摆摆的动作，柔软而又滑稽的动作引得孩子们哈哈大笑，让孩子们在轻松愉快中掌握了"摇摇摆摆"这个词。无论是读书还是写字她都给学生做出了榜样，要求学生认真读课文，她也和学生一起读课文，而且非常的专注、投入；在黑板上的板书每一个字的书写都规范整齐，而且边写边分析字的间架结构，强调应该注意的地方，让学生跟着书写。她的识字教学方法非常灵活，借助拼音读、去掉拼音读、指名读、开火车读，挑出有共同特点的字让学生观察，反复认读，进行巩固。把"写"放在课堂上，提示学生写字时"一看二写三对照、一个要比一个好"，这个温馨提示其实就是对学生写字的要求，把马兰老师的理论指导恰到好处地运用到教学实践中，识字教学扎实有效。评价语言形式多样，激励学生有技巧，发奖品、摸摸头，还有激励性语言。如要求学生自由读课文学生却齐读，老师没有直接指出学生的问题，而是说："老师要求大家自由读课文同学们却齐读，说明我们班很有凝聚力。学生指出课件上有一个字错了，老师勇于承认自己的错误，还教育学生要细心不能像老师这样粗心，马上把课堂生成转化为教学内容，随时调控课堂。在整个课堂上贯穿了对学生学习习惯的教育，纠正学生坐姿、握笔姿势，要求倾听他人发言。对于二年级学生来说，学习习惯的养成至关重要，将会受益终身。白老师的精彩展示给十一小的老师留下了深刻的印象，是一节令人回味的示范课，是"一顿高营养大餐。"跟岗实践结束，学校老师只要见到我，就会津津乐道地谈起白老师独到的教学方法，对她都是啧啧称赞。

跟岗实践研修是"国培"的重中之重，是每一位置换研修学员理论结合实践的重要阶段。三周的实践学习，使我真正感到教育是充满智慧的事业，深刻意识到自己所肩负的责任。影子教师要将这些"高营养"的知识"大餐"进行梳理、打包、咀嚼、消化，最终内化为自己教学的资本，在教师专业化成长的道路上走得更快，走得更好！

让爱搭建学生展现自我的平台

——跟岗实践感悟

海原县关庄学区　包宏烈

"语文教学是涌动着热烈的教学情、学习情，和各种丰富细腻的情感场。"

的确，教育没有了情感，就成了无源之水。在跟岗实践期间的一节四年级语文课上，这句话得到了有力的诠释。让我真切感受到教师在课堂上对学生的那种关爱、信任和期望。她以饱满的热情塑造了整节课的精彩，充分体现了教师丰富的教学经验和教学魅力。更为重要的是，通过教学活动，让学生的个性得到了张扬，情感得到了升华。

那是一节单元拓展课，执教老师是西夏区第七小学李祥凤教师。课堂上，她对学生非常地亲切，富有激情，在她谈话导入时，她说："同学们，今天我们上单元拓展课，让你们再一次大展身手，我相信每个同学都有很多积累，今天看看谁表现得最好。"她的这种对学生的期望和信任，给了学生展现自我的欲望。其中一个女生背诵了一首儿时妈妈教给她的儿歌，背诵时神情专注，情感投入，令每个在场的学生都非常激动，李老师走过去拥着她的肩说："看着你这么有情感、这么投入，老师很激动，老师想知道这首儿歌讲述的是一个什么故事，你能告诉大家吗？"看着老师对自己这么关注，小女孩自豪地讲起来了，在讲述中，她是那么自然、大方，语音是那么清晰、流畅，听课老师们私下都赞不绝口，这就是爱的力量，她让学生通过成功的体验，激发了学习兴趣。

在引导学生进行学法指导时，李老师说："这一单元我们学了好几篇写动物的文章，老师今天带你们去认识更多的作家，看看他们是怎么写动物的。"然后出示了一篇新的课文，引导学生用学过的方法去学习，学生自学后，教师接着问："你觉得哪些自然段很有趣？"大家踊跃发言，其中一位男同学把手举得很高，几乎要站起来了，李老师急忙走过去，微笑着说："某某同学，请你来回答！"这个小男孩抑扬顿挫地说："请同学们跟我来到第六自然段，作者用细腻的笔触，写了大公鹅的有趣，作者从……"孩子精彩的语言组织，不仅仅让教师满意，连听课的老师都感觉不可思议，只见李老师轻轻拍拍他的肩膀："某某同学不仅读懂了这篇文章，而且用前面学到的知识来学习新课文，真的让老师很佩服……"这样简短的评价，让学生充满了自信，接下来的发言更热烈。李老师始终面带微笑，与学生亲密相处，与学生亲切交谈，在浓郁融合的氛围中，指导学生去领会，去感悟，去贴近文本，真正体现了教师为主导、学生为主体的教学理念。总之，在这节课上教师与学生互动交流开展的极好。课堂因为学生而精彩。

"给孩子一份爱,孩子会还老师一份精彩。"由于孩子们的精彩,让我真切感受到,作为一个语文教师,对学生的口头表达能力和对语言的感悟能力的培养是何等的重要,像李老师对学生那种如亲子般的爱和信任,让孩子在幸福愉悦的氛围中获得了成功的体验,在这个情感场中,师生之间交流着种种热情,互相影响,互相促进,使教学中充满着教与学的成就感、满足感。我们在为孩子们精彩而感叹时,不得不为李老师那种高超的教学技能而折服。

"采他山之玉,纳百家之长。"这次置换脱产研修学习让我们开阔了眼界,无论是聆听专家、教授的讲座,还是观摩学习,我们都将努力做到扬长避短,求得自身综合素质的提高。这对我们今后在实施新的理念开展高效课堂教学活动时都将会产生深刻的影响。

感动之余,还得感谢"国培"的精心安排;感谢"国培"给我的精彩;感谢"国培"让我在语文教学中走得更远。

优雅,从这里开始

——银川市第二十一小学跟岗实践随记

中卫市第八小学　马迎梅

2014年11月,微寒的早晨,我们一行11人来到了银川市二十一小学,完成"国培计划"研修项目集中培训中的最后一项工作——跟岗实践。

对于全区所有的小学教师来说,二十一小学在我们心目中犹如信徒们心中的圣地,对她,我们充满了向往与敬重。在我看来,在自己为人师的道路上,能在这里接受更加完备的学习,实属幸运。三周的时间过得飞快,这里教会我很多,更让我找到了育人的方向。

"优雅"这个词语总让我们想起婀娜的女子,充满气度的绅士,从未想过一所学校也会给我留下这样的印象,而且值得用毕生的时间去品味、去学习。

镜头一：做一个优雅的中国人

一年级的孩子，很难理解优雅的意思，起初我很难理解老师怎会将这样"高深"的意念植入学生心中。可是，当我真正融入其中时，我真切地感受到了教育的力量。王艳红老师是一年级三班的班主任兼语文老师，在她的课堂上，每天铃声响起，孩子们都会稚气地齐诵三句话：说一口流利的普通话，写一笔漂亮的汉字，做一个优雅的中国人！课堂上，老师教会孩子安静又快速地摆好学习用品是优雅、用合适的声音说话是优雅、帮助小朋友回答他不会的问题也是优雅……在这些细细碎碎的"优雅"中，课堂被浓浓的雅致所包围，老师不必"声嘶力竭"，孩子们也不会"忘乎所以"。课下，王老师在孩子们面前做出榜样，使他们看到优雅的人应该怎样与别人相处，不奔跑、不喧哗、不打闹，文明、礼貌、谦和、快乐，在这样的氛围中，孩子们从小感受到的是可以触摸到的正能量。

镜头二：国旗下的优雅

银川市第二十一小学有一个习惯，每天早晨都会升国旗。起初看到在没有老师的情况下，升旗班级每天 8:00 准时将国旗升起，没有老师督促，没有特别隆重的仪式，我在心里感叹：这所学校的孩子自我管理能力真强。忽然有一日，国歌响起，站于操场的我看到了令我吃惊的一幕：操场上所有的孩子都以最快的速度来到国旗下，来不及赶到的就在各自所在的位置，大门口、楼梯口、操场边、健身器旁，他们肃立于国旗下，高高地举起手臂，注视着国旗。那一刻，我看到了他们身上所迸发出的精神，真切的对国旗的热爱！

第二天的一幕，我实实在在地被感动了，仍旧是国歌响起，我恰好走上二楼，看到班里孩子各自站在座位旁恭恭敬敬地敬礼，而楼梯上的两个男孩，以最快的速度冲到了楼道尽头的窗户下，因为窗户只高过地面 20 公分，他们只能蹲在那扇小小的窗户前注视着国旗，手臂举过头顶，仍看不清楚时，孩子干脆单膝跪在了地上。看着他们小小的身体，我的心被融化了。孩子，该是怎样的力量让你们可以如此虔诚地对待这面万人瞩目的国旗啊！在当今社会人们日趋冷漠的时候，是你们让我看到了人性中那份真与美！

镜头三：校园，折射优雅的魔镜

在二十一小的时间虽然只有短短的三周，但是在这里，我充分体验到了身处其中的幸福感，迎面走来的老师们那亲切的目光，擦肩而过的孩子们声声可爱的问候，门房师傅们尽职尽责又不失和蔼的处事方法，无不让你感受到和谐与温馨。校园，给予孩子们快乐成长的轻松氛围，他们不急不躁、温文尔雅，一切都是那么秩序井然。教室里墙壁上的评比栏，后面的墙报，带给他们的是竞赛的快乐与胜利的喜悦，校园里孩子们的欢笑声，无不在诉说着这所学校的内涵与魅力。对于孩子来说，二十一小是他们成长的摇篮；对于老师们来说，二十一小，给予他们潜心育人的深厚根基。

银川市第二十一小学，优雅，从这里开始！

卜算子·影子教师

原州区第七小学　哈瑞珍

甲午深秋之际，有幸跻身"国培"。
漫步校园林荫，浸润书香气息。
聆听导师教诲，恰如醍醐灌顶。
身临高效课堂，感我理念闭塞。
体味常规管理，尽显民主和谐。
感悟班级文化，彰显个人培育。
笔拙无以抒怀，词穷不能达。
涂鸦卜算子一首，聊以为感！
首府人杰地，名师汇聚处，
影子教师齐聚首，"国培"于首府。
翻转课堂鲜，白板更自由，
高效课堂异彩呈，我等获无穷。

"国培""影子教师"培训总结

吴忠市利通区第八小学 韩淑琴

紧张充实的"国培"第二阶段——"影子教师"实践研修阶段一晃就结束了。在西夏区回小学习的这三周来，我们每天都有新收获，每天都在感知、感悟、感谢中得到充实。诸多收获，诸多感动，诸多不舍……

西夏区回小是一座名校，校园文化氛围浓厚。教师师德高尚，爱岗敬业，工作求真务实，勤勤恳恳；学生学习勤奋，活泼可爱，尊师敬长，待人礼貌，习惯良好。特别是学校浓郁的"书香校园——古诗词诵读"氛围深深地感染着我们"国培"的每一位学员。

在随后的听课学习过程中，我们受到了骨干教师的引领，教师们专业知识扎实，经验丰富老道。课前准备充分，教态亲切、自然、大方，语音清晰、流畅，课堂组织严谨、精神集中，调控得当高效。真正做到了充分尊重学生、关注学生、服务学生，以学生的发展为教学之根本。在实践研修第二周的时候，正逢学校优质课竞赛，我本着学习交流的心态听了多节高水平的展示课。杨桂新老师讲授的《赵州桥》一课，通过"赵州桥是一座——桥"引领整堂课的教学，真正让学生走进文本，与文本对话。郭娜老师的口语交际课让我们懂得该怎样上好口语交际课，马小贝老师执教的《颐和园》，通过精美的图片和优美的音乐把学生带进美丽的颐和园，领略了颐和园的美丽景色……这些教师无论是他们严谨的教学态度，还是对教材的处理，都让我们受益匪浅！每一堂课上，我们一边领略教师们精彩的课堂风采，一边反思自己的课堂教学，课下和他们切磋、交流，思维的火花在交流中碰撞，在交流中得到提升。

跟岗实践的最后一周，我们上了汇报课。上课前，我们通过熟悉学生，请带教老师在教学设计和教学方法上做进一步的指导，帮助我们准备教学素材。由于准备充足，讲课时课堂气氛活跃，教学效果也较好。课后，指导老师作了准确而精彩的点评，使我们体会到的不仅仅是指导教师对学科指导意见的准确把握，更体现了指导教师对教学细节的准确把握，体现了教师的教学智慧，对我们的启发很大。尤其每一次说、评课都是难得的提高的机会，与同伴交流、探讨，进行思维碰撞，无形之中使自己的教学水平又得到了进一步的提升。

通过三周的跟岗学习、磨炼，使我们在教学能力上有了新的长进，自身综合素养也得到了明显提高，使我们今后的教育教学工作受益匪浅。

跟岗实践体会

石嘴山市惠农区简泉小学　晁　燕

最近，我们参加了跟岗实践活动，在西夏区第十小学聆听了老师们的常态课，体会非常深，老师们扎实的教学基本功，驾驭课堂的能力都让我非常佩服。

其中，一年级五班段凤燕老师上的一节课《汉字基本笔画名称及写法》让我感慨颇深。

首先，整节课老师都在关注课堂纪律的维持，对于一年级学生来说习惯是最主要的，有了良好的听课习惯，才能保证课堂教学的正常开展。

其次，段老师的课堂语言丰富，过渡语自然、恰当，对学生的评价到位、多样，例如："这个捺写漂亮了，你的汉字就写好了"、"听课老师在下面，对每一个学生都做着不同的记录，等会儿，我们会对每一个人进行评价"、"要尽心"，等等，这些充分可以看出老师上课机智，驾驭课堂的能力很强。

再次，段老师讲完每一个字的笔画时，就逐个给每一个学生进行指导，非常有耐心，照顾到了大多数学生，做到了面向全体学生。学捺时，老师发现学生写得不是很好，又边讲解边示范写了两遍"捺"这个笔画，再让学生练、再指导，充分体现了老师的耐心、教学的扎实。对于一年级刚接触汉字的学生来说，这样的教学是个非常好的开端，对于他们今后的正确书写有着指明道路的作用。

最后，也是我认为段老师这堂课最亮点的地方，就是中间穿插的活动操，调节了学生的疲劳情绪，为更好地进行后半节课打下了良好的基础。具体做法是一个学生领读，全班跟读："一二点点头，三四伸伸手，五六弯弯腰，七八抬抬头，左手拍右肩，右手拍左肩，两手前平伸，大家快坐好。"这种方法非常值得我们借鉴和学习。

总之，这次跟岗实践收获颇多，不虚此行。

"国培"伴我成长

——"影子学校"跟岗实践活动心得

泾源县教体局教研室　洪晓玲

充实而又紧张的"影子学校"跟岗实践活动很快结束了，在这三周的学习生活中，我通过学习、观察、交流、反思、实践、体验，开阔了视野、更新了观念、交流了思想、分享了快乐与经验，把在集中学习期间学到的教育理念、先进方法、最前沿的教育思想与本次教学实践活动有机结合，恰当应用，不但全面提升了自己的综合素养、实践能力，而且看到了银川三幼的办园、管理理念和教师的专业素质、整体水平。现就这次跟岗实践活动的感受与收获和大家分享。

1. 基本情况

师资队伍。银川市第三幼儿园始建于1984年，是一所由兴庆区教育局主管的公立幼儿园。现有教学班9个，在园幼儿397名，教职工60人，其中在编教工42人、聘用人员18人。小学高级教师15人，本科学历11人，教育硕士3人。自治区级骨干教师1名，兴庆区骨干教师3人，教坛新秀1人、骨干班主任1人，高级中式烹调师5人，中共党员16人。建园30年来，近3000多名幼儿在这里度过了金色的童年。

办园理念与园标含义。银川市三幼园标外形是母亲双手捧着一个孩子。

这代表着三幼的老师像妈妈一样把班上每一个孩子都像自己的孩子一样看成手心里的宝。孩子的形象像一颗嫩芽，寓意是希望。因此，园标也包含着三幼的老师双手托着祖国希望的寓意。母亲的头发是一个变形的"S"，这是三幼的"三"的第一个拼音字母。这样的园标含义渗透了银川三幼始终坚持"以幼儿发展为本"的办园理念。在三幼的这段时间里，我了解到他们师资队伍稳定，教师专业化水平高、创新进取意识浓厚、凝聚力强，多年来，保教服务质量得到了社会各界的广泛认同和一致好评。

培养目标。三幼把培养幼儿良好的行为习惯放在教育的首位。在幼儿期培养各种行为、学习、生活等良好的习惯。启迪幼儿智慧，促进幼儿健康和全面、和谐发展，为幼儿的一生奠定良好的基础，使其受益终身。

2. 跟岗实践感受

能够充分利用手指游戏，开发幼儿智力。银川市三幼已经把《幼儿园手指游戏实践应用》作为课题在研究。并将教师在各类会议前、各种家长会之前、家长半日开放前、国旗下讲话、早操前所进行的各种手指游戏整理出100个，利用现代教育信息化资源设备——"一体机"，将这些积累的游戏材料制成小课件，集成课程公用资源库，给一线教师及家长提供帮助和便利。通过此方式，有效推进了幼儿园的特色课程（游戏化课程）建设，并把它编成《幼儿园手指游戏集锦》作为园本教材，旨在带动全园手指游戏的推广。

注重开展家长工作，促进家园共育。三幼对家长工作很重视，在我跟岗实践期间，他们就组织了两次家长开放日活动、三次家长进课堂活动。除小班外，大中班都在进行。在家长开放日中，家长和孩子一起参与教学活动，孩子在学习中有困难时家长可以帮助解决。在活动展示时，家长也可以"大手"牵"小手"一起上去和孩子展示他们共同的学习成果。在这样的活动中，教师、家长、孩子都参与到了学习活动中，不但效果佳，且关系和谐、融洽，整个课堂都沉浸在一片欢声笑语、轻松愉悦中。在家长进课堂活动中，他们请了来自不同岗位、不同职业的三位家长给孩子们进行教学活动，其中一位消防武警家长给幼儿讲了防火安全知识，英语培训班的家长给幼儿组织了生动有趣的英语对话活动，交警家长给幼儿讲解了交通安全知识。通过家长开放日和家长进学校活动，不但提高了家长的育儿意识，交给他们育儿方法，使家长对幼儿教育理念、方法有了进一步的了解，而且使家长体会了幼儿教师工作的艰难与辛苦，达到家园共育的目的。

3. 跟岗实践收获

认真听课、积极反思。在实训的三周中，我每天按时进班观察幼儿，学习指导老师组织幼儿活动的方式、方法，认真做好听课记录，对有疑惑、解决不了的问题，经过分析反思仍然不明白的，便不耻下问地多次请教指导教师。通过对马老师每次活动方式与过程的仔细分析与反思，我体验到了指导教师的教育教学思想和教育智慧。通过参加三幼的家长开放日、银川市幼儿教师教坛新秀评选展示课和银川市幼儿园保育大赛展示课活动，我感到了自己的荣幸，领略到了不同教师的教学风格和教育智慧，并进行了认真研究、仔细琢磨，不仅提升了自己设计教学的水平，也提高了实施课程的能力。

勇于实践、学以致用。为了便于在研修过程中梳理工作，使跟岗实践活动有序有效，使自己清楚明白这段时间该学什么、该做什么，该怎样去学、去做，我到三幼的第一天中午就给自己制订了一个跟岗实践计划。按照我的实训计划，在指导老师的指导下，我每周组织一次教学活动，尝试着把一些专家、教授讲的先进理念带进课堂，体验活动效果，从而锻炼自己。在每次的试讲活动结束后，我都积极主动与指导老师联系，让她开诚布公地指出我在组织幼儿课堂活动时的优缺点。通过课后老师的指导反馈，使我克服了自身在幼儿课堂活动组织中的不足，提升了自己的专业素养。

参与活动、分享经验。在实训期间，为了能够增强自己组织各项活动、协调管理幼儿的各项能力，我积极主动参与三幼的各种活动。如幼儿的生活管理、丰富多彩的户外游戏、早操活动和区域活动。使我学到了指导老师组织活动的有效策略和方法，分享了她们丰富的带班经验。特别是在班级组织的"家长开放日"和"家长进课堂"两项大型活动中，他们身上表现出来的对教育的无比热爱、对工作的谦虚严谨和对幼儿的高度责任感深深地感染着我。她们精心备课，认真组织课堂活动，让幼儿在轻松愉悦的氛围中快乐地学习着、成长着！她们所做的每个细节都使我为之惊叹。特别是每位家长都能按照教师的规划进行活动，并且效果极佳，这使我明白了每项活动的准备与设计、目的与方法、调控与组织能力是何等的重要。在家长进课堂的活动中，交警家长能利用自己的身份，提供逼真的模型（红绿灯）给孩子们展示交通规则方面的有关常识，使我感受到家长能这么尽力地参与班级活动，这与教师扎实而有效的家长工作是分不开的。从中也看到了她们与家长交流的方式方法。

互相交流，共同提高。三幼的跟岗实践活动中，我常常利用空闲时间去牛学玲园长的办公室与她交流一些幼儿园的先进办园理念、办园特色和科学的管理办法。牛园长讲到"民主化的管理是幼儿园长足发展的核心"。她是这么说的，也是这么做的。在这三周里，我看到三幼的每位教师都爱园如家，每天都带着愉悦的心情学习与工作，每人都有"园荣我荣，园耻我耻"的责任心与荣誉感。为了让这次跟岗实践活动更有成效，我还和其他两位一起来实践的老师定期开展研修活动。在研修的过程中梳理自己的工作思路，矫正工作方法。有时我们还请指导老师和学校其他老师也来参加研修活动和评课议课活动。这样我们在大家的相互交流、探讨、分析研究中，取长补短、促进专业成长、增强教科研能力。

总之，在银川三幼跟岗实践的这段时间里，我从牛园长、全体老师那里学到了许多东西。在这里，我感谢幼儿园的领导为我创造了良好的学习环境和条件，是他们的帮助，让我获得了进步；是他们的无私，让我获得了渴望的资源；是他们的博学、睿智、风范、精神影响了我，让我和学习到了很多，这些将是我人生经历中一笔不菲的精神财富，一定会受益终身。同时要感谢"国培"给予了我这次宝贵的研修学习机会，使我在专家项目组老师精心、科学的安排下，在学习理论、跟岗实践、老师指导过程中专业水平得到了很大的提升。

六

"国培"感悟

骨干培训心语

——参加自治区骨干教师培训日记

银川市金凤区宝湖实验小学　徐丽炜

2014 年 8 月 18 日　星期一　晴

看见自己的"心"

今天，聆听了专家《从百年语文变革看语文教育的特点规律》的讲座，感触颇深。

茫茫人生，路漫漫其修远兮，吾将上下而求索！蓦然回首，30 余年的光景，我求索了吗？我究竟看到了什么？收获了什么？寥寥无几！因为，我从来就没有看到自己"冷漠于中华五千年文化"的心！作为炎黄子孙，都无心读《论语》《孟子》；作为教师，都无意教学生背《弟子规》《千字文》……"国学"，将在我们这一代消失得无影无踪，岂不是失去了一颗"中国心"吗？

心，乃是灵魂！中国心，就是中国之灵魂！教师失魂，就是教育失魂！那我们的民族还有生的希望吗？

不，绝不！我不能再重复着跳跃式阅读，在学生面前"摆弄"着耸人听闻的标题下空洞无物的如"蜻蜓点水"的浅阅读的轻功。快拿起书本教学生从"国学"读起，"入心"地诵读吧！真的，我要行动起来……

2014 年 8 月 26 日　星期二　晴

将"课题"进行到底

教师从平凡到优秀，从优秀到卓越的秘密是什么？是教育科研！

从某种程度上讲，教育科研就是一种积极追求、探索的心态！"以积极主动的态度对待自己身边的教育教学问题与困惑，进行探索、反思、改进的过程。"这就是对教育科研最好的诠释！

教育科研也是一种坚持！每每想起窦桂梅、于永正等一些名师大家的成长经历，他们无一不在"坚持"。坚持记录下自己的教学，记录下自己的反思……这一天天的记录坚持到 21 天，就形成了写作习惯。90 天完成了 10 万字的奇迹，让我们看到，坚持更成就了一位教师的"教育科研之路"。

教育科研还应是一种独到！独到的视角，独到的思维，独到的建树，独到的实践。这是开展教育科研的具体实施过程中不可或缺的"毒眼"！

想别人没想到的，做别人没做到的，必须先承受别人未承受的！孟子云："天将降大任于斯人也，必先苦其心志，劳其筋骨，饿其体肤，空乏其身，行拂乱其所为也，所以动心忍性，增益其所不能。"一个有智慧的教师，就应在苦读中求志，在苦行中求经，在苦思中求智！如此，方能担当天之"大任"也！

我要将"课题"研究进行到底！

2014 年 8 月 27 日　　星期三　　晴

因你，我才重要

今天，北京师范大学的教育专家刘慧教授为我们带来了《小学教师专业标准解读》。咦，还有这样一本书？带着这份好奇，我静静聆听……"专业教师"这一概念慢慢根植于我的心中。

师德为先。任何一位教师，其品德远远重于知识本身。换句话说，教师有最高的学历，未必能教出最好的学生。《射线的疑问》这一教学案例，就足以证明这一点。教师消极、不当的言行，都有可能伤害到孩子的一生。这样的悲剧，是教育的最大悲哀！因此，教育德为先。良好的师德，是成就专业教师的基石！

学生为本。天空中闪烁着无数星星，各有各的姿态，各有各的光亮。没有哪两颗星星是一模一样的！学生就如同天上的星星，形态各异，各不相同。因此，我们教师教育学生的方法，必须因材施教。正如微视频《老师的启示》中，教师的行为——因一个失去母亲的孩子"孤寂无助、自卑失信"的心态而改变自己的教育方式，从而成就了这个孩子的辉煌一生！这就是对以"学生为本"最好的诠释！

终身学习。作为教师，要树立终身学习的意识和为之付出的行动，才能成为与时俱进的专业教师！

专业成长中，我们因学生而格外重要；且因有了学生，我们才存在得有价值！

2014 年 8 月 28 日　星期四　晴
争论中悟精髓

今天，张杰教授为我们详细解析了"语文课程标准"的理念、特点、规律、建议，为我们打开了走进语文课堂的正门。

现如今的课堂，热热闹闹。学生所接受的知识，犹如琳琅满目的商品，让其"目不暇接"。我们确实有必要认真对照"课标""量体裁衣"了！去掉语文课上不该教的内容或教得过多的内容，大胆"剪"切，让它少些雕饰，去华存朴，回归语文课的本真！

培训会上，大家对照"课标"，都留意了各年段的识字目标，对"识字写字"的要求提出了各自的观点。在交流中，我的思绪也被渐渐打开。识字写字量大，学生认写有困难。这是大家公认的事实，但是识字写字量大，这是在"课标"指导下的教材为我们呈现的。"课标"指出：小学阶段的学生要会认 3500 字，会写 3000 字；九年课外阅读总量不少于 400 万字；若说量大，自治区教研室马兰老师在一次考察中，发现我国东南沿海城市的一些学校五年级的学生课外阅读量已达 1000 万字。东西部的差距竟如此大！我们西部的教师一味要求"课标"降低识字、写字的要求，那么，未来不久的高考，会为我们的学生降低高考的门槛吗？要知道，"课标"所提出的各学段要求，都是最低底线！而我们又在这"最低底线"上为学生争取的是什么？

专家指出，用教材教，而非教教材。骨干教师对于教材的理解和运用有着独到的观点与思维，有着大胆创新课堂教学模式的意识，更有着灵活运用和处理教材的能力！否则，"骨干"之名如何担当？所以，应充分发挥骨干教师在教育教学中的作用。

面对教材的现状和学生心中的理想课堂，我们教师能否运用智慧去创新课堂，为学生呈现一个易学、轻松、高效的课堂呢？能否巧妙设计作业，在有重点的巩固识字、写字中高效积累而非机械地抄抄写写呢？

　　"课标"与学生心中的理想课堂之间，有一座"桥梁"。这座"桥梁"上需要教师用智慧与创造力去搭建。能够扎实、高效地落实 "课标"中各年段的每一项要求，便是悟出"语文课程标准"的真谛了！

2014 年 8 月 29 日　星期五　晴

标新立异

　　曾上过太多公开课、优质课的我，每每备课时，总是先看教参，再精心设计教学流程。没有想到，这样的做法竟是错误的！这样的方法会扼杀教师创新的灵感，使教案变得死板僵化。

　　那么，该如何备课才能标新立异呢？

　　首先初读，享受怦然心动的感受。每拿出一篇课文，我们应该以读者的身份去读，读出你对它的初步印象。就如同交朋友初见之感一样，是一种赤裸裸的相见。

　　其次再读，整体感知文本的价值。这价值包括语言的价值和成长的价值。一遍遍地读文，在文本中寻找语言的优美及其语言文字给学生的语言发展带来哪些成长价值。

　　再次三读，细品表达方式的特点。这时候，我们已将课文内容了然于心，关注的视点就是文本语言的特点、构句、布局谋篇。这其实就是文章在表达方式上的特点。了解了这些，在指导学生的写法上，就不会难了。

　　最后深读，获得教学设计的灵感。正所谓："居高声自远，非是藉秋风。"一篇篇精美的课文，是引领学生学习语文课程的阶梯。这一级阶梯，怎么走，走哪个点最省力、高效，这就需要教学设计的"标新立异"——巧抓文本中的"核心字"，关注原文和作者的权威解说，不要驻足以往的解读视角，读出文本的教学价值，关注题目、核心内容、关键词句设计……

　　我们时时刻刻不能忘记：语文教育的使命是要致力于培养学生运用语言文字的能力。在引导学生吸收营养、陶冶性情、唤醒灵魂、建构情感和精神世界的同时，要引导学生学习具体的语文知识、语言技能。

　　语文课程的本质就是学习语言、感悟文化。

仰望知识的星空，我们在路上

同心县第二小学　白　梅

流火的八月里，拎着简单的行李徘徊在贺兰山脚下，辗转几站路后，当我终于在偌大的宁夏工商职业技术学院找到报名地点时，夕阳从贺兰山顶撒下了余晖，它的余温映照出我显得有些与年龄不符的紧张与担忧。及至见到美丽的班主任，我的心情才算是美丽了起来。接下来的三个多月、100多天，感觉自己的血管里仿佛流淌的已经不是血液，而是汽油。一路狂奔，风雨兼程。记不清在路上来来回回奔跑了多少回，记不清沿途盛夏、金秋、初冬迷人的风景，只记得匆匆投入"国培"（2014）的火热情怀。那重返校园、重拾学业、跻身集体宿舍没有秘密的生活是如此的平静而又安详。而这平静中又时时氤氲着对天各一方的家人的思虑。成熟的友情不再是打打闹闹、嘻嘻哈哈，而是沉稳的关注、理解的眼神，就是不说什么，静静地相对而坐，在初冬的暖阳里相守彼此一段邂逅的温馨。我们走进彼此的故事，分享了夏雨秋露，见证了绝代风华。一路上，洒下教诲、汗水、关爱，在我们的内心深处烙上了永恒的温暖。

有一种学习，参加了才会感受到异彩纷呈；有一种对话，深入了才会顿悟，豁然开朗。工作20多年垒起的九层高塔在这里被专家、教授、名师的思想精髓、理论的精华一一粉碎，又在一天天的严格训练中重塑。来时细细打听了往年的培训情况，心中还盘算着，成人培训往往都是虎头蛇尾，要不就是上三天课，看四天景。自己混上几天然后回家，最后来领证就行。然而，令100多名同学始料未及的是，这次培训竟会有如此严格的要求和管理。严酷的现实彻底粉碎了我的"如意算盘"，抛下一切思想的包袱，只能如同一辆车风驰电掣，想停都停不下来。每天匆匆起床、锻炼、排队吃早饭，然后急行军般奔走20分钟到小礼堂上课，周而复始，三点一线。教育学院的领导在开班典礼上三令五申，请假三天以上、笔记作业不全的不发结业证。为了证我们拼了。每天占一个靠前但不显眼的座位，听课记笔记，来不及记下的就把课件拍下来，课堂上除了听讲师的引经据典、高谈阔论，剩下的就是手机拍照的快门声。拍下的唯恐一转眼再忘了记，课间休息的10分钟赶紧补上。每一位专家学者的讲座都旁征博引，仿佛是把自己用时光织就的毛衣，一节一节拆成线，递给我们。我们埋头奋笔疾书，在厚厚的几本笔记上，又把恩师们拆出的毛线编织成一件一件别样的毛衣。

蓦然回首，铭刻在心底的是课堂上的激扬文字，指点江山。耳畔始终回响着爽朗的笑声和雷鸣般的掌声，那是温文尔雅、语言诙谐的成都师范大学陈大伟教授在给我们讲授《教师成长与观课议课》。他说："没有反思的经验是狭隘的经验，至多只能成为肤浅的知识。"他还认为，"坐井观天"中的"小鸟"意味着不同的声音、不同的建议。所以，我们要把书本、身边的同事、学生还有自己看成是"小鸟"。不断学习反思，而反思最好的途径就是记日记，尤其是父母给孩子记下的成长日记。非常有幸，我们还近距离接触了北京师范大学张燕玲教授，她在给我们讲授《从百年语文变革看语文教育的特点》时提出新的理论：如果我们自己有一桶水，我们就要指给学生一条河。的确如此，语言是不需要教的。读经典是语文教育的必由之路。经典作品，有种子的力量，所以指导学生素读经典，相信有一天会看到参天大树。而宁夏大学教育学院副院长曾祥岚老师《提高自我调节能力，享受高质量生活》的心理辅导则使我们明白人生在世，要做好自己的事情，尊重别人的事情，接受不可抗拒的事情。我们明白了凡事必有至少三个解决办法；每个人都具备使自己成功快乐的资源；重复旧的做法，只会得到旧的结果。而北京市东城区史家胡同小学万平老师《教育，是温暖的》的讲座中她引用苏霍姆林斯基的名言说：一个好老师意味着什么，首先意味着他是一个好人。她认为和教育零距离的是班主任。她值得借鉴的做法：给每个学生发一个"积善本"记下每天所做的善事，老师有一个"归过本"，记录学生的小错误，按照错一改三，错二改五，错三改十的规则，做好事抵消后，班主任在好事本上盖章通过。真正让我们体会到了师德的最高境界是慈悲，让我们懂得教育要有策略，如果一个人不知道将驶向哪个码头，那么什么风都不是顺风。而上海师范大学吴忠豪教授的《语文教学内容的选择与设计》则明确指出不能把语文当作思想品德课来上，课文仅仅是例子，要通过例子完成本体性教学任务，也就是围绕语文知识、语文方法、语文技能来开展语文课。另外，我们还聆听了首都师范大学刘慧教授的《小学教师专业标准解读》；北京教育科学研究院张杰老师的《义务教育语文课程标准（2014年版）解读》；青铜峡市教研室任菊莲老师的《小学阅读教学有效策略的指导》；自治区教研室马兰老师的《作业的批改、实际与检查》。令人记忆犹新的是，银川市教科所仇千记老师的《基于小学语文课例的教学反思》。他说："一个教师写一辈子教案不一定成为名师，如果一个教师坚持写三年反思就一定能成为名师。"他提到一个做法，我非常认同，即提前发下测试卷，第二天开始考试，成绩就是昨夜高效复习准备的巩固。以往认为考试就是成绩，现在才悟到考试就是借考试的手段让学生学会知识。

　　大师们的讲座涉及小学语文教学的方方面面。每当听到他们的侃侃而谈，我内心总会迸发出灵感撞击的火花，每天下课总想吹一两声口哨来表达收获的满心的喜悦。夹杂在大学生的人海里就餐、提开水，又颇有几分为伊消得人憔悴的伤感。不经意间发现，路边来时还羞涩的小花已经绚烂成了整个秋天。

　　宁夏大学是攀爬睿智的阶梯，是浸润心灵的世界，这里人才济济，这里令人热血沸腾。每天下午吃完饭，篮球场上就会出现狂奔的男人们，还有热爱锻炼的女人们那飞扬的大妈舞步。洗衣服的，织毛衣的，上微机室查资料做课题的，会老同学的，大家都有自认为非做不可的事情。也有想乘着这工夫去银川市区逛街的。因为，这是最让女人们乐此不疲的事情。可是，想想从这里打车到老城的商业街要50元，坐公交中间换乘三路车需要两个小时，两相权衡还是在学校待着为妙。最热闹的莫过于每周五的下午，一群女人都处于一种"我要回家"的癫狂中，甚至还会在水房听到这样的对话，大家再也没有去首府的大商场逛逛的想法了，心中唯有一个念头那就是快快回家。下午5点下课，想要坐公交去汽车站时间根本来不及，只能是4人拼车。尽管每周预约的出租车都是按约定的时间到学校，但是我总感觉那车来得太迟了。来不及吃饭，拎上前一天晚上就收拾好的简单行李，我们一路向南。当汽车驶出银川，回首贺兰山阙孤独西沉的夕阳，唯有它亘古不变地守候着这里的一切。

在初冬淡淡的云彩高远的舒卷中，我们100多天的学习结束了，想起来是那么遥远的100多天，真正走进来却是如此的迅疾。在这奔波的路上一路走一路歌。分别时，谁都明白，这一转身也许便是永远。

当我放弃假期参加培训研修时，就明白了失之东隅收之桑榆；当我走进一片树林，本想收获一片树叶，没承想会收获整个秋天。奔跑过后，回眸远眺这段时光，早已被遥远的西伯利亚吹来的寒流浸润。饱蘸浓墨，想要用留恋和回想在大地上写下朴素的心事。怀揣美好的似水流年，我们唯一的选择就是一路向前。

走进"国培" 快乐研修

石嘴山市第十五小学 陈立虹

随着新课程改革的全面推进，作为一名教师的我越来越发现自己只是重于实践而缺少理论的指导，虽然我在努力寻找突破口，但总是感到面前的路模糊不清。在我彷徨之际，2014年8月10日至11月15日，我有幸参加了由宁夏大学教育学院承办的"国培计划"（2014）宁夏中小学幼儿园教师脱产置换研修培训，项目组聘请了区内外知名的专家、教授，为我们引进了前沿理论和先进的理念。三个月的学习实践使我开阔了眼界，受益匪浅，在找到改进工作突破口的同时提升了自我，为自己的教学生涯增添了亮丽的色彩。

1. 在不断学习中更新理念

时代在不断进步，社会在不断前行，同样，教育教学理念也应与时俱进。埋头苦干是必需的，但抬头望路也是必要的，只有边干边望才能看清方向。特别是随着新课程改革的纵深发展，很多教育教学中的深层次问题不断地暴露，这时候更需要理论的指示与专家的引领。对于我个人而言，这次培训无疑是一场"及时雨"，不仅对理清新课改中的种种关系有帮助，而且为突破新时代教育教学中一些"瓶颈"问题提供了新的解决思路与方法。培训中，专家们的精彩讲座一次次激起了我内心的感应，更激起了我的反思。在这种理论和实践的对话中，我喜悦地收获着专家们思想的精髓、理论的精华。通过理论的培训学习，对我既有观念上的洗礼，也有理论上的提高，既有知识上的积淀，也有教学技艺的增长，作为一名小学教师，在今后的教育教学过程中，我一定要改变以前不足的教育方式和方法，一切从学生的发展出发，注意保护学生的创新意识，给学生主动探究、发展的空间，有意识地培养学生的创新思维和创造能力。

2. 在专家引领中提高发展

教师是一个永新的职业。这里讲的"新"主要指知识的更新与教学艺术的更新。作为一名语文老师，他应是始终站在时代文化前沿的号手，把握时代文化发展的脉搏；他应是始终站在科学知识岸边的摆渡人，传承知识与文化；他应是学生灵魂的塑造师与精神垃圾的"清道夫"。所以，作为语文教师必须时时保持充电的状态，此次培训无疑是一次良好的机会。经过培训，就我个人而言，不仅在学科知识方面得到一次全面的补充，而且在教学艺术方面得到一次新的补充。

学习了陈大伟老师的《教师成长和与观课议课》，我对观课议课有了新的认识：观课议课与听课评课是不同的，观课议课主张充分发挥其促进教师专业发展和教学改进的功能，以发展性的取向做课，而不是以展示性的取向献课，主张直面教学过程中的问题，不让老师背着被批判得一无是处的包袱。每一位老师或许都曾有课堂教学失败的经历，甚至还有被评判得体无完肤的经历。其实，作为评课教师，第一要做的就是呵护授课教师的自尊心，每一堂课都不会是完全失败或者完全成功，每一堂课都有授课教师的心血，那就有可取之处。我们教研的目的是，针对问题提出改进的方法，而不是将某些人一棍子打死，从而再没有教学的勇气和热情。对于其中的失误，我们要委婉地说出来。而对一些我们公认的"好课"，我们教研的目的也不是探讨"好在哪里"，而是探讨"为什么这样设计就好"。观课议课的首要前提是仔细观察课堂教学情况，收集课堂教学信息，"坐在学生身边"观察学习效果，这样在议课中才能根据问题讨论解决的方法。观课时，不仅仅要用眼睛看，还要用心灵感悟和体验，用头脑思考和判断；"观"对观课的老师来说只是形式，而实质是要走向深刻的思考的。总之，教育是一门艺术，需要老师不断地自己更新，才能更上一层楼。

3. 做研究型教师，促进自身的成长

教育的发展，关键在教师的成长。教师是学校发展的基石，学校的软实力来自拥有一支业务能力强、团结敬业的教师队伍。对于个人而言，教师的成长不仅是时代的要求，更是适应现代教育的需要。此次培训，很多专家与同仁重点谈了教师如何规划自己的成长之路，成为名师，成为教育家。如上海师范大学教育学院李冲峰教授的《学点教育研究方法——做研究型教师》的报告就指出，从全球科技发展的高度以及社会日新月异的发展变化出发，指出教师不应是"蜡烛"，要有可持续的文化知识储备，那就要学会做研究，成为专业化的教师。而研究不仅来自教育教学实践，而且又要回归课堂，服务课堂。

4. 在教学实践中提高

聆听专家的指导，在教学实践中不断反思，让我有了许多的心得。每位老师都有各自不同的教学风格，学习他们不同的授课方式，吸取许多宝贵的经验，使我明白了"教无定法"的真正含义。在教学中，我学以致用，循序渐进地培养学生思考、解决问题的能力，通过师生双方相互交流、相互沟通，分享彼此的思考、经验和知识，交流彼此的情感、体验与观念，求得新的发现，从而达成共识、共享、共进。

在培训的日子里我们思考着、成长着、收获着、快乐着！这次培训是我成长路上的一次重要经历，我不仅学到了很多宝贵的经验，开阔了视野，启发了思路，更加激发了我的工作热情。我深知，教学是一个不断发展、需要不断延伸的过程，前进路上虽然有荆棘，但也有惊喜。我相信，在"国培"中进步，在研修中快乐！

2014，幸福的一年

银川市金凤区第三小学　罗小菊

2014年对于我来说是幸福的一年，因为这一年我有幸成为骨干教师培训班的一员，与来自全区的小学骨干教师相聚于"国培"。是"国培"给我提供了这个再学习的平台和再提高的机会。所以我首先衷心地感谢培训期间给予我们关怀的老师和组织机构，是你们的付出才让我们有了更多的收获，是你们的付出让我们的专业水平有了很大的提高。这次培训内容丰富，形式多样，有集中培训、分学科培训；有专家讲座，有学员间的互动交流，专家的教育教学理念、人格魅力和治学精神深深地印在我的心中。

每一位专家所讲内容深刻独到、旁征博引、通俗易懂、生动有趣、发人深省。还有成功教师的妙招，也让我受益匪浅，学习的过程中，我认真做了笔记，很多至理名言让我深感震撼，同时也让我明白了一个学校需要好教师，更需要成功的教师，成功的教师懂得把讲台作为平台，有目标地规划自己的人生，有步骤实现成功，成功的教师能把每天的工作安排得井井有条，让工作八小时的每一分都有效发挥到极致。成功的教师有思想，他们能从与众不同的角度思考问题，这一切的认识是我以前所没有的。在此之前，我也曾出去培训过几次，但每次都是以听教师的课堂教学为主，所看到的都是经过了层层包装的课堂实况。这次培训听了各具特色的前沿讲座，虽然我不能全面回应，但专家教师们先进的教育理念、独到的教学思想、全新的管理体制，对我今后的教育教学工作无不起着引领和导向作用。这次培训，更增添了我努力使自己成为科研型教师的信心，给了我强烈的感染和深刻的理论引领。下面是我在培训中的几点总结。

1. 让我深刻地认识到必须更新观念

随着知识经济时代的到来，信息技术在教育领域广泛运用，"教书匠"

式的教师已经不适应时代的需要了，这就要求教师既不能脱离教学实际又要为解决教学中的问题而进行研究，即不是在书斋进行的研究，而是在教学活动中的研究。必须具有现代教育观念，并将其运用于教育工作实践，不断思考、摸索，朝着教育家的方向努力。以教师为本的观念应当转为以学生为本，自觉让出主角地位，让学生成为主角，充分相信学生，积极评价学生。叶圣陶先生说过："教是为了最终达到不需要教。"为了达成这个目标，教学不光是简单的传授知识，要重在教学生掌握方法，学会学习，不能只让学生"学到什么"，还要让学生"学会学习"，学生掌握了方法，可以自主地获取知识，可谓是终身受用。除了学习，还要注重启迪学生的智慧，给学生充分的时间、空间，发挥出他们的想象力和创造力。通过此次培训，我在教学观上有了一定的转变，不能为了教书而教书。

2. 培训给予的清泉让它细水长流

培训只是一个手段，培训只是一个开端，对于培训给予的清泉，我们要让它细水长流。我明白，"骨干"这一称谓带给人的不仅是荣誉，还有无尽的责任。骨干教师培训给我补了元气、添了灵气、去了骄气，焕发出无限生机，使我真正感到教育是充满智慧的事业，深刻意识到自己肩负的责任。

今后我会学以致用，我会将在这里学到的新知识尽快地内化为自己的东西，并运用于教育教学，结合我校的实际情况，及时地为学校的建设和发展出谋划策。我会努力学习同行们的学习态度、求知精神、协作能力，加强平时的学习、充电。他山之石，可以攻玉，我一定将学到的知识运用于教育教学实践中去，让培训的硕果在教学事业的发展中大放光彩。

在本次学习中，我从专家的讲座中也明白了课堂教学是师生共同组成的双边活动，它是一个由师与生、教与学彼此控制的系统。但从目前的情况来看，多数教学仍然是注重言传口授，教师滔滔讲说，学生默默聆听。这种缺乏生机、僵化死板的教学方法常使学生处于一种被动的状态。如不迅速扭转，课堂上不能形成双向交流的闭合回路，那就会使教师失去调控，违背教学初衷，根本谈不上让学生养成读书习惯，提高教学能力。

3. 不断学习，更新观念

通过这次培训，我深刻地认识到作为一名教师，要坚持不断地学习，积极进行知识的更新。随着我国经济的高速发展，教育现代化的不断推进，当前以多媒体与网络技术为核心的现代教育技术的迅速兴起，正猛烈地冲击着各学科的教学。在网络信息快速更新下，知识突破了原有书本的限制，不再以点的形式出现，而是以流的形式传递，使教学观念、教学主体、教学方法、教学过程和教学形式都发生根本改变。传统的"以教师为中心，靠二支粉笔一张嘴"的教学模式，已不能适应新课程"主动、探究、合作"的学习方式，传统观念下的"师者传道、授业、解惑"、"闻道有先后"的观点，也将被基于新课程教学提出来的"教育要为学生的终身发展奠定基础，让学生学会做人，学会求知，学会合作，学会实践，学会创新"的理念所取代。教师应与时俱进，适应时代的发展，做好自己的角色定位，充分利用网络环境，激发学生的求知欲，提高学生的实践能力，培养学生的创新精神，促进教与学的改革深化，使教学相长、共同进步。并加强自己的理论素养和专业技能的学习和提高，加强教育科研意识和能力，有目的地总结教育经验，反思教学实践，一切从实际出发，切实担负起教师应尽的责任和义务，在工作中起到骨干教师的带头作用。

只要肯学、肯吃苦就一定会有所收获。记得有位名人说过，你有一个苹果，我有一个苹果，交换以后每人还是一个苹果；但你有一种思想，我有一种思想，交换以后，每人就有两种思想了。我觉得这就是交流的好处！

心灵的洗涤

银川市金凤区第十一小学　费　涛

2014 年 8 月 10 日，我荣幸地成为自治区小学语文骨干教师脱产置换班的成员。三个月期间，参加开学典礼、聆听专家讲座、进行课堂观摩、展开小组讨论、开展跟岗研修实践、参与反思交流、完成各项作业，紧张、繁忙、充实而快乐。三个月，弹指而过，回眸本次"国培"研修，我思绪万千。这段人生中弥足珍贵的经历，给我留下了精彩而美好的回忆。

1. 揣着希望，迎接"国培"

对于我来说，"国培"真的是一次非常好的学习机会，在这么长的时间里能静下心来学习，为自己充电，的确令人羡慕。开班第一天，来自自治区教育厅、师资培训处的领导和宁夏大学教育学院的老师们在开班典礼上热烈欢迎我们"国培"学员的到来，详细地为我们讲述了此次"国培"计划的活动安排，同时对我们提出了严格的要求和殷切的希望，并且预祝大家度过有意义、有收获的90天。在"国培"开班典礼上，我为自己能参加这种高层次、高水平、高质量的培训而感到无比的幸福。我暗下决心：一定要踏准这支"国培"队伍前进的步伐！因为这次培训为我们提供了一个互相了解、集中学习的机会，让我们这些来自一线的老师相聚在一起共同提高。领导们希望我们要以虚心的态度、饱满的精神，全身心地投入到本次培训中来！用我们的智慧、勇气和一颗永不服输的心，勇敢地接受时代的重托，肩负历史的使命。

2. 集中培训，诠释"国培"

培训中，我们有幸聆听了一些专家、名师的精彩学术报告，得到了专家引领，理论得到了提升。此次培训结合语文学科的特点，聘请了许多知名专家和教研员，开设了一系列的课程。我们从教学团队的每一位教授那里，学习了精湛的教学理论，学习了有效的教学方法。华东师范大学陈大伟教授学富五车的知识涵养，上海师范大学李冲峰海纳百川的博大胸怀，北京教育学院薛晓光老师精益求精的治学态度，北京史家胡同小学万平老师对教育的执着与热爱等，让每一位学员都心怀敬佩，充满感恩。自治区小学语文教研员马兰老师对小学语文不同课型的教学研究策略更是让我们醍醐灌顶；银川市教科所仇千记在幽默风趣中教会了我们如何进行学生日记和习作的指导……

3. 课题研究，受益"国培"

课题研究对于我们这些一线教师来说应该是一个很大的挑战。一直以来，我总认为关爱我的学生，上好每一堂课，认真批改作业，就是好老师的标准。此次的"国培"才让我们明白，要想成为骨干教师，教育科研是必经之路。在撰写开题报告的那些日子里，在老师和同学们的帮助下我学会查阅文献，当课题的研究目标、内容，研究思路不够准确时，指导老师曾祥岚教授不厌其烦地进行指导，一篇报告红色标注从头标到尾，真的觉得特别不好意思。自己缺失的理论知识太多了，教授不停地在"补差"。欣喜的是，进行课题开题报告的撰写，自己申请的课题在曾教授的指导下研究思路越来越清晰，我终于明白了如何去做。

4. 反思交流，回味"国培"

"教育的改革最终将发生在课堂，而把课堂真正还给学生是关键。"找准方向，力求改变，让我们做最好的自己。这次"国培"使我这只"井底之蛙"终于跃到了台面，"夜郎"也从此认清了自我。"国培"班活动形式丰富，"国培"班学员的激烈讨论都让人眼前为之一亮。学习和实践使内涵变得深厚，眼界变得宽广，思维变得敏锐。作为一名教师，面对每一天的教学，需要成就每一个梦想，就应该好好学习柏拉图那种执着追求、坚持不懈、脚踏实地的优秀品质。改变，从现在开始，让我们做最好的自己。回校以后，我将努力把所学的知识正确运用到教学当中。我一定会动头脑、想方法，设计出有利于学生进步与发展的有效课堂教学。并向同事们宣传自己所学，让他们一起进步。"国培"班主任马丽老师总是严格要求我们要按时守纪，鼓励我们要通过 90 天的培训，在学习中收获，在收获中提升，在磨炼中拿出自己的成果。马老师像亲人一样关心我们的生活，始终督促我们做好每一项工作，即使是在最后时刻仍是一丝不苟，对我们既有要求，也有提醒，更有期待。老师们希望我们的"国培"班学员通过这次培训，能够在以后的工作中学以致用，培养出更多优秀的学生。

一路辛苦，一路幸福，一路收获，一路感恩。三个月之前，我们带着责任和梦想出发，期盼而来；三个月之后，我们带着智慧与理念继续前行！"吾生也有涯，而知也无涯。"蓦然回首，多么希望能够再听听院长教授们深入浅出的讲授，多么希望能够再看看专家、学者型教师异彩纷呈的课例，多么想继续漫步在宁夏大学校园中感受它浓郁的人文气息和学习氛围。在"国培"学习的收获是沉甸甸的，反思是深刻的，感悟是厚实的。细细思量明天的去路，我要把在"国培"班学习的知识活用到教学当中；精心打点今日的行囊，我要把在"国培"班收获的感动化为力量，踏上明天的讲台。

"国培"是什么

平罗县通伏中心学校　郝春燕

"国培"是一首歌　悠扬动听　余音缭绕
"国培"是一杯茶　清香四溢　回味无穷
"国培"是一座桥　天堑通途　连通你我
"国培"是一叶舟　积蓄能量　伴我远航
"国培"是一扇窗　打开天空　敞开胸怀
"国培"是一盏灯　燃烧自己　点亮心灵
"国培"是一粒火种　点燃希望　璀璨智者
"国培"是一碗米酒　芳香醇美　让我沉醉
"国培"是一泓清泉　甘甜爽口　解我饥渴
生活因你而充实　成果因你而丰硕
信念因你而坚定　课堂因你而精彩

相逢是首歌

平罗县通伏中心学校　郝春燕

这是一次心灵的相约
让我们有缘相识
搭建最广阔的平台
期盼困惑　聆听　沟通
淳朴的话语　澎湃着激情

190

演绎着最生动的课堂

付出汗水　拾取珍贝

播种希望　收获理想

"国培"研修——精神账户的提款机

我们共享精神的慰藉

这是一次深情的呼唤

让全区遴选出来的学子有幸相知

潺潺溪流汇积大河

共筑最厚实的舞台

琢磨　推敲　钻研　洗脑　充电

"国培"研修——大脑的增氧机

人性的美好　把真情相传

送给你我他

我们共同开心地欢笑

这是一次热切的期盼

让 90 个日子孕育出一粒粒丰硕的种子

借助最壮美的舞台

实践　探索　研究

质疑　答疑　解疑

勇敢的实践　成就着未来

诠释最美好的心灵

"国培"研修——心灵的彩虹桥

连着你我他

架我们通向最美最美的风景线

难忘"国培"

固原市原州区西关小学　丁丽君

这个季节的颜色，五彩缤纷
这个季节的内涵，深沉丰厚
"国培"像一股清新的风
吹走我们心中的迷茫
"国培"像一盏明亮的灯
点亮我们前进的旅程

难忘的"国培"学习
铭刻了我们深深的记忆
歌声、笑声，萦绕在耳畔
理解、信任，激荡在心中
歌声里我们忘记了孤单
笑声中我们找回了青春
理解中我们品读着友谊
信任里我们回味着温馨

悄悄地
离别的日子向我们走来
挥挥手
我们难说再见
鲜花可以枯萎
沧海可以变桑田

但"国培"的爱

将永驻我们心间

"国培"播下的种子

将随我们撒向

更广阔的森林草原、田野山川

痛并快乐着

海原县曹洼学区　马海莉

2014 年 8 月 10 日，迎着灿烂的阳光，我们相约走进了"国培"。在这里，我们欢喜、痛苦，也幸福，在这些复杂的情感交织中我度过了充实的三个月。

我庆幸自己成为区级骨干教师中的一员，内心的激动久久不能平静。于是，我怀揣着一份小小的自豪来到"国培"，满怀信心地来迎接这次不同寻常的"充电"生活。看到学习手册上一个个知名专家的名字时，心里窃喜自己是多么的幸运，能够面对面地聆听他们的先进理念，更相信自己一定会满载而归。

然而，一周过去了，我的身体开始和我斗争了，本来身体虚弱的我因为水土不服导致皮肤病缠身，那种切肤之痛痒真的让我痛苦万分，再加上每天晚上的彻夜失眠，让我整天神情恍惚，气色难看得吓人。

面对如此情形，我对长达三个月的培训惧怕了，对自己也失望了。在好多失眠的夜里都想好了要退缩，可当第二天早晨太阳升起，看到同伴们行色匆匆赶往教室听课时，我的脚步迟疑了。"难道真要放弃？"我悄悄地问自己，"这是多么来之不易的机会呀，怎么能这么轻易地说放弃就放弃呢？"可是我又能怎么样呢？看着镜子里已经不成人样的自己，我狠狠地捶着自己的头，委屈的泪水奔流而出，电话那头是家人的关心和劝解，可是我怎么也迈不出"国培"的门槛，我知道我需要的是什么。终于家人被我的坚定征服了。

我一如既往地走进课堂，因为我相信，只要有信念就一定能破浪前行。

就这样我痛苦但坚定地坚持了下来。在此过程中我尝到了艰辛，但也享受到了快乐。听到专家们那一堂堂精彩纷呈的讲座时，我好兴奋，那么多的新名词，那么多的新方法，那么多的新理念……那种感觉虽不能说是凤凰涅槃般的蜕变，但确有"柳暗花明又一村"的明朗。

三个月——这一路走来，我用"全勤"告诉自己：你胜利了！我该为自己庆贺！这三个月对于我来说太过于漫长，因为我饱受了身体和心理压力带来的痛苦折磨。可是这三个月也太短暂，收获的幸福已经掩盖了我所有的伤痛，当你幸福时，谁又会感觉时间漫长呢？

感谢"国培"，让我收获，让我超越了自己。感谢在我最艰难时一直鼓励支持我的朋友和老师们，是你们让我坚强。感谢何其多，它包含了我太多的情感，让我在酸甜苦辣中找到了自己的价值，证明了自己。

今秋，竟如此灿烂

——献给置换脱产研修的学员们

海原县关庄学区　包宏烈

（一）

夏日刚刚转过炎热的背影，

秋天的花儿向你频频点头招手，

"亲，你好！"

满脸微笑！

人常说：一场秋雨一场凉，一层秋意多添裳。

秋，总给人以失落与凄凉、眷恋与孤独……

而今秋，竟是如此灿烂温馨！

因为，"国培"为你带来暖暖的春意，给你送去慰藉与祝福。

（二）

十年，二十年……

你在那块并不宽阔的天地间，耕耘坚守，只希望那稚嫩的幼苗，开出灿烂的花朵……

于是，生命中总有梦不断飞过。

一次机缘，你选择踏上人生蜕变的旅程，

以一种渴求的欲望，寻觅那曾经飞逝的梦。

"国培"，聚焦你求索的脚步，让你零距离感受优质教育的气息；给予你探讨理论、更新观念、搭建教学研讨的平台。

三个月的坚守，为你贫瘠的土壤注入了生命的活力。

从此，你不再迷茫、不再困惑，从实践中超越自我，在历练中成熟蜕变。

于是，你俊美、靓丽的身影在"国培"的季节被装扮得更加光洁、鲜艳。

（三）

"秋花惨淡秋草黄，耿耿秋灯秋夜长；已觉秋霜秋不尽，那堪风雨助凄凉！"正值多"事"之秋！

是谁在为一份深厚的情感奔走？

是你？是我？是他？

不，是今秋里那份独有的赞歌！

一滴露珠可以折射出太阳的光辉，"国培"承载着浓浓的真情，连接着我们的追求与梦想，连接着班主任及教育学院、教育厅领导那份厚重的鼓励和期望。

于是这里才有了秋的灿烂、秋的收获！

（四）

这个秋天的色彩竟是如此美好，

你在这收获的日子里，

将自己放逐，

让思绪带着五彩的梦想，

展翅飞翔……

在秋离别时，
在依依不舍中，
给心灵一个静静思索的空间，
凭借你的智慧，用心耕耘一份属于自己的天地。
这个季节不应停驻你的脚步，而是劲风满帆的远航……

走进自主培训

——2014“国培”感想

银川市兴庆区第二十二小学　周艳珍

暑假参加“国培计划”（2014）——宁夏中小学幼儿园教师脱产置换研修班，欣赏了陈大伟、吴增强、万平、靳岳斌等外地名家的儒雅风范；目睹了魏兰、王永、支爱玲等本地学者的学识修养；聆听了有关师德修养、信息技术、课程改革、课题研究、课堂教学等方面的理论知识。在享受每一次的教育盛宴时，心情异常的喜悦与舒畅，但随着时间的推移，教育盛宴的滋味竟慢慢地变淡，变淡……

1. 激发活力，主动前行

回想这些年，随着课程改革的不断深入，教育投入的不断加大，各级教育部门和学校不断送教师外出培训学习。几乎每天，祖国各地都奔走着风尘仆仆的教育取经人——或者参加会议，聆听专家讲座；或者到名校实地观摩学习……这当中，要投入多少培训费用？而人力的消耗又是不可估量的。就拿我来说，在两年当中，参加外地学习必有一次，参加本地区的学习观摩次数又数不胜数，这种高强度的培训，到底给我们带来了多少收获？回顾自己的学习培训内容，能记住的真的很少很少……

实际上，无论教育部门、学校还是教师个人，都忽视了一个最关键的环节：如何激发个人自身的成长欲、成长力，让教师在自己的课堂上、在自己的课程里、在自己与学生的朝夕相处中，获得真切的成长。

早在 20 世纪 80 年代，美国的教育研究者就发现：教师这个职业与医生、工程师有着极大的不同，那就是他的个性化色彩特别强。一个成熟的手术方案和治疗技术，任何医生都可以拿来为自己所用；一个完善周密的工程设计方案，任何工程师都可以仿照方案完成工程的建设。但这个规律到了教育教学中就不大行得通了：不管多么好的教学方法，对一个教师管用，换另一个教师就不一定有效果！因为每个教师的气质、修养、性格、知识背景各不相同，他所面对的孩子也个性迥异。所以说，这个世界上没有一把智慧的钥匙能够打开所有的心灵之锁。这就决定了老师的专业素质提升和精神生命生长是个性化的，必须是基于他自己的需要的，必须有强大的内驱力。

长久以来，教育部门、学校花很大力气，制造巨大的推力，推动着教师前行。可是我们发现，当外在的推力撤掉以后，教师又总是恢复到原来的状态。这不禁让人想起了老式火车："火车跑得快全靠车头带。"可是一旦车头没有动力了，钢铁巨龙就纹丝不动，如"死"了一般。而现在高铁设计原理是"每一节车厢都有自带动力系统，每一节车厢都靠自己的动力前行，整合起来，就产生了难以想象的高速度"。

与其凭借外力推动教师前行，或凭借唯一的火车头带动教师前行，不如每个教师的生命装上发动机，让每个人都能主动前行。这个发动机如何装，当然是教育主管部门费心思琢磨的事情。但教师个人也应有主动安装发动机的意识和行动。

在年复一年的教学生涯中，我们中的许多人，逐渐失去了拯救和解放自己心灵的意识，不愿主动寻找潜藏在内心的"光明"因子，一任自己在繁复的工作中沦陷，或麻木地行走，找不到方向……但老师们，日子在一天天的消失，我们的生命在一天天的耗费着，难道我们除了无奈就是叹息吗？我们应关注自己的内心脉动，关注自己的精神走向，关注自己所从事的工作，关注自己所面对的那一个个花朵般娇嫩，始终渴望阳光的孩子。

即使是黑暗的深渊，也总会有某种光亮可以期待；即使是铁板一块，也总有空间让我们见缝插针。尽管我们如"蜜蜂"般忙忙碌碌终其一生，不能做出什么轰轰烈烈的大事，但我们应坚信，那庞大的"蜂房"里"总有一滴蜜是我酿的。"

"上帝救助自救者！"所以，亲爱的老师们，与其指望别人给你装上发动机，不如我们自己行动起来，让我们将所学到的教学理论运用到教学实践中。勤于积累，勤于反思，我们终会酿出自己的蜜，让我们的生命"有痕"。

美好的愿望打开了我求知的大门。汲取专家的智慧，滋润干枯的心田。"国培"是一把火，点燃了我对语文的激情，激发了我的创新意识和求知欲望，今后除继续学习理解本次培训内容外，还要多读书籍杂志，积极撰写教育教学论文，做终身学习的表率。争取能在《宁夏教育》、《宁夏教研》等杂志上发表更多作品。其次，学有所用，大胆实践。"国培"是一级级楼梯，不断丰富我们教师的专业知识和实践内容。我将认真做好课题研究，更新观念，探究新课程中的"热点和亮点"。将"国培"学习的教育理论和方法运用在教学实践中，真正达到融会贯通，带头搞教研，努力做科研型老师。最后，借助平台，引领教学。"国培"是一座灯塔，指引教师朝着正确方向发展。"国培"犹如一道亮丽的风景线，为我们搭建学习、交流的平台。借助平台日后继续加强交流，博采众长，让智慧碰撞，让"国培"播下的"种子"生根、发芽、结果，引领科学教学不断创新，持续发展。

2. **专业引领，快乐成长**

在培训期间，教授专家们的报告，内容既深刻独到又通俗易懂，既旁征博引又紧扣主题，既发人深省又生动有趣。他们对小学语文的前沿引领，让人耳目一新、如沐春风。他们的讲座为我们一线教师的教学指明了方向——"以人为本，走进学生思维，学有效的教学，教生活中的语文"。让我经历了一次次的思想洗礼，享受了一顿顿精神上的营养大餐，语文教学与生活是双向的，当语文与学生的现实生活密切联系时，语文对学生来说才是鲜活的，富有生命力的。这就要求我们课前要积极准备，特别要用科学的方法善于发现，善于探究；课堂上要让教学内容源于生活，高于生活，用于生活；课后还要善于及时总结反思。在教中学，在学中教，努力提高自身语文素质，做有语文品位的教师。

首先，教师的专业成长要有搭建专业成长的平台。这次的"国培"为我的专业成长搭建了一个学习的平台，让我知道了那么多教授都在辛勤研究教学课题；让我知道了那么多名师都站在教学课堂上潜心研究，我非常感动。虽然我们基层年轻教师的工作量很大，学习研究的时间很有限，但我知道，许多年轻教师也非常想学习，非常渴望成长，但苦于没有平台，自己摸索毕竟有限。但是我们并不因为这些困难而退却，而要寻找一切机会、寻找空子去学习。其次，做到向自己学习，向他人学习。在本次培训中，专家的精彩讲座，听得人热血沸腾，但是在我们的教学实践中却束手无策，转而涛声依旧。光自己的同事互相听课也不行，有时候出现的效果是"三个臭皮匠，水平都一样"。这就要在学习理论知识的基础上多听其他优秀老师的公开课、观摩课课，或者听专家们的示范课，这样理论与实践相结合，在理论与实践的基础上再结合自己平时的教学经验。只有这样，我们青年教师的教研才可能更有成效，才可能尽快地找准精髓，找到自身成长的突破点，才能把语文课教出浓浓的语文味来。

3. "国培"，让爱一路芬芳

在"国培"期间，我聆听了许多专家教授的精彩报告，真切感受了众多一线同行贴心的交流，每一天的培训都让我有新的收获，每一天的交流都让我在深深思考。在悉心倾听中，在交流碰撞中，我重新认识了自己，我不断地反思。可以说，我每天都有新的认识、新的思索，每天的学习都让我获益匪浅，我不能一一列举每天的感动，也不能一一倾诉每天的思考，但在我内心深处，都将他们化为了一种动力，他让我充满了激情，点燃了我心灵深处的火种，激发了我即将逝去的热情，让我看到了希望，看到了光明。这几个月的培训生活虽然短暂，但让我回味无穷。我不断思考如何做好一名小学教师，潜心寻找怎样让自己的教学生活丰富而有意义的答案。每一位教授都用自己独特的方式，都用自己切身的感受给我们作出了精辟的阐述，用李镇西老师的话来说就是，教育工作是情感、思想、智慧的交融，而这一切都源于我们心中那份爱。教育是爱的事业，虽然我曾经在教育的旋涡中挣扎，可我很庆幸，我没有失落；虽然我曾经在教育的路途中彷徨，可我很幸运，我找到了方向。三个月的经历很短暂，三个月的思索无限长，三个月的感触言语无法表达，三个月的收获将使我不断成长。培训结束了，我满载收获的喜悦，踏上归途，我的教学之路也将会翻开崭新的一页，我会用自己的收获与思索，记录下自己今后的成长历程。我将满怀热情，用自己的智慧去谱写自己的教学成长之路，情智交融，让爱一路芬芳！

"国培"——她需要教师关注；"国培"——她需要教师不断地解读、演绎。"国培"就像是一座大山，以她的厚重孕育着生机和活力，四季如春，让人如痴如醉。"国培"就像是一泓清水，以她透明清澈的气质流淌着真情和真挚，冷暖相知，让人流连忘返。"国培"以她特有的高度，丈量着我们，使我们有机会得以站在新的高度，极目远眺，广纳博取，为实施素质教育展翅！

感　恩

—— "国培"感悟

同心县实验小学　马希芳

怀揣一颗感恩的心，带着春的播种、夏的期盼、秋的收获、冬的纯真，我们在"国培"小语骨干置换研修班相遇了！

感谢"国培"小语骨干置换研修，她成为我们学术研讨的领头雁，以万山之巅搏击长空的姿态，带领我们探索教研新思维，走进课改的新阵地。

感谢"国培"小语骨干置换研修，她成为我们理论探讨的弄潮人，以东海之滨纳百川的气势，带领我们宣传课改的新理念，传播时代新信息。

感谢"国培"小语骨干置换研修，她成为文化建设的排头兵，以直挂云帆抒壮志的豪情，展示课改新风貌，宣传课改新人事。

感谢"国培"小语骨干置换研修，她成为展示教师才华的舞台、凝聚一线教师智慧和力量的文化园地、展示科研成果的重要窗口。

回顾"国培"小语骨干置换研修三个月的时光，用心细细品味张筱兰教授《信息技术支持下的课堂教学》、《翻转课堂与微课的应用实践》，李志厚教授的《课堂生态与课堂动力》，谢延龙教授的《专家型教师的生成之路》，陈大伟教授的《教师幸福与理想课堂》，曾祥岚教授的《提高自我心理调节能力，享受高质量生活》等讲座，使我清楚地认识到教师专业化发展的必要性和职业道德提升的必需性。作为一名教师，不但要有健康的体魄，还要有健康的心态，更要有专业的语文素养知识，掌握先进的理念和技术，不断提高自身的教育教学水平，才能培养优秀的学生。

感谢学院领导，让"国培"置换研修成为一方沃土、一个交流学术成果的园地，供教师们耕耘、收获。

感谢各位专家，用深邃的思想，引领一线教师研究—实践—反思—提升。

感谢各位研修教师，在"国培"置换研修这个大舞台上，尝试微格教学，进行课题的研究探讨，汇集了各位教育工作者在教育科研方面的实践经验和多才多艺的表演，供教师们分享、快乐。

感谢跟岗实践的影子学校及指导老师，让研修的教师们领略了精彩的观摩课，亲身体验了"以生为本"的课堂教学实践，丰富了教师们的研修内容。

更感谢班主任马丽老师及娟娟、宁宁，短暂的三个月里让班级凝聚成了一个"亲情家园"，让我们感受到集体的温暖，留下了许多美好而难忘的记忆。

愿2014骨干研修班的各位精英们在自己的岗位上结出丰硕的果实。

置换脱产研修让我一路成长

盐池县第一小学　张秀芬

三个多月的置换脱产研修学习，让我一路成长。我不仅在思想上有了明显的进步，而且在教学理念上也得到了革新。尤其是专家们用教学实例，用形象生动的语言，一次次使我的思维得到启发，让我不断思考、不断总结、不断进步。让我知道了如何更好地反思教学、进行同伴互助，怎样从一个教书匠转变成一个专家型的教师。培训中，我积极参加小语骨干班的汇报演出，从中收获着自信，追寻着学生时代的快乐，感受到了生活的多彩和培训的快乐，重新认识了自己的职业。

1. 专家的引领

俗话说："玉不琢，不成器。人不学，不知义。"每天面对不同风格的名师，能听到不同类型的讲座，感觉幸福又充实。每次都能感受到思想火花的冲击，进一步了解和掌握了新课改发展的方向和目标。每次专家讲座我总是早早地来到教室，坐在前排，专心听讲，认真做好笔记。至今专家们的声音仍在我的耳边回荡：万平老师用鲜活的师生小故事解读着作为教师的平凡与感动、伟大与幸福。在场的每位教师无不为之感动，大家听着万老师精彩的演说，品味和憧憬着教育的幸福与快乐。经久不息的掌声是对万老师讲座的直接肯定。仇千记老师指出学生作文中存在的种种误区，深入浅出地一一为大家作了剖析。他指出，应蹲下身子看小学生作文，不应该在作文的形式上浓墨重彩，而应该把辅导重心放在如何使学生就现有的材料写出真情实感。培训学员们在仇千记老师妙语连珠的话语中认真聆听并记录。成都大学师范学院的陈大伟教授语言朴实清新，列举的事例简单却富有哲理，相信老师们和我一样能够深刻领悟幸福的含义，在自己的教学生活中创造和享受幸福，做一个幸福的教师。平易近人、笑容可掬的宁夏大学王淑莲教授更是让现场教师在轻松愉悦的氛围中进行有效的心理调适，结束一天紧张而有序的学习。专家们的讲座如雨露滋润着我的心田，深刻地指出了教师一定要走专业化的道路，从教育理念到微观课堂的把握无处不体现教师的专业化水平，全面贯彻素质教育就是要提高课堂的教学效率，提高教师的专业素质。

专家们的讲授增强了我的责任意识，使我受益匪浅。教育是一个长期发展的过程，同时又是环环相扣的过程。我们教师应该立足现今，着眼未来，以苦为乐，甘于寂寞，勤勤恳恳，充当人梯，负起教育这个光荣而艰巨的任务。我们要提升自身的素质，懂得尊重和激励学生，启发学生的心灵、思维。著名的心理学家雷耳评论说：称赞对温暖人类的灵魂而言，就像阳光一样，没有它，我们就无法成长开花。但是我们大多数的人，只是敏于躲避别人的冷言冷语，而我们自己却吝于把赞许的温暖阳光给予别人。

专家们精彩的讲座感染着我、启迪着我。我信心百倍，认真整理笔记，及时完成培训感言，反思自己在实际教学中的不足。我是来自一线的教师，很多时候也会像专家们所说的那样实践着，只是懒于动笔积累，没有把文字性的资料上升到理论的高度。因此，今后的教学中我一定脚踏实地，寻找自己在教学中的问题，理论联系实际，真正提高自己的教学水平。

2. 班主任的启示

培训中期，正当我为开题报告焦头烂额，无从下手时，班主任马丽老师的研讨课如雪中送炭，顿时让我有了方向感。那节课不仅让我增长了知识，还让我得到了在科研、论文编写以及答辩方面的宝贵经验。课堂上马丽老师体现出来的严谨的科学研究精神深深地感染了我，我体会颇深。无论是从课件的制作还是到内容的选择，都可以看出马丽老师做了精心的准备。她将往年很有代表性的开题报告中出现的问题和吸取的经验用 PPT 一一呈现在我们的眼前，不厌其烦地帮助我们分析，让我们扫清了开题难的心理障碍。例如她将本次培训中某学员的题目《文本细读在小学高年级阅读教学中的运用》改为《文本细读在小学高年级阅读教学中的实践研究》，并陈述了"运用"和"实践研究"的迥异，让我们在对比中茅塞顿开。选题时她要求我们抓住"新"、"精"、"准"。我们都是来自教学一线，因此要充分利用这一优势，在自身教学实践中发现问题，而这些问题又是真正迫切需要解决的，体现出"新"。要针对自己所教学科、年级甚至班级某一节课出现的问题进行研究，体现出"精"。开题报告题目的表述，马老师给了指导性的框架式参考：ＸＸ（定语）小学（是否分段）语文ＸＸ（主要内容）ＸＸ（侧重点）的ＸＸ（研究类型或方法研究），体现出"准"。最后在讲研究方案所包含的几块内容时多次运用举例说明和下定义的方法，写什么、为什么要写、怎么写等等，让我当堂明确了动笔的方向，对自己的选题也有了全新的认识。本节研讨课对我来说是沉甸甸的宝贵财富。对于开题报告，我原有仓促应付之心、马虎从事之意，但都被马老师的这节课冲刷得无影无踪。踏踏实实地看书、学习、实践、研究，努力提高个人修养。作为教师，我体会到了要终身学习。只有及时地充实自己、提高自己，面对竞争和压力，我们才可能从容面对，才不会被社会淘汰。同时还要学会以"诚"待人。良好的师生关系是要靠自己用心经营的，和家长真诚地沟通，懂得顾及家长的感受，有责任心、公平心，这样家长就会慢慢地信任你；对待学生要平等，不高高在上，要有威严，言出必行，做孩子的表率，孩子才会尊敬你。还要学会"容"纳一切。充满爱心，要懂得原谅，要学会用另一种眼光看待学生，尽量发现他们的闪光点。这就是马老师给我的启示！

3. 跟岗反思

我非常重视在兴庆区唐徕小学的跟岗实践学习机会，非常感谢我的指导老师。跟岗期间，每天我总是早早地来到学校，参加学校的常规活动，与带教的王晓娟老师共同钻研教材、设计教案、上公开课、批改作业。我还深入到王老师的课堂，近距离交流，全方位观察。在参加该校的教研活动中，我也虚心向带教老师请教。他们课堂上个个都是精彩的语言、恰到好处的评价、丰富的词汇，这些深深地影响着我，我要向他们学习。

带着累累的硕果，踏上新的教育征程之际，回首培训历程，发现自己的教育观念得到了洗礼，教育科学理论得到了升华，对于师德的理解也有了新的感悟。

这次培训的紧张、充实、忙碌、有序。短短的三个多月，我的听课笔记和反思已经有厚厚的几本了。它记录着我今后教学的财富，将为我的教学工作提供理论支持，我会把这些运用到平常的教学中，并带好家乡的团队，让孩子们体验到学习语文的乐趣与魅力。让孩子们在我的影响下爱上读书，学会读书，写读书笔记，学会坚持。置换脱产研修虽然即将结束，但留给我太多的深思。至此之后，我将努力地追寻前辈们的步伐，踏踏实实地做好每一件事情，一步一个脚印地走好以后的路，尽快地成长为一名研究型教师，实现自己的人生价值。感谢置换脱产研修，让我一路成长！

在"国培"中成长 在实践中提高

贺兰县常信中心小学 段巧英

2014 年 8 月 10 日至 11 月 15 日，我有幸参加了宁夏大学举办的"国培计划"——宁夏农村中小学骨干教师置换脱产研修。能有一个走进高校的机会，由教育部、财政部直接支付生活学习费用，安心坐下来读书、听课、学习、观摩、交流，实在难得。在这里我学习了三个月，结识了 120 位来自全区各地的小语同学，聆听了来自全国各地 45 位著名教育专家教授的专题讲座，走进课堂听课达 30 节。培训专家们的精彩讲座、名师的先进事例、影子教师的优秀示范课以及学员间的真诚交流，给我带来了心灵的启迪，使我从简要精辟的教学理论和鲜活的案例中深受启发，解决了我教育教学过程中的诸多困惑。通过这次培训，我收获很大。下面我简单谈谈一些体会。

首先，理论丰富，全面系统。宁夏大学俞世伟教授《师智、师德、师风》的讲座，让我们明确了语文教师的素养是什么，以及怎样提升语文教师的素养。成都大学师范学院陈大伟的《教师幸福与专业发展》，以自身经历告诉青年教师要学会读书、学会上课、学会思考、学会研究、学会写作。所谓人生三重境界：看山是山，看水是水的人是庸人；看山不是山，看水不是水的人是伪装的智者；看山还是山，看水还是水的人才是真正的智者。北京特级教师万平《教育是温暖的》，千百次的追问，教育是什么？传递给我们师者的伟大情怀。上海师范大学吴忠豪教授关于语文课程改革、教学内容、教学设计的讲座发人深省，语重心长。自治区教研员马兰的《体现学段特点，提高阅读教学实效性》，则让我们知道了阅读教学如何教。上海吴增强教授关于《教师压力管理与心理健康》的教学使我们茅塞顿开。华东师范大学闫寒冰博士畅谈《技术改变教学》使我们眼界开阔。宁大张玲教授的《如何应用教育技术》多媒体课件的设计与制作帮我们解决了很多实际教学中的困惑。魏兰教授的《文学对成人的魅力》，华南师范大学李志厚的《课堂生态与课堂动力》，邢荣民的《翻转课堂和微课的应用实践》，西北师范大学张筱兰的《信息技术支持下的课堂教学》，陕西师范大学王元华的《语用学与语文教学》等在教学方面为我们指点迷津。仇千记的《科学指导小学生作文》等则道出了作文课教学的真谛。

我受益最大的是北京教科院特级教师张杰的《义务教课语文课程标准（2011 版）解读》。他指出五点。一是新课改的成绩与进步。二是新课改存在的问题。三是 2011 版新课标坚持了什么。四是新版课标更加强调了什么。五是深化语文课程、教学改革的建议。

其次，名师课堂，指明方向。西夏九小名师姜晓春执教的人教版二上《识字3》示范课，为我们指明了识字写字教学方向；银川十八小学五位教师同课异构上了《夜书所见》（人教版三上）微课，让我们大开眼界。凤城名师秦鲜梅《秋天的雨》（人教版三上）、方密执教的《蓝色的树叶》（人教版二上）、薛新惠《找骆驼》示范课，激发学生的亲身体验兴趣，打通学生生活世界与书本世界的连接通道，让学生将自己当作文本中的"我"，走进文本、对话文本，获得人生感悟和生命体验。阅读教学只有与学生亲身体验融合，才能真正走进学生心灵，培育情怀，塑造人格，获得生命的成长。

再次，影子实践，千锤百炼。10月20日至11月7日，根据研修日程安排，我们分组到影子学校实践研修，导师亲自将学员送到各个学校。三周的影子学校实践让我们近距离地与指导老师交流，全方位地观察学习。学习影子教师的教学理念、教学行为，感受他们的教学效果。影子老师们的教学风格迥然不同，但是她们都有一个共同的特点：课堂随堂不随意。我们目睹了名师的课堂教学，亲身体验学校的教研氛围；培训中指导教师手把手地教，学员虚心好学，勤于思考，深入研讨；学校的领导高度重视，很多学校领导亲自参与听课、评课活动，实现了学员和导师之间的真诚交流、互相学习和提高。在集体备课时，大家通宵达旦，教学设计字斟句酌，大家积极主动，认真倾听，分享经验，观点得到碰撞，智慧得到升华。内涵变得深厚，眼界变得开阔。三周时间如影随形的学习，让我们把第一阶段的理论学习和导师的课堂教学实践结合起来，真正领悟了语文教学的核心是"一个中心"、"两个基本点"，即以语言训练为中心，培养学生听、说、读、写的语文能力，提高人文素养。语文教学要由"教教材"变成"用教材教"，由"教课文"变成用"课文学语言、用语言"。

培训最后阶段的课题开题活动充分检验了我们三个月的学习收获，老师们能够把前一阶段学到的理论知识和实践经验有机结合起来，表现了很高的教研能力、运用多媒体辅助教学能力和践行新理念的能力。

弹指一挥间，为期三个月的小学语文骨干教师"国培"研修顺利落下帷幕，我们如期完成了本阶段的研修任务。三个月的朝夕相处，三个月的孜孜以求，三个月的交流碰撞，我们结下了深深的友谊，也收回了沉甸甸的果实！

这次培训研修，不仅使我们的知识得以扩充、教学理念得以更新，更使我们的心灵经历了一次洗涤。通过本次培训，让我感受到学习的路还很长，但我对教育教学充满了信心和希望。虽然培训已经结束，但终身学习还在继续……

合作交流　感悟成长

——一个乡村小学语文教师的"国培"之旅

同心县预旺镇中心学校　白福朝

2014 年 8 月 10 日，带着几多困惑、几许紧张、几份欣喜，激荡着一份热切的期待，我欣然来到宁夏大学参加"国培"计划置换脱产研修学习。这三个月的培训如一缕春风吹进我的心田，对我的大脑是一次全新的洗礼，使我受益匪浅。每天的感觉是幸福而又充实的，因为每一天都能听到不同类型的讲座，能与不同风格的名师面对面交流，接受来自各名校的教育思想和教育理念。

参加此次培训学习，是一种荣誉，更是一种责任，同时也感到压力。现在我就从以下几方面说说我的"国培"之旅。

1. 专家引领，思想振荡

这次培训，宁夏大学精心地为大家准备了丰富的大餐盛宴——让我们这些一线教师得以聆听区内外教育专家生动、形象而又精彩的讲座，提高了自身的业务水平和业务知识。

各位知名专家、学者从自己切身的经验体会出发，畅谈了他们对师德以及小学语文教学等教育教学各个领域的独到见解。从宏观的角度出发，在畅谈中国农村教育的过去、现在的同时，给我们展示了中国未来教育的远景。在这些专家的引领下，我的思想受到极大的震撼：作为一个普通的农村小学语文教师，我们平时思考得太少！平常我们在学校，考虑的都是如何上好一堂课，对于学生的长期发展和教育发展的远景考虑得并不多。作为新时期的教师，我在这方面实在太欠缺了！这次"国培"使我认识了不足，明确了方向，更激发了我学习的动力和实践的潜力。

2. 同行交流，共促成长

本次培训，每位培训教师都有丰富的语文教学经验，教学的外部条件也非常相似。因此，成员之间的互动交流成为每位培训人员提高自己语文教学业务水平的一条捷径。在培训过程中，我积极尝试与其他学员之间交流。在交流过程中，了解到各学校的新课程开展情况，并且注意到他们是如何处理新课程中遇到的种种困惑，以及他们对新课程教材的把握与处理。通过学员们畅所欲言的交流与讨论，以及教师教学基本技能的展示和教学资源的共享，为我们打开了一扇窗，如同拨云见日，使我对教育教学的理解更加透彻，为我们今后的教育教学打下了坚实的基础。

3. 跟岗实践，如影随形，如沐春风

"岁月如歌，时间如风！"转眼，"国培计划"已到了"跟岗研修"阶段，我们有幸被安排到了名扬区内外的银川市西夏区第九小学。一个月的影子实践让我们感到了西夏九小办学有深度、教学有亮度、育人有宽度！在西夏九小，我们每一个学员都珍惜机会，与指导教师如影随形，"下深水"、近距离交流，全方位观察。给我启发最大的还是西夏九小别具特色的教研活动。在短短一个月的时间内，我参加了四次教研活动，有以课为例的课例分析研讨活动，有抛出话题教师思维相撞的话题教研，有多组共研的集体备课活动，有专题交流活动，每一次活动都开展得扎实有效，使我从教研活动中得到更为深刻的启示。

4. 注重反思，提升教学

从到宁夏大学学习的第一天起，我每天都认真完成学习感悟、学习反思的撰写，于是在每天的反思中，我学到了许多。在仇千记老师的讲座中，我明白了语文是写出来和读出来的，教师要引导学生进行语言的积累，让语文学习焕发出生命的活力，让语文学习充满成长的动力，让语文学习绽放智慧的潜力！在马兰老师的《体现学段教学特点，提高阅读教学时效性》中，我明白了阅读教学在小学阶段的重要性，小学阶段更要注重语言的积累。

这次培训，使我提高了认识，理清了思路，学到了新的教学理念，找到

了自身的差距和不足。新课程强调"教"服务于"学",把学生置于教学的出发点和核心地位。教师应该以学生的心理发展为主线,以学生的眼界去设计教学思想,预测学生可能的思维活动并设计相应对策,使我对教师在课堂上的角色定位有了更新的认识,及时对自己的教育教学进行反思、调控。今后我将以此为起点,不断梳理与反思自我,学会在学习中反思,在反思中提高,在提高中完善,在完善中创新,促使自己不断成长,让自身的业务水平不断得到提高。虽然培训结束了,但思考没有结束,行动更没有结束。我将带着收获,带着感悟,带着信念,带着满腔热情,在今后的教学中,汲取专家的精华,反思自己的教学行为,让自己在教学实践中获得成长,使自己的教学水平和教学能力更上一个新的台阶。

总之,"国培"教育,对我既有观念上的洗礼,也有理论上的提高;既有知识上的积淀,也有教学技艺的增长,我会将所学知识进行梳理、打包,再慢慢地咀嚼、消化,进而将这些高营养的知识"大餐"内化为我学习的动力、教学的资本。

"国培"是一缕春风,不断地温暖我们饥渴的心灵;"国培"是一棵大树,让我们在他的怀抱中成长;"国培"是辽阔的大海,我们就是大海中的小水滴,我们会在大海的怀抱中锲而不舍地成长;"国培"是我学习的天空!只有不断学习,我才会有不断的收获,才会在蓝天中飞得更高更远!

回首研修路 这边风景独好

——"国培计划 2014" 置换脱产研修总结

永宁县玉泉营小学 胡雪晴

2014 年 8 月 10 日,一个美好的秋日,我怀揣着一份久远的梦想,激荡着一份热切的期待,欣然来到宁夏工商职业技术学院参加"国培"计划置换脱产研修学习。三个月的学习时光,来时长、去时短,回眸之间竟已结束行程。回首这三个月的培训,我觉得用 "紧张、忙碌、充实、成长"这八个字来概括再恰当不过了。宝贵的学习机会，让我增长了知识，改变了观念，拓宽了视野，坚定了信念。在这短短的 90 天脱产研修的日子里，我们白天为学习而忙，晚上为作业而碌。我和学员们用智慧点燃智慧，用激情澎湃激情，一同思考，一同进步，在彼此的启迪中共同成长。我深深地感慨：这次培训是我参加工作 19 年来最难忘的一次旅程。当学习临近结束，当我挑灯走进夜的深处，我细品所学，总结所得，在"国培"小语骨干班这个大花园中，我似乎听到了花开的声音，看到了自己内心深处破茧成蝶的梦想……

1. 专家引领——拨云见日，润物无声

这次培训，宁夏大学精心地为大家准备了丰富的知识"大餐盛宴"——让我们这些一线教师得以聆听区内外教育专家的生动、形象而又精彩的讲座，丰富了自身的业务知识、提高了业务水平。

宁夏大学教育学院曾祥岚副院长的讲座《提高自我心理调节能力，享受高质量生活》，令我心动，让我垂泪！19 年来，尽管我的教学能力在当地学校被人推崇，尽管我的教学成绩名列前茅，但我始终觉得自己就是一个小学语文教师，我的职业没有什么让我觉得光鲜亮丽的地方。然而，听了曾教授的讲座后，我顿悟：不论我身处何位，一定要优化自我内涵，摆脱心理困扰，由内而外地散发出属于我独有的精神魅力，做高品质的人。

宁夏大学俞世伟教授的精彩报告深深地折服了我，给我们全体学员带来了极大的鼓舞。俞教授从"师智、师德、师风"三个方面为我们进行了深刻的解读。尤其是俞教授讲到师之品行时，他是这样讲的："智性，为我事业之术；德性，为我事业之品；二者均为我师之基，为此，我一日不敢懈怠我之技，一时不敢懈怠我之德，尽管沧桑辛劳其中，从中体味学子与我智性之乐，尽管得失计较在眼前，从中倍感德性人格之贵重！"这让我们每一位学员深深感受到作为教师，良好的师德师风是我们从事教学的不变信念。

这次培训研修活动形式多样、内容丰富，我们领略了几十位专家、教授的专业风采和敬业精神。他们孜孜不倦的教诲、至诚至善的人文关怀，使我们感觉到，"国培"研修班大学是我们广大一线教师知识更新的殿堂、教学成长的精神家园。我们的思维视野得以扩展，学科知识得以丰富，思想观念得到更新，教学和研究能力得到提高。

2. 跟岗实践——如影随形，如沐春风

一转眼，"国培计划"已到了"跟岗研修"时间。我们被安排到了银川市西夏区第十一小学，三周的影子实践让我们感到十一小办学有深度、教学有亮度、育人有宽度！

在十一小，我们每一个学员都珍惜机会，与指导教师如影随形，近距离交流，全方位观察。感受影子教师风格迥异的教学理念、教学行为和教学效果。然而，她们的课堂随堂却不随意，我们亲历了名师培养对象的课堂教学，亲身体验实践学校的教研氛围，培训中学员虚心好学，深入研讨，思想碰撞，学到了真本领。

其实让我收获最大的还是十一小别具特色的教研活动。在短短三周的时间内，我参加了三次教研活动，有课例分析研讨活动，有集体备课活动，有专题交流活动，每一次活动都开展得扎实有效，指导老师们条分缕析，逐句讲解，使我从教研活动中获得诸多启示。

3. 交流研讨——集思凝智，共同成长

在听专家讲座的同时，我积极参与教学研讨。无论是参与班级开展的专题研讨，还是专家讲座过程中的互动交流，不论是影子学校的教研活动，还是汇报课的公开教学，每次讨论，都有我的身影。我和学员们、同行们共同交流、共同研讨，开拓了教研视野，而这些也使我变得更加自信！

我最想说的是：这次"国培"计划置换脱产培训帮我完成了人生破茧成蝶的最美时刻！相信今后，我的教学生涯会越来越自信，越来越精彩！

4. 反思总结——取长补短，拔节开花

从到工商学院学习的第一天起，我每天都会认真完成测评和学习感言，于是在每天的反思中，我学到了许多——

在仇千记老师的讲座中，我明白了"语文是写出来和读出来的"，教师要引导学生进行语言的积累，让语文学习焕发出生命的活力，让语文学习充满成长的动力，让语文学习绽放智慧的潜力！

在马兰老师《作业的设计、批改与检查反馈》中，我明白了作业要倡简增效，务本求是，一课一得，得得相加，就会转化为学生的学习能力。

在李霞老师的常态课中，我领略了语文教学的真谛："教育到底是什么？

它是当人们忘记了书本上的知识后而仍能留存的东西。这仍能够留存的东西首先应该包括老师的关爱与魅力，也包括一把把开启智慧大门的金钥匙，即能帮助他们终身学习的学习方法。"

我轻轻地告诉自己，在今后的教育教学征途中，我要做一名热爱学习的教师，做一个真正的行动研究者，更要做一个教学的领跑者。我要把这次培训学到的新知识、新理念带回去，通过自己的努力，带动身边的伙伴，共同奔跑在专业成长之路上。一切似乎只在瞬间，转眼之间三个月就已过去。从一开始的忐忑不安到逐渐从容，到最后的不舍，回顾培训期间的日日夜夜、点点滴滴，真的要对本次培训活动由衷地说声："谢谢！"

我的 90 天大学生活

泾源县教体局　于希花

深秋的早晨，走在校园里，一阵凉风吹来，让人倍感清爽。

草坪上撒了一层淡淡的霜，新鲜而明亮。

槐树的叶子一片一片从树上飘下来，像飞舞的蝴蝶。几只喜鹊在枝间跳来跳去，忙着衔枝垒窝，准备过冬。

操场上，红红绿绿的点儿闪烁着。打篮球的，跑步的，散心的……年轻的身影舞动着，充满了朝气和活力。

人到中年，再一次走进大学校园，心中感慨万千。

每天，背着书和笔记本，同大学生们一起从宁夏大学 C 区到 A 区去上课，心中的幸福竟是满满的。

坐在教室里，聆听着一位位名师、专家精彩的讲座。

北京教育学院朝阳分院的薛晓光教授，针对当前小学语文教师备课时不认真研读教材，一味依赖参考书、教辅资料的现象，指出作为代课老师一定要亲历亲为，读出文本的教学价值，获得阅读的真知灼见。"居高声自远，非是籍秋风。"教师只有解决了教什么和怎样教的问题，才能设计出精彩的教学。魏兰教授，在宁夏大学以讲授现代文学著称，她让我们领略了文学对成人的魅力。她在解读史铁生的《我与地坛》一文中让大家感悟到：命运是无法抗争的，苦难是普遍存在的，关键是你怎样看待生命中的苦难。同时也让我们感到高雅文学对陶冶儿童情操、娱乐儿童精神有着无法替代的作用。并向我们一一介绍了小学生可阅读的中外优秀儿童文学作品及低、中、高年级适宜阅读的书目，让人眼前豁然开朗。马兰老师是宁夏区教研室小学语文资深教研员，她的讲座最接地气，切中了我们教学中出现问题的要害——作业设计不精、布置不当、教辅资料泛滥而导致的课外作业多，学生负担重。她用那嘶哑的嗓音（感冒、嗓子发炎）竭尽全力给我们这些来自一线的老师讲解着，希望我们多学一点儿知识，少走一些弯路，让孩子们不再惧怕作业、厌恶作业，而是快乐地学习，健康地成长……从她们身上，我感受到了什么是大师风范！我像小学生一样认真地倾听着，努力做着笔记，不想错过每一节课。

是啊，90天的点点滴滴都留在了记忆里，时时感动着我们！

8月10日报名那天，马丽老师上身着绿衫，下身配黑裙，袅袅婷婷，似仙女下凡。几个月的奔跑、忙碌，却已晒黑了，憔悴了；戴联荣院长反复叮嘱我们："出门在外，照顾好自己，安全第一，不要养成边给手机充电边打电话的习惯，那样是很危险的。"曾祥岚院长在结业典礼讲话中哽咽了，哽咽中有感谢，有祝福，有歉意，有安心；年长的吴丽莉教授在课题开题那天整整用了八个小时的时间给我们每一位学员耐心地分析着、讲解着，像一位小学老师在手把手地教她的孩子们；年轻漂亮的王惠惠老师为了约我们见面指导课题，骑着自行车从家里跑到工商学院，又从工商学院跑到宁大C区，再从宁大C区跑到宁大A区……从他们身上，我知道了什么是敬业！

好多次，我都强忍住涌出的泪水，在心里默默为他们祈祷：希望他们一生平安、健康、幸福！

离别是让人伤感的，却也是令人留恋的！

感谢"国培"！感谢各位老师！

学习　践行　成长

吴忠市利通区第八小学　韩淑琴

2014 年 8 月 10 日，工作在教学第一线的我带着一份激动，带着一份期待，带着一份新奇，走进了宁夏工商职业技术学院，成为 2014 年"国培计划"——宁夏中小学幼儿园教师脱产置换研修班的一名学员。时光如流水，转瞬即逝，为期三个月的研修培训结束了。此次培训，内容丰富多彩，主题鲜明，方式多种多样，既有专家的报告，又有特级教师的核心理念，还有视频观摩研讨、影子教师培训。为期三个月的培训，我感觉每堂课都是充实的，因为每堂课都有不同风格的专家讲课，每堂课都能听到不同类型的讲座，每堂课都能感受到不同思想火花的冲击。在培训中，我进一步认识了新课程的发展方向和目标，反思了自己以往在工作中的不足。作为一名农村小学教师，我深知自己在教学上存在不足，在教学过程中与城市发达地区还有很大的差距。在三个月的学习过程中，我严格按照要求进行培训学习，保证时间，认真做好学习笔记，积极参与交流讨论，认真撰写了培训计划、反思、总结，保质完成培训作业。培训专家们的精彩讲座、名师的先进事例、影子教师的优秀示范课以及学员间的真诚交流，给我带来了心智的启迪，使我从简要精辟的教学理论和鲜活的案例中深受启发，解决了我教育教学过程中的诸多困惑。

1. **理论研修：聆听专题讲座，丰富理论知识，在学习中提升**

"问渠哪得清如许，为有源泉活水来。"理论研修阶段，采用了聆听专家讲座、组织学员交流讨论、写心得体会等形式学习。教育名家们的生动讲座为我们的教育理论注入了源头活水。我深深地被专家教授们对教育教学中的许多精辟见解所吸引，他们对小学语文的前沿引领，让人耳目一新、心生敬仰。理论学习，使我得到了情感的熏陶和精神的享受，让我经历了一次思想的洗礼，享受了一顿丰盛的精神文化大餐。

在理论研修阶段，我认真参加培训学习，积极参与"国培"学员班学习交流活动，其间收获不少，感触颇多，享受了快乐，也感到了一些迷茫。来给我们进行培训的不是专家、教授，就是特级教师、优秀教师，他们来自大江南北，讲课风格多样，观点理念迥异，仁者见仁、智者见智，但都有着高深的学术造诣和人文素养。他们的讲座内容深刻独到、通俗易懂、旁征博引、紧扣主题、发人深省、生动有趣。与他们交流对话，让我学到不少做人处事的道理，在思想理念上受到了很大的冲击，在精神上接受了又一次崇高的洗礼。我感到一种说不出的自由与轻松，呼吸到了一股民主、自由、开放、和谐、充满人文关怀与浓浓的学术研究氛围的清新空气，就像是享受一顿色香味俱全的精神大餐，让人回味无穷。也让我感到一种前所未有的压力，这种压力来自我的无知，原来我是多么的与现实格格不入，我每天给学生讲素质教育，自己却似乎离它越来越远。我感到了自己原来竟是如此的渺小，如此的一无所知。原来知识的海洋是如此广阔无边，而我原来是这般肤浅啊！

专家们生动有趣、真情实感、操作性强的讲解，使我学习了新的课改理念，掌握了新的教育教学理论知识和方法技能，让我懂得了理论是一门学科的方向和总括。走进"国培"，聆听专家的讲座，汲取名师的精华，使我在心灵上得到了洗涤，在师德修养、精神境界上得到了提升，在课程理念、教学改革、教材教法、理论基础、教学技能、文化知识等方面的认识得到了更新，让我进一步看清了小学语文新课程改革的发展方向和实施目标。我体会到作为教师，要学会正确认识自己，反思自己，对专家们的观点理念要辩证地吸收。学无止境，我们要不断加强自我学习与自我完善，不断提升自己的专业素养与专业技能。同时，我们更要以名师为鉴，向专家学习，虽然我们在思想上不可能达到他们那么高的境界，在学术上也不可能有那么大的成就，但是只要我们努力了、进步了，不误人子弟，我觉得我们就没什么遗憾了。

2. 影子研修：走进一线课堂，观摩与实践，在感悟中进步

要想给学生一碗水你必须有一桶水，现在的一桶水已经不能满足需求，我们要给孩子们注入源头活水。这就需要我们不断地学习，不断地总结，不断地反思，及时将自己的经验记录下来。

在影子研修培训学习阶段，我严格遵守培训学习纪律，认真制订影子研修个人学习计划并付诸实施，积极主动争取指导教师的指导，虚心请教、自觉沟通并接受指导与检查，认真完成各项培训学习目标任务。在三周的研修过程中，我带着"国培"第一阶段理论学习的收获与困惑走进西夏区回民小学，走进充满生命灵动的课堂，走进耕耘在课改一线的教师之中，走进学生生活学习和文本解读之中。一个月来，我认真听课并做好记录，及时向影子老师请教不懂的问题与困惑；在学习中，我积极参加各类教育教学研讨、交流等实践活动，及时整理听课和讲座资料，并写好影子研修培训学习心得体会、学习反思；同时，坚持每天看书、写读书笔记或上网查阅教育教学理论、搜看优秀教师授课资料及经验介绍等。在影子教师的指导下，我的组织课堂活动能力、实施能力、设计能力、反思能力都得到了不同程度的提高。通过学习和反思，我认识到未来教育需要科研型的教师，而不再是"教书匠"。教师要想从"教书匠"转为科研型教师，学习、思考的背后，我感到更多的是责任、是压力。

3. 总结提升：团队交流，分享经验，在反思中前行

这次培训不仅是学员共同交流研讨的平台，也是自我提升的平台。

在学习期间，学员们在每一次交流研讨中，结合自己的教学实际谈体会，大家各抒己见，学员的教育教学事例、教学设计、帖子，风趣幽默，智慧亲和，精彩纷呈，让我折服，使我有了更宽阔的视野，掌握了更高的教学技能。每一个话题都有专家指点，并引发小组成员的热议。我不记得是哪个专家说过，你觉得有些糊涂有些困惑不要急、不要紧，那说明你有进步，你在反思，只要你每天都有那么一点点的感悟，那你就是一个大收获。我们迷茫，是因为我们的肤浅与无知，正因为我们不优秀不完美，我们才更需要学习，更需要培训。有了专家的引领，我们才会有新的提升。研讨交流充实了我，在交流中我进一步意识到教育观念陈旧、知识结构狭窄、教学方法单一、教研意识和能力薄弱的可怕与悲哀。让我增强了团队意识、合作意识，理解了骨干教师培训研修是带动和提高全体教师专业成长的有效途径，体会到实施"国培"计划的紧迫性与必要性。我不想说我的感受有多深，我只想说：听"国培"专家讲座，绝对管用！与学员交流，分享快乐，收获成果！受专家指点，

走出迷茫,实现提升!来参加这趟"国培",我没白来,值得!

4. 在课题研修中提升自我

三个月的学习中,最折磨人的要数课题研修中的开题。在本次培训中,要求每位学员结合自己的教学实际选定一个研修课题。通过做课题,我学会了如何选题、查找资料、写开题与结题报告。一位学友写下了课题变奏曲:"初识课题是渺茫,东拉西扯凑成篇,满心欢喜去交差,稿件回复傻了眼。辛苦奋斗俩月半,千修万改终定稿。辗转反侧难入眠,定铃五点理思路。心情忐忑奔 A 区,今日答辩险过关。课题虐我千百遍,我待课题如初恋。"真真道出了我的心声。

总之,这次培训虽然是短暂的,但是留给我的记忆与思考是永恒的。通过这次培训,我提高了认识,理清了思路,找到了自身的不足以及差距所在,我将以此为起点,让差距成为自身发展的原动力,不断梳理与反思自我,促使自己不断成长。这次培训让我经历了太多的感动,经历了太多的激励。回头去看看自己在培训中留下的脚印,我相信那不会是学习的结束,而是学习的开始!唯其如此,我们才会在教师专业化成长的道路上走得更快,走得更好!

再见了,美丽的宁夏大学

中宁县大战场镇彭建小学　妥生秀

聚是一团火,散为满天星,成长给人智慧,祝福让人启迪。携手相伴的学习岁月即将道别,千言万语的寄托化成一声声"珍重"。这一颗颗诚挚的心,这一首首无韵的诗,正是这个离别季最优美的旋律,让人既温暖,又倍加珍惜。记得金波湖畔留下了宁大学子笃学的身影,凌云广场挥舞着你们跳动的音符。这里有着太多的过往与铭记,太多的拼搏和努力,太多的汗水与泪滴,我为拥有在宁夏大学生活的一段荏苒岁月而感到自豪与欣慰,用三个月的时光谱写且勾画出一幅美丽的画卷。如今的我少了许多困顿迷离,少了许多浮躁稚气。

时光荏苒，光阴似箭。它总是在留恋与不舍中流逝，短短的三个月，让我对这个寄托了莘莘学子梦想的地方产生了难以忘记的情愫。那时，我思绪万千，叹息于时间的流逝。今天，我千言万语，难以表达内心的感受，很快就要离开这所让我难以忘怀的大学，离开这片最美的土地，我真的舍不得。尽管曾经目睹一场场告别，经历一次次举杯，但这为期三个月的喜怒哀乐，将再也不见。此时此刻"天下没有不散的宴席"替代了太多的不舍。转眼之间，我们即将挥别离开宁夏大学，回到各自的工作岗位，踏上新的人生征程，开启新的人生篇章。记得泰戈尔曾说："蜜蜂从花中啜蜜，离开时盈盈地道谢。"在此，我也想说声"感谢"。感谢宁大这片美丽的土地；感谢"国培"，提供给我们学习的机会；感谢老师，教给我们专业知识；感谢同学，这些给我关怀的人。结束也许意味着另一个新的开始。祈盼美好的明天，期待离别后的再次相聚。在日后的工作岗位上我会更加努力，以百折不挠之志披荆斩棘，以只争朝夕之行挥斥方遒。"三月宁大人，一生宁大情。"最后，千言万语汇聚成一声祝福：愿宁夏大学年年桃李，岁岁芬芳！再见了，美丽的宁夏大学；再见了，可亲可敬的老师同学；再见了，远逝的青春年华……

"国培"，记录着我的成长之路

贺兰县第一小学　张彩艳

2014 年一个美好的夏日，我满怀着一份热切的期待，带着几多困惑、几许紧张、几份欣喜，有幸参加了"国培计划"（2014）宁夏中小学幼儿园教师"国培"计划脱产置换研修学习。有人说："国培"是一场风云的聚会，因为有敬业的专家学者，有无私奉献的班主任，有学友间无私的互帮互助，还有那闪耀着智慧火花的交流平台……接下来的研修学习生活验证了这一切。

"国培"，记录着我的成长之路。记得刚迈进"国培"时，我就像一个刚进校园的小学生，总怕自己会说错话。渐渐地，我认识的人多了，胆儿似乎也更大了。渐渐地，我学会了思考，学会了提问，学会了讨论。渐渐地，"国培"开拓了我的视野，从中我领悟到了"国培"传达的重要精神。在聆听专家讲座的同时，我也开始积极参与教学研讨。在研讨中，我一直努力战胜自己，演绎学习的激情，我和学友们、辅导老师们共同交流，共同研讨，提升了教研能力，而这些也使得我渐渐变得自信了！"国培"如一缕春风吹进我的心田，给我的大脑带来一次全新的洗礼。在这短短的 90 天脱产研修的日子里，每一天都要面对不同风格的名师，每一天都能听到不同类型的讲座，每一天都能感受到思想火花的碰撞，每一天都有新鲜未知的探索。

"国培"，碰撞出同行们思维智慧的火花。有了"国培"这个平台，让我有幸结识了宁夏教育战线上的 100 多个同行。"国培"，让我们有了交流互动的空间，我们相聚在这里，留下了难忘的美好回忆。难以忘记温婉端庄、优雅知性的班主任马丽老师。马老师的一条条班级公告凝聚着她对我们全体学员的指导和关心；一句句温馨提示饱含着她对我们的关爱和提醒。她亲切友善地引领我们圆满完成了"国培"任务。难以忘记幽默诙谐，豪爽干练的班干部们，也难忘记那些和蔼可亲、热情互助的同学们。我们在"国培"里"肆无忌惮"、喋喋不休地谈论着教学中的点点滴滴。通常一个话题大家就会围在一起，碰撞出很多思维智慧的火花。相聚是缘，相信在"国培"这春光雨露的沐浴下，我们会珍惜这份缘，珍爱这份情，直到永远！

"国培"，让我品尝着知识文化大餐。走进"国培"，我心海激荡，因为在那里我聆听到了教育花开的声音。潜心"国培"，我感悟到了什么是精彩人生，我听到了许多美丽的教育故事，我收获了许多深邃的教学思想。这里既有发人深省、启迪智慧的专题讲座、讨论互动、观摩研讨、案例评析、教育教学的理论培训，也有观摩课堂、体验名师风采的实践锻炼。这样的培训学习，让我重新接受了一次系统的理论和实践提升的学习机会，对我既有观念上的洗礼，也有理论上的提高；既有知识上的积淀，也有教学教研技艺的增长。季节在不停地交替着，时间也在不停地前进着，但他们都改变不了早已沉淀下来的知识，亦改变不了一颗颗争先上进的心。

"国培"，让我在反思中成长。潜心"国培"，听专家讲座，我的心灵受到了一次又一次洗礼，在一次次洗礼中，我也经历着一场心灵的蜕变。一直以来，与同事和同行相比，我自认为是一个佼佼者。因为我热爱教师这个职业，热爱学生，爱钻研教材、教法，勤学好问，努力进取。但正是应了那句"山外青山楼外楼"，当我走进"国培"，亲耳听到教授和特级教师们讲述他们的成长过程，他们在教学教研道路上的付出与努力；亲眼看到他们带去的成果，所取得的成绩时，我猛然间茫然了——我找不到自己的坐标了，在他们面前我是如此渺小。他们渊博的学识让我折服，他们对知识的不懈追求令我惭愧，他们对教学轻车熟路的驾驭能力让我信服。而自己呢，有时上了一堂比较成功的课就固步自封；有时读了一本书就自认为高人一筹，对人指指点点的，这是何等的浅薄，何等的不求上进呀。在蜕变中，我终于懂得该用什么来基奠自己的人生——在以后的教学中不断地反思，找出教学中的"得"与"失"，转"败"为"胜"，总结经验，形成自己的教学风格，不断提高教学成绩。所以学习、反思将成为我今后教学道路上的关键词。回顾培训期间的点点滴滴，真的要对本次培训活动说声"谢谢"！因为这次"国培"脱产培训帮我完成了我人生破茧成蝶的最美时刻！

回首匆匆而逝的"国培"日，正可谓：苦乐相随，收获永恒！此次培训结束了，但思考没有结束，行动更没有结束。"再回首，'国培'已远走；再回首，收获颇多"。"高山仰止，景行行止；虽不能至，心向往之。"在这春光明媚的日子里，借着"国培"的东风，我将继续扬帆远航，去追寻那心底的烙印！

回首来时路

——"国培"感悟

宁夏教育学院在读研究生　靳宁宁

人生是由一系列难忘的人和生活事件组成的，而我的过去已成为时间里的人生，无论它是开心的，还是不开心的，都是自己走过的路。平平淡淡也罢，曲折坎坷也罢，重要的是我在这一件件大事小事中不断长大、不断成熟，慢慢变成现在的自己。回首"国培"这段岁月，我开始真诚地感谢"国培"。

1. 放下才是真正地得到

刚开始加入"国培"这个项目时，由于是第一次接触，对上面的领导和下面参与培训的老师都不是特别熟悉，我的紧张和恐惧在陌生环境中被无限放大。其实在这些情绪背后我所承受的是巨大的压力所带来的焦虑，因为是我最尊敬的导师介绍我到"国培"来的，所以总是怕做不好给老师丢脸，怕让老师失望。

有句话说"期望越大，失望越大"，最开始时，我鼓足了劲儿想要干好，却发现越是这样越是不尽如人意，甚至还跟上面的领导产生了一些误会，这让我很是悲观和失望，甚至一度想要放弃"国培"这项工作。明明中间有些事情花了我最大的心思和力气去做，却得不到认可，这时候我甚至开始怀疑自己的能力。

直到有一天，我突然想到是不是我想要得到的太多了呢？我想要得到所有人的认可和鼓励，我希望所有的领导、老师见到我的导师都能说一句："你的这个学生很不错！"这本身是不是太不切实际了呢？直到这一刻我才明白自己的想法是多么幼稚，也明白了韩寒所说的"学了这么多道理，却依然过不好这一生"这句话的含义。大道理谁都懂，也从小学了无数，可是当发生与自己切身相关的事情时，我们总是会被蒙蔽双眼，忘记所有的道理，本能地用我们所有方法中最幼稚、最愚蠢的一种来解决现实问题。当想通这一点时，我突然感觉全身的担子轻了好多，神经也不再紧绷，放下了很多不必要的执念，其实何必要做给所有人看呢？只要自己尽了最大努力，做到问心无愧不就够了吗？这一次的顿悟，对我今后做所有事情都有莫大的帮助。

佛说：放下。道讲：无为。

2. 沟通是最好的团队武器

这次"国培"我收获的另一重要点是沟通的重要性。由于本身性格与家庭环境的影响，我并不是一个特别善于沟通的人，很多事情不知道如何开口，都只能一笑了之。看似没有什么，其实有很多时候已经给自己埋下了隐患。尤其当处于一个团队之中时，如果不能做到与其他成员的及时有效沟通，那么这个合作将很难持续下去。其实说起来容易做起来难，由几个陌生人临时组成的团队，想要一开始的合作就做到天衣无缝几乎是不可能的，我们总是要在小心翼翼的相互试探中慢慢地结合，感谢马丽老师一次次微笑的鼓励，才让我能毫无顾忌地说出自己的想法和感受，才能让我在一次次失败之后鼓足勇气重新再来！

3. 一群最最"简单"的老师

这次"国培"主要培训的是宁夏地区的小学语文骨干教师，这些老师虽已至中年，但却比我们这些年轻人还要富有感情、活力，他们是那么的纯真可爱，善良淳朴。

这些老师爱笑爱闹，热爱运动，又无比地渴望知识，他们颠覆了我记忆中小学老师的形象，让我对教师这个行业有了新的认识和感悟。

记得曾经跟马玲老师有过一次闲谈，我们从生活谈到信仰，从职业谈到人生……我们之间完全没有代沟，交谈得很是愉快。从老师的谈话中，我能够感受到一种最纯真的生活态度以及对生命、对信仰的最真诚的敬畏，这让我感到很是惭愧，仿佛我才是年龄大的那个人，因为我心中的这种精神力量似乎已经枯竭。我也开始思考，是职业还是别的什么造就了这种差别？通过三个月的接触，我发现几乎所有的老师都有这种特质，也就是说小学语文教师这一职业成就的不只是一个教师，更是在塑造一种人格精神，在凝聚一种无形的力量。

"国培"使我成长
——"国培"感悟

宁夏大学教育学院研究生　侯娟娟

"国培"已经过去一段时间了，在短短三个月的培训中，我确实成长了很多，甚至可以说这是我人生中最重要的经历之一。对于这份工作，我从陌生到熟悉，从不知所措到最后的得心应手，一路走来经历太多、感触太深，尝过其中的辛酸苦辣之后，我终于明白，它带给我的不仅仅是一次阅历，而是一笔宝贵的财富。

我非常清楚地知道，这次的"国培"计划让我的教育理论素养得到了提升，而且还习得不少教学方法。在整个"国培"中，虽然我是小学语文骨干班的生活班主任，但是我从头到尾都陪着学员一起听课，对每个专家的讲座，我都会认真聆听并做好笔记。作为一名教育学院的研究生来说，我清楚地知道，将来终究会有走向教学工作岗位的那一天，当真正去教书育人的时候，我学习的这些理论就将是我前行的引导、教学的支撑。

"国培"对我来说还是一次能力的检验。之前虽然也有兼职的经历，但是和这次的"国培"相比，那真的算不上什么了。从学员报道的那一天开始，我就深感自己身上责任重大，我意识到这份工作不仅要做好还要做得精彩，更不能辜负了领导对我的期待与厚望。可是刚开始的时候，我却总是出错，让大家失望，我开始苦恼，开始不断反思自己的所作所为。我一直觉得自己做事非常努力、非常认真，也很负责任，可还是在好多地方遭到质疑，我开始怀疑自己，是我本身能力有限吗，还是我哪里真的做得不够好？我自己开始不断反思，也同跟我一起工作的宁宁谈了很多次心，她也有同样的苦恼，感觉一直在忙，可是还是不能让大家满意。我们开始反思自己，并试着在一些问题的处理方式上做出改变，我们就这样在反思中改变，不断去做，天天奔走在路上。慢慢的，我们的工作情况开始好转，和周围人的关系也开始变得融洽了，整个人的状态慢慢就回来了，工作也是越做越好。最后我们的工作获得了领导一致好评，突然感觉到这一刻比任何时候都要开心，毕竟自己的努力最终还是得到了大家的认可。

"国培"中最大的收获还在于培养了深厚的友情，不管是在一起共事的老师、师姐和同学，还是班里可爱的学员们，我们大家在这个临时组成的大家庭里，互相配合，共同奋进，一起学习，一起面对问题，一起成长，其乐融融。所以当"国培"结束要分离的时候，我们是那么的不舍，那么的沮丧，甚至眼含泪水。但是我们都在心里默默地说着，相聚是缘，我们珍惜了，同行过，就没有什么值得后悔的事情了，分别只是为了更好的相聚。

总之，回想这次"国培"的经历，想要感谢的人太多，想要说的话也太多，都默默地在心里化成了一股前进的力量。带着这股力量和这份珍贵的回忆，去面对未来更多未知的事情，去拼搏，去闯荡。我一直都在成长，我一直都在路上！

发扬"国培"精神，继续努力前行

——"国培"感悟

宁夏大学教育学院研究生　杜习震

金秋八月，"国培"计划 2014 置换脱产研修项目在紧锣密布中展开了，我很荣幸地被任命为小学语文骨干教师青年班的生活班主任，并负责所有的摄影照相工作。我深知自己任务重、工作量大，但是仍然带着跃跃欲试的急切心情投入到了"国培"工作中。

开始我抱着锻炼自己的目标，试着进入到工作状态中。摄影和照相本来就是我的爱好，所以工作起来非常轻松有动力。我也是一个性格比较开朗的人，擅长与人打交道，勤奋好学。在"国培"期间，除工作之余，我积极主动地倾听了众多专家和学者的精彩讲解，让我对教育以及教学工作有了一个更加全面的了解和认识。我们的教育，应该在育人上下工夫，围绕学生的行为习惯、生活能力、道德素养、奉献精神、创新能力、爱心等主题进行。通过与骨干教师的接触，我深刻地体会到自己还有很多东西需要去学习，自身存在的问题也很多，需要自己不断地去积累，去学习。

"教师的一举一动、一言一行都会潜移默化地影响学生"这句话在我真正当了班主任后，才深深地体会到。我们要求学员做好，就得自己首先做好，严于律己，在无形之中为学员树立榜样。而要做到以身作则，就要严格要求自己，就要不断完善自己，就要不断学习有关的知识，在实践中总结经验，在实践中反思，不断地提高自身素质。

在工作中，我不仅充满着热情，而且也是生活的有心人，我细心地观察每个学员，搜集各种有意义的素材，拍好每一张照片，录好每一堂课。每天都过得非常充实，每天都有进步，每天用心思考、用心感悟。即使这样，我依然遇到过很多困难和问题，尤其是在"国培"后期，时间紧迫、任务重，需要按质按量地完成三个班的数字故事以及给专家的讲座视频刻盘。但是我并没有因此而抱怨，这激发了我的斗志，我利用了一切可以利用的时间，争分夺秒，甚至工作到深夜，最后终于把这项工作顺利而圆满地完成了。完成的那一刻，我为自己感到自豪，但是我并没有因此而骄傲，我知道这算不了什么，人生前面的路还很漫长，我要做的就是时刻准备着，时刻努力奋进，不断塑造自己，让自己越来越强！

最后，要对给我这个工作机会的领导们说一声谢谢，是你们让我锻炼了自己，磨砺了自己，在实践中我成熟了许多；对一起工作的老师同学说一声感谢，是你们让我懂得团结，学会合作；对所有的学员说一声感谢，是你们给了我工作的动力，生活的激情；我会将"国培"这段时间的精神发扬下去，会继续努力前行，继续做好将来的工作！

"国培"花儿开金秋

泾源县第一小学　马　玲

金秋时节，瓜果飘香，在这个收获的季节，我带着希冀和憧憬来到了美丽的宁夏工商职业技术学院，开始了为期三个月的"国培计划"（2014）小学语文骨干教师脱产培训置换研修学习。在这些日子里，我收获了知识、收获了友谊，收获了人生最美好的记忆！

1. 专家引领，增长了理论知识

听专家讲座，如沐春风。俞世伟教授潇洒自如、大气横秋，一堂《师智、师德、师风》使在座老师哑然若惊，他运用丰富的理论知识，使用幽默风趣的语言，结合自身的阅历阐明了自己的观点：教师应该树立德智平衡的理念，通过不断加强自身的师德修养，促进自己良好师风、师智的形成和发展。他讲得非常好："人品不高，总为一个利字看不透；学业不精，总为一个懒字

225

丢不开；人脉不和，总为一个诈字撇不下。"俞教授强调：人，只有灵秀之智，不足以确保有为人生之方向；人，只有仰慕之德，也不足以构成生存之绩效。人，只有秉承德行之崇高与灵秀之智慧的统一才有辉煌的人生。

聆听了俞教授的讲座，我更深刻地认识到：自己只有不断地学习，努力提升自身的修养，并用高尚的情操和优秀的人格去影响学生，促进学生全面发展、健康成长，才能培养出德才兼备的对社会有用的人才。

现在做老师压力太大了，尤其在基础教育领域，许多社会期望都集中到了老师身上，都希望老师教出好学生。一方面，实施素质教育，进行课程改革几乎是全社会的呼吁；另一方面，升学考试仍然是衡量学生也是评价老师最直接、最重要的指标。结果老师一方面忙于接受新理念、参加各种形式的培训充电，另一方面又用老办法下死工夫提高学生成绩。甚至个别教师的恶劣行为严重影响了教师的良好形象，对社会产生了负面影响，个别学生因家庭教育、学校教育、个人心理因素等种种原因发生了自杀现象。诸如此类种种不良社会迹象，以及有待于改革的教育体制、学校等级考核制度等因素，都使教师承受着巨大的心理压力。既要搞好教学，又要面临各种挑战，上海市教育科学研究院吴增强教授的专题讲座《教师压力管理与心理健康》使我明白：教师首先要学会积极自我肯定，能快乐地与内心交谈；能有积极的自我信念，永远对自己抱有信心；理性对待成败，得之黯然，失之坦然。吴教授借用星云大师的人生智慧观让大家明白："知足乐观，不怨谈，心胸坦荡，无所求，接受事实不恼怒，看破放下不计较。"吴教授的讲座，使我学会了四种放松身心的方法：保持内心的宁静；欣赏音乐；走进大自然和参加体育健身活动。有了健康的身体、愉悦的心情，工作起来会轻松许多！

随着社会的发展，以及教育观念和教育手段的更新，信息化教学手段已是丰富课堂、提高课堂质量的有效手段。聆听了来自西北师范大学张筱兰教授《信息技术下的课堂教学》的专题讲座，使我了解了许多信息化教学环境类型与所适合的教学形式、信息技术发展趋势以及信息技术带来的课堂变革。熟练地掌握信息技术已迫在眉睫，我们应多下工夫、多钻研，并灵活地运用于课堂教学，提高课堂效率。

《教育，是温暖的》是北京史家胡同小学万平老师的专题讲座，听了她的讲座，使我明白一个好老师意味着什么："以自己的努力，使我的每个学生都获得益处，以至于对他的一生产生积极影响。""没有良心就没有教育，一切出发点都基于对学生的关爱，这是不能偏离的，因为这是教育的准绳。"万平老师用心和孩子沟通。她捕捉到了孩子心中闪亮的火花和灵性，她和孩子在日记中沟通，孩子在她的指导下茁壮成长。在孩子的童心中受到了温暖，孩子在她的指导下渐渐学会了写日记，学会了思考，学会了用日记表达内心的真善美，学会了与人为善，学会了自立自强。她用最平凡、最简单、最真实的行为表达着她看似简单实则伟大的教育理念。教育是温暖的，我要用心去做！

《教育从这里创造一个全新的世界——对中小学幼儿园校（园）本教研的实践与认识》是宁夏教育厅师资培训处华俊昌老师的讲座，这次讲座给我印象特别深。"现在，知识经济全球化的趋向势不可挡，在这种情况下，培养具有'中国情怀、世界眼光'的一代新人是教育人义不容辞的责任，我们只有胸怀这样的历史担当，把教育与民族命运联系起来，带着这种厚重的历史责任感，才会有投身教育改革的自觉意识。""中国情怀、世界眼光"这八个字深深地印在我的脑海中，"中国情怀"不用说，"世界眼光"我们有吗？值得探究，值得深思。

怎样做教育案例研究？华老师为大家指点迷津。

其一，勤记案例。教育案例的记述，要求我们教师能够看到、能够关注平时视而不见的寻常事件，然后把自己遇到什么问题、怎样遇到这个问题和怎样解决这个问题的整个过程记录和描述出来。

其二，挖掘主题。典型的教育案例，其意蕴丰富，要善于挖掘出其中的主题。

其三，乐于反思。思广则能活，思活则能深，思深则能透，思透则能明。

其四，敢于质疑。

华老师说得好，把整个过程记录和描述出来，挖掘出其中的主题，并乐于反思、敢于质疑，积极进行案例研究。通过听华老师的讲座，我对怎样做案例研究产生了极大的兴趣！

华老师是个非常热爱生活的人。他说："我的教育观就是：教育就是生活，在生活中创造教育，在教育中实践生活。为激活思维而定标，为新经验产生而架桥，为终生学习而导航。"听君一席话，胜读十年书！经过这次"国培"训练，我终于悟到了这句话的意思。

宁夏大学教育学院院长戴联荣教授对班级管理有着独到的理解。他在《中小学的班级管理》讲座中提到：逐步总结班级管理的主要经验，明确管理班级的理念，抓住班级管理过程中的主要问题，找出你困惑的问题进行个案研究。作为班主任，要虚心学习，探索实验一些理想的班级管理模式和方法。作为班主任，要永续发展，激发潜能。班主任在国际化、市场经济和信息化、多样价值观背景下，把班级管理工作、道德工作做好，实现教育哲学、观念实行时代的转型。他用许多事例给班主任老师如何管理好班级指明了方向。他要求大家：反思自己，仔细耕耘，阅览标准，精益求精。

曾祥岚教授是宁夏大学教育学院的副院长。2014年8月22日，曾教授为我们小语骨干班的全体学员做了《提高自我心理调节能力，享受高质量生活》的心理健康专题讲座，使我收获很多。曾教授认为，作为一名教师，应该优化自我内涵，做高品质的人。首先要做好自己的事情，清楚自己在人生中所扮演的角色，知道自己该负什么样的责任。其次要尊重别人的事情，尊重别人就是不替别人做决定，也不让别人决定自己的事情。最后，要善于接受不可抗拒的事情。曾教授在讲座中运用NLP原则与教师进行互动交流，让每位教师找一件目前工作或生活中的困惑或困扰自己的事情，运用NLP原则进行分析。通过互动交流，教师们学会了自我调节的方法，对今后的教育教学工作起到了很好的引领作用。

"语文教学难不难？不难！语文教学就是端端正正写字，明明白白说话，滚瓜烂熟读书，并在听说读写的过程中养成良好的学习习惯。"这是我听了宁夏教育厅马兰老师《体现学段教学特点，提高阅读教学实效性》记得最清楚、印象最深刻的一句话。"学生有差异性和多样性，每个学生有各自不同的特长，教师过度的引导和帮助不利于学生成长，教学设计要考虑学生的多样性和差异性，发挥特长，发挥优势，因材施教。""不能给孩子一刀切，应该遵循孩子发展规律，给孩子创造一个优势发展的空间、一个发展的平台，孩子都有差异性，多样性。我们应该遵循孩子的喜好，因材施教。"马兰老师对教学深钻细研，对工作精益求情，是我们语文老师学习的榜样！

仇千记老师的《科学指导小学生作文》的几个观点我非常赞同：客观认识"写作"准确定位"习作"；走出"思想"藩篱，表达生活真情；指导以内容为主、写法为辅的作文；还原日记。日记大都写的是"鸡毛蒜皮"的生活小事，不要强求它都具有"思想"意义。作为一个一线老师，仇老师靠他对教学的精心钻研和不懈的努力走到今天，真令人佩服！

总之，聆听了所有的专家教授或教研员一线老师的讲座，各有各的风采，各有各的精彩，真是大饱"耳福"啊！

2. 影子实践，践行了专业成长

刚到西夏六小的时候，恰逢学校各级骨干教师进行展示课分享。在为时两周的听课时间里，我们分别听了学校各级骨干教师的 10 节展示课，从师生课前的准备、教师的精神风貌，到课件的制作、问题的设计、课堂中的师生关系、课堂驾驭能力及语言的精准，无一不体现出西夏六小教师扎实的教学功底和精湛的教学技术。我的带教老师黄文英，她是国家级骨干教师。《鲸》是一篇说明文，但黄老师运用灵活的教学方法、巧妙的设计、幽默的语言，把一节说明题材的课上得津津有味，整节课堂学生在老师的引导下轻松愉悦地学习，课堂气氛融洽，充分体现了以教师为主导以学生为主体的教学理念，课堂效果非常好，整节课黄老师体现出了一员大将的风度，听黄老师讲课简直就是一种艺术的享受。课余我和她促膝交谈，"黄老师，您真的太范儿了！"我由衷地说，她微微一笑："哪里，马老师，我只是把要做的事情尽力去做好而已，其实你们走到今天已经非常的优秀了，你们身上肯定有我们没有的更多宝贵的东西，咱们互相学习，共同进步吧！"她对待学生如对待自己的孩子一般，一片《用爱心打开孩子的心》足以看出她的为师之道。从西夏六小的老师身上，尤其是黄文英老师身上，使我学到了很多东西，我感到西夏六小之行真是不虚此行！

3. 及时总结，在反思中成长

俞世伟教授的讲座，使我懂得教师首先应具备良好的师德、师风；戴院长的讲座，使我懂得了更多的管理班级的好办法；曾教授的讲座，使我学会了如何调节工作和生活中的压力，用良好的心态对待工作和学习；仇千记老师的课，使我学会了科学地指导学生写作文；吴丽莉教授的讲座，促使我反思如何用爱心引导学困生爱学习；影子实践，使我见识了国家级骨干教师的风范与大气。这次学习，让我眼界大开，思潮澎湃。每当学习之余，我将点点收获总结分析，书写成课后反思。就这样，我在学习中收获、进步，在进步中反思，在反思中成长。

本次"国培"使我受益匪浅，专家的讲座，让我获得了很多理论知识，影子实践使我的专业能力进一步得到了提高，学习之余生活的点点滴滴使我感受到了学友们之间的真情与快乐。总结会上，领导的句句讲话不仅是对我们学习的肯定，更对我们以后的工作给予了厚望，令人非常感动，学员代表的讲话道出了我们每个学员三个月的培训心情。感谢"国培"，感恩"国培"。静思心潮澎湃，奋笔疾书，每一个场景，一句句、一幕幕，每一个瞬间，每次的感动，每次的反思，我设计成板块，编成目录，起名《金秋》。就这样《金秋》设想初成雏形，我要把学到的知识，感受到的快乐，一并收集，编辑成书，当份礼物送给"国培"，送给我亲爱的学友们，让《金秋》把我们美好的回忆留下，让大家在以后的日子里有个念想！

七

个人成长故事

成长在思维流动的培训中

银川市兴庆区唐徕回民小学　李　萍

时光如白驹过隙，弹指一挥间，已年届不惑。回首自己的教育历程，八年的教学辉煌，六年的亦师亦行政，五年学校各项工作计划总结的包揽者，让我常常有种"雨过地皮湿"的职业尴尬与焦虑。我时常在想自己的职业定位究竟应该是什么？

2014年8月，我有幸参加了"国培"计划置换脱产研修培训，每日里满当当的课程安排，深夜灯下学习感言的奋笔疾书，让我重新找到了曾经高考前的紧张与充实。清晰了自己当下及未来的职业规划，怀揣着对"国培"的感恩情怀，我努力使德性的崇高与自己从事学校管理工作的些许智慧相统一，于心灵深处探寻每场讲座中自己思维的流动，行走在人因思而变、让思想成为行动的践行之路上。

1. 做开放的教育者

E时代，教育者当有时代精神。上海古美中学郑玉荣校长让科技为教育提供更有效、更高效、更有针对性的技术服务，解放了老师们的手，使教师不再是重复对错阅卷的熟练工人；开放老师们的脑，让精辟的难题讲解成为共享资源，促进城乡教育的均衡发展；聚焦老师们的眼，让关注每一位学生个体差异、促进每位学生的发展成为现实。这些增长了我们走具有国际化视野的开放教育之路的远见与卓识。

2. 做经典阅读的传承者

国学是中国文化特有的标签，是对中华民族历史的另一种记录。纵观历史，一个民族的灭亡，首先是本民族文化的灭亡。在我们还在为中华泱泱五千年的文明史叹服之时，更应深省是否行走在经典文化的传承之路上。因此，为人师者，首当担起民族文化的传承之任，让经过大浪淘沙后熠熠生辉的国学经典，成为我们每一个中华学子的精神食粮。

3. 做共同成长的享受者

每一次的培训学习不应仅是方法的领会，更多的应是观念的建立与更新。教学相长，这让每位国人耳熟能详的概念，却在教师心灵深处有所折扣。所幸，近一个月的学习，于我心底深处更多的是对教学相长的理解与称道。因为有你——我们亲爱的学生，让我们都成为更好的人。反思我们的课堂，不能再拿着定式化和自以为是的经验教学生，学生也不再是单纯受教育的对象，而是我们共同成长的资源。此刻起，我的教育之责，旨在改善学生课堂上的存在状态，使学生经历美好的课堂生活，实现生活因你而改变的教育真谛。

苏霍姆林斯基曾给我们忠告："在教学大纲和教科书中，规定了给予学生各种知识，但却没有给予学生最重要的东西，这就是——幸福。"理想的教育应是：培养真正的人，让从自己手里培养出来的每一个人都能幸福地度过一生。这就是教育应该追求的恒久性、终极性价值。感谢"国培"置换脱产研修（小学语文骨干班），让我更明确了自己的教育理想与教育追求。

叫皱纹散开　唤青春归来

——大合唱排练始末

泾源县第一小学　马　玲

故事之前，与大家分享一句歌词："慢慢地迈向听朝，静静地怀念昨日，再决定今天，只要相信爱。叫皱纹散开，唤青春归来，因此我喜欢花，一天感觉一切是爱。"（陈奕迅　《今天只做一件事》）

大合唱节目基本定下，由丁丽君负责，她对我开玩笑说："这咋办呀，愁死了！我对音乐不是很懂。"其实丽君很棒！

"没事！丽君，大家一起想办法，我支持你！"我故作安慰。

说起来容易，做起来难！没有电脑，没有网络，连个伴奏音乐都没处下载。

"走，咱俩到校门口看看，两边有没有打印店或者网吧！"我提议。

宁夏工商职业技术学院的校园很大，从小操场走到校门口近 20 分钟，我们俩开始找，东找西找花了近 40 分钟。问一个不是，问一个不是。天很热，看着丽君一脸的疲倦，我喉咙里像冒烟，我们两人都蹬着高跟鞋，脚疼得要命。后悔早晨出来没换平底鞋，这高跟鞋走路，可让人够受的。眼看 12 点了，还没找到，先回吧！

赶到餐厅，大家都吃的差不多了，我俩赶忙凑合着吃了些。这时看见了白雁军，把音乐的事儿给他一说，他说他带电脑了，中午可以试一下。一听这话，我俩眼前一亮。

回到宿舍，我很着急，万一白班长弄不好，咋办？没音乐，下午排练大家肯定没精神。

于是，我拨通了上大学学音乐专业的儿子的电话："楠楠，帮妈妈一个忙，给我下载一个《明天会更好》的音乐伴奏，急用！"

儿子回话："没问题！"

不一会儿，QQ 头像闪了，儿子把伴奏乐给我发来了，而且发了两个版本的让我选择用。我一听，原声伴奏调刚好，心里乐极了，就用原声伴奏。正在这时，白班长也发过来 QQ 文件，原声伴奏！啊！太好了，音乐已搞定，歌词呢？有电脑，刷的一下，啥都弄好了。没电脑，巧妇难为无米之炊呀！

下午，丽君和我把我们的计划给马老师说了，马老师非常支持，并吩咐可以在娟娟老师那儿把歌词打印出来人手一份。我们俩一个听音，一个对词，把调终于合好了。娟娟打印了 50 份歌词。拿着下载好的音乐和印好的歌词，已是四点半了。我俩赶过去，还好，没下课呢，清风园门口，郭生江老师把音箱也拉来了，是宋金梅老师借的，这下万事俱备，只欠东风了！丽君对着我笑了！我也放下心，笑了！

晚饭过后，大家很快在清风园门口集合了。由于学院管理问题，清风园一下课，管理的老师立刻就把门锁了，我们就只好在清风园门口的空地上排练，凡报名的老师基本都到齐了。

随着音乐响起，大家放声歌唱，校园里回荡着大家嘹亮的歌声，洋溢着欢乐的气氛。

时间很紧，仅仅排练了两个下午，国庆节到了，大家匆匆忙忙赶着回家，有家有孩子的人，尤其是女人，回家心切，都懂！

课题指导老师也催得很紧，国庆假满要交课题申请书。

为了赶时间，我放弃了旅游的念头，老公只能带着孩子和朋友们就近去玩。课题初稿终于完成，舒了口气。回想节目，干巴巴上台去唱，没氛围、没气势，肯定没效果。我想起了一中的三包翻花扇，托老公去借，虽然放假了，但扇子终于借上了。怎么带过去呢？我忐忑地给马六全老师打了个电话，让他给我把扇子带到培训班。他参加的是中学政治组，和我们都在一起培训。马老师听了我的意思毫不犹豫地答应给我捎上，因为他自己开车去。

假期一瞬间结束了！我们急匆匆赶往宁夏大学，开启了在宁大的新生活。

这次培训比以往任何一次都严，领导反复强调，要严格遵守培训期间的各项制度。为了安全，为了质量，领导也是费尽了心。感冒是个讨厌的东西，它不管你的忙闲，不管你的心情，不管你讨不讨厌它，就是厚着脸把你给缠住了。我浑身酸疼，四肢无力，头冒虚汗，口干舌燥。再坚强的人，当疾病到来时，一下也会变的软弱无力。我筋疲力尽，每往前走一步都感觉那么的吃力！只要没睡倒，就别轻易请假了。我心里给自己打气儿。但病魔连一点面子都不给，逼得我还是坐在了中医研究院的急诊室里。看着点滴渗入我的手臂，我浑身发冷。从玻璃上看，脸色一片苍白，不得已了，只好给马丽老师发了短信，请了假。立刻QQ响起，马丽老师回应："安心看病、祝早日康复！"哈瑞贞发来调皮的表情："唉，马导，你可不敢病了，我们可等着你呢，你给我乖乖地看好赶紧回来！"她之所以这么开玩笑，是因为我和丽君还赶着排节目呢！

郭桂红："玲姐，好好养病，我们想您！"

冶红梅、佘艳萍相继打来了电话："要不我们过来看你，你吃了吗？"

"不用，一会儿挂完就回去！"

贾娟、兰喜连……一声声问候，一个个牵挂。虽然病了，但感受着大家的关心，我内心暖暖的。她们真好！

三天的点滴输完，我虽然浑身无力，但课一定得去上。看着大家匆匆的脚步，我加快了步子，背湿了，头上都是汗！从C区10号楼到A区报告厅，我用了 35 分钟。

快要演出了，在哪儿排练？赵静和丁丽君 QQ 上通知：6:30，10 号楼后发道具。大家刚来，心还不是那么齐。尤其是正常的时间，专家讲座安排的满满的，楼内学生还要上课。大家站在报告厅的台阶上，在太阳下，放开了音乐，举起了扇子，排练开始了。

就这样，报告厅门口、楼后的空地上，在学院老师下班回家、学生们下课进餐厅的这些空余时间，老师们放开歌喉，认真排练。我脊背上一阵阵冷汗，但我不能说。回宿舍的途中，丁丽君脸色苍白，不停地呕吐。看着她这几日的劳累，她的病情远比我严重，可就是硬撑着！看着她日渐瘦弱的样子，我打心底里疼惜！学员们没有一个埋怨，没有一个落课，没有一个排练偷懒的。你看徐丽玮和白彦军，为了把歌词和调子把握好，大家都走了，他们还在反复地练习！马丽老师每天除了管理班级，还陪着我们排练完。看着大家回了，她才骑着自行车急急忙忙往回赶。这样的同伴，这样的老师，我不想用什么华丽的言辞来赞美，心里只有感动和感动之余带来的信心。

演出终于开始了，全场洋溢在欢乐的气氛中。最后一个轮到大合唱，参加的老师们穿着雪白的衬衫、黑色的裤子，男男女女打扮得光彩照人，一个比一个精神。音乐响起，歌声嘹亮，在宁大的礼堂，人到中年的学员们享受了一次学生的疯狂。我知道，大家的劲往一起使，心往一起想，都想把我们对"国培"的感谢、对老师的感谢和对友情的珍惜留在那一刻！

"叫皱纹散开，唤青春归来，因此我喜欢花，一天感觉一切是爱。"这句歌词又萦绕在我耳畔，真美！

借科技创新平台，走科技培育之路

中卫市第五小学　赵　静

全国青少年科技创新大赛（简称创新大赛）是一项具有 20 多年历史的全国性青少年科技创新成果和科学探究项目的综合性科技竞赛，是面向在校中小学生开展的具有示范性和导向性的科技教育活动之一，是目前我国中小学各类科技活动优秀成果集中展示的一种形式。青少年科技创新大赛是由中国科协、教育部、科技部、环保总局、体育总局、自然科学基金委、共青团中央和全国妇联联合主办的青少年学生科技竞赛和展示。它创立于 1982 年，开始是每两年一届，而后改为每年一届。每年参加各个级别的青少年科技创新竞赛的中小学生有 1000 多万，在每一届国家级大赛上，来自全国各个省、自治区、直辖市以及香港、澳门特别行政区的 400 多名选手带着他们的研究项目参加 11 个学科的竞赛。每一届大赛还邀请相关国家和地区的青少年参加。还有各地的教师、官员、志愿者和评委参与其中。

举办创新大赛的根本宗旨是在于推动青少年科技活动的蓬勃开展，培养青少年的创新精神和实践能力，提高青少年的科技素质，鼓励优秀人才的涌现；提高科技辅导员队伍的科学素质和技能，推进科技教育事业的普及与发展。全国青少年科技创新大赛每年举办一次，每年一个主题。创新大赛分为青少年和科技辅导员两个活动板块，活动内容包括竞赛活动和展示活动两个系列。竞赛活动包括青少年科技创新成果竞赛和科技辅导员科教创新成果竞赛。展示活动包括优秀少年儿童科学幻想绘画展、青少年优秀科技实践活动展和科技辅导员科技教育方案展。

1. 科技创新大赛，参与不困难

第一次参加科技创新大赛是在 2011 年，学校接到科协的文件，当时对科技创新大赛也不了解，只能摸着石头过河。根据文件精神，在没有现成作品作示范的情况下，只能自己摸索。通过观察与研究，我撰写的《低年级学生文明礼仪养成教育》获区级三等奖；2012 撰写的《中卫市生态移民过程中城乡移民村教育发展不均衡问题的调查》获级区级二等奖。

有了这次成功的尝试，让我觉得世上无难事，只要肯下功夫，什么事都可以成功。

2. 科学小发明，就在你身边

2012 年 6 月，接到学校领导的通知，全国第八届宋庆龄科学发明在征集作品，看我有没有兴趣参加。当时第一个想法就是好难，发明，不是谁想参加都可以，要有创新的作品。学校领导说："你可以集思广益，找一找身边可以改进或进行再创造的物品，尝试一下。"听领导这样说，自己想那就试试。下午放学时，去儿子班里接他，发现他趴在桌子上写作业。这也是纠正了好多次还没改掉的问题。脑子里突然一转，对呀，可以对课桌进行改进，让孩子随意调节高度，适合各种身高的孩子。我把这个想法说给儿子，让他想怎么设计。在反复的研究和试验下，终于完成了"多功能课桌"的设计与制作。快放暑假时，接到了来自组委会的通知，指导儿子设计的"多功能课桌"入围了。8月13日，我和老公带着儿子，来到北京，进行科学发明奖的现场答辩和专家组的作品论证。到京才发现，7岁的儿子是所有参赛选手中年龄最小的，要完成现场答辩和专家组的作品论证有很大的困难。在现场布展接受专家和评委询问的过程中，我一遍一遍给儿子教怎么回答问题，并学习其他省市的经验。当时宁夏只有三件作品入选，小学有两件，而我们代表的中卫市只有唯一一件，以前从来没有参加过。儿子和我是幸运的，最终我指导儿子的作品被评为全国宋庆龄科学发明奖铜奖，并受到基金会主席、政协委员邱启明先生的接见。儿子作为代表上台领奖，并接受了中央电视台《我爱发明》栏目的采访。最后，"多功能课桌"的文字资料还在全国刊物《青少年发明与创造》《青少年科技博览》上发表了。这次活动对儿子的影响和成长意义深远，也增加了我对科技创新作品制作的信心。

3. 科学 DV 片，想说爱你不容易

经过几次比赛，我多少积累了一些经验。学校领导也是材尽其用。在大家都向科教方案浩浩荡荡全力进发时，我发现参评越来越困难。这时我把目光转向了技术含量较高、难度系数较大的创新大赛中的另一个天地——熊博士"青少年科学影像节" DV 片的制作。第一次接触，在没有作品可以参照，对摄像、剪辑、录音也不懂的情况下，一边学习一边尝试，找资料、查网络。而且作品中好多内容与物理、化学、生物都有关系，自己也不是很懂，还得向其他老师请教。多方努力下，作品终于出炉。2012 年，第一个片子《摩擦起电》获全国三等奖。2013 年，《神奇的魔术——扎不破气球》《神奇的筷子魔力》获全国三等奖，《水火相融》获全国二等奖。2014 年，《踩不破乒乓球》获全国二等奖，《瓶中的龙卷风》《缩骨神功》获全国三等奖。这些荣誉带动了学校一大批年轻人投身到科技创新大赛的行列中，为培养青少年

科技水平做出了应有的努力。

4. 科普剧，我们都爱你

不同的领域对人的能力有不一样的挑战。2014 年 6 月，因为我所在的学校在科技创新大赛中连年获奖，学校先后被评为"科普工作先进集体"、"科技创新大赛示范学校"，受到自治区科协、市科协领导的信赖和好评。所以把全区第二届科普剧大赛的任务分配给我们学校。这项工作经过校委会领导的商量，一致决定让我来承担。如果说前面的所有工作是一项挑战的话，这一项工作就是高难度的冲刺。全市从来没有做过这项工作，没有领导、老师可请教，也没有范本可借鉴。我当时是学校三年级的年级组长，又要带领全组老师参加全市的成绩测验，各项工作堆积如山。但已经答应了，就要全力以赴。有两周时间，无论做什么，我脑海里总是在构思这两个科普剧的剧本怎么来写。就在考试的前三天，接到上级领导的通知，比赛提前了。原定于 10 月份的比赛提前到 7 月 15 日，而此时离比赛前后不到 20 天。在这种压力下，我利用一周的时间，终于把《太阳魔王复仇记》和《海锦宝宝挣救家园》两个原创剧本拿了出来。参加完统测后，又设计剧中人物的头饰、服装，购买物品制作道具、设计剧情实验场景、挑选演员等。最后在学校领导、音乐老师的支持下，拍摄剪辑后上报区科协。在全区几十个科普剧中，我所撰写的两个原创作品脱颖而出，在 2014 年 10 月 2 日全区决赛中获得一等奖和二等奖的好成绩。接到这个消息，学校领导、老师和参与演出的学生都为之兴奋，我也从中体验到了挑战与成功的乐趣。

5. 累并快乐着、收获着

作为一名体育专业毕业的教师，在从教 18 年来，我先后带过初中体育、政治、历史，担任过初中的班主任。调入城区工作后，又转行带小学语文和班主任。还先后从事过科技创新大赛的工作，并兼任学校心理健康咨询室的知心姐姐。在自己不断的努力下，我所带的班级年年获得优秀中队的荣誉称号，本人也先后被评为市级优秀班主任、优秀教育工作者。《我的教育故事》等多篇论文获全国、自治区级、市级一、二等奖，教学设计获全区一、二等奖。在全区心理健康主题队会、语文教学评优、品德与社会等优质课评选中多次获奖。参与的课题获全国、自治区一、二等奖。2012 年，从国家级到市级的荣誉证书我一次性就拿了 15 个，学校的老师戏称"别人拿获奖证书论数，你拿获奖证书论堆"。这些成绩的取得不是偶然，是自己在不断地学习、不断地参与中所获得的。这个过程有苦，有别人无法想象的压力，也有别人体会不到的成功与快乐。作为一名青年骨干教师培养对象，成功与快乐是对自己这些年来工作的一种肯定与认可。从这些工作中收获成功与快乐，实现自己的价值与人生，无愧于自己的工作和教师这个称号。

细微之处见真情，一枝一叶总是情

——记我的专业成长之路

大武口区文教局教研室　徐惠珍

我有一个很特别的 QQ 昵称——清竹。究其原因，竹的自然天性和独特品格给了我哲理的启迪和人格的力量！竹有着不一般的中国传统文化含义，竹子四季常青，象征着顽强的生命和青春永驻；竹子空心代表虚怀若谷的品格；其枝弯而不折，是柔中有刚的做人原则；竹子心无杂念，甘于孤寂，它不求闻达于莽林，不慕热闹于山岭。竹轻盈细巧，尽管有百般柔情，但从不哗众取宠，更不盛气凌人。

燕子去了，有再来的时候；杨柳枯了，有再青的时候；而岁月却是如流水一样一去不复返了。23 年为人师表，在三尺讲台上时时上演着自己的教育教学故事，随着匆匆流逝的岁月，记忆中的一些人和事或许已经淡忘。而我，也已经从当初那个站在学生中分不出师生的"娃娃头"，逐步成长为一名骨干教师。每当看到有新教师报到，那些成长过程中的点滴记忆便悄然显现在眼前……一刻也不曾忘记，感悟至深。这些源于生活的故事，使我获得了一些启示。一有时间就写下来，让这些小故事成为我今后研究教育教学的重要资料。

1. 心无旁骛，一心育人

记得 23 年前，我第一次站在孩子们面前，显得那么的局促和紧张。但看着讲台下那几十双眼睛所传递的好奇、信任与敬佩，走上三尺讲台的我暗下决心：孩子们，我不会让你们失望的！我要力争做一名优秀的教师。这23年来，我一直为之探索努力。付出爱的过程是甜美的，付出爱的道路是艰辛的。在世人肆意践踏良知时，教师却用生命去维护，一遍一遍地向学生们讲述着真、善、美，不惜付出毕生的代价？何以为证？夜晚的星光可以作证，校园的每一片砖瓦可以作证，桌上大大小小的药瓶可以作证，那在门口等妈妈回家冻得瑟瑟发抖的孩子可以作证！我曾为学生不学习而大动肝火，曾为沉溺网络夜不归宿的学生而心急如焚，曾为做通学生的思想工作而绞尽脑汁，曾为学生的不理解而心酸流泪。我犹像过，消沉过，有时候问自己，和经商、从政的朋友们比起来，自己的确太累了。但是，当看到学生们体会到老师的苦心奋起直追，成绩进步时；当生病时看到学生关切的目光，听到他们亲切的问候时；当听到他们骄傲地谈起"我们老师……"时；当经过自己和同学们的努力班级取得成绩时，一种感动和自豪就会油然而生，原来付出就有收获，爱的付出就有爱的回报。当我们年迈花甲，蓦然回首，感慨平凡孕育了伟大、生活赐予了幸福时，我们一定很欣慰，因为我们在忙忙碌碌的一生中找到了心灵的归宿。爱，不是索取，不是等价交换，而是无私的付出！

记得那年金秋时节，做教师19年的我，怎么也不会想到会遇上这样的尴尬场面：8月底，我送走了上一届毕业生迎来了又一届新生。校园里满是小燕子般可爱的身影。他们稚嫩的眼神里流露出的是对校园的新鲜与新奇。有的，会像来到一个新世界一样东张张西望望；有的，会驻足于校园的葵花路灯下或橱窗边，边看手里还比画着什么；有的，满身满脸满眼的青涩，甚至有些怯生生地走着……我走进了一（1）班的教室，孩子们好像接收到了无声的指令，立刻安静了下来。按照以往的惯例，我会精心组织开展自我介绍活动，我对同学们说："同学们，现在我们先开展自我介绍活动，全班同学按座位依次上台做自我介绍，希望大家讲清自己的姓名、年龄、来自哪所幼儿园、家住何处、有何兴趣爱好或特长、有何心愿等。"说完，我声情并茂地做了示范。听了我的自我介绍，学生真的跃跃欲试，活动就这么顺利地进行着，我也很认真地记下孩子们的一言一行。就在这时，教室里的空气好像一下子凝固了，一个小男孩鼓着腮帮子，两眼透出不友好的目光，搞得几个急性子的小家伙恨不能冲上去"抬"他到讲台……我轻身走过去，俯下身子想抚摸他的小脑袋，他却充满敌意地把头偏向一侧。我问他："大家都做了自我介绍，你为什么不愿意这么做呢？"他很不屑地看着我，大声地说："我就是不愿意，怎么啦？"这下教室里可热闹了，有大笑的，有吃惊的，还有批评指责的……这个孩子的表现也着实让我吃惊，我淡定地说："说话要有礼貌，回答问题要起身。"接下来，教室里一阵安静。我回到讲台上一言未发，用期待的眼神看着这个小家伙，如果这样继续下去，不知还要僵持多久。终于，他爆发了，又一次大喊道："我就是不愿意，怎么啦？"一直没有作声的我示意全体同学安静下来，并面带微笑地说："这位同学的做法肯定是不对了，但是老师知道他一定是有什么特殊的原因，我希望他冷静下来能主动告诉我，我会原谅他的。"话音刚落，全班的同学齐刷刷地为我鼓掌。

好多年过去了，这件事让我学会了保持一种比较平和的心态，充分了解事情发生的前因后果后对症下药的习惯。刚开始的时候，可能自己心里会觉得很憋屈，但只要调整好自己的心态就能处理好。教育是一门艺术，就如我与这位小学生的"对决"，就是那无数道美丽风景之中的其中一道彩虹。

2. 扎根课堂，历练自我

2008年，我所在的学校——石嘴山市第十五小学与银川市兴庆区开展同课异构教研活动。当时，作为县区级骨干教师的我接到任务后，第一时间将自己的教学设计《桥》挂在教育网站上邀请大家研讨，并且有贴必回，整合了每个网友的建议，不断修改教案，不断完善教学设计，并在平行班多次上课试讲。功夫不负有心人，我的课堂教学给这次跨区域同课异构教研活动画上了一个圆满的句号。正如骨干教师柠檬所说："一路走来，有汗水也有欢笑，每一次的教学设计都凝聚着徐老师和诸多网友及专家们的心血，有耕耘就有收获，有付出就有回报。"网络这一先进的工具让我感受到网络教研达到传统教研无法比拟的方便、快捷、整合与开放，使常规教研活动得到了延伸和拓展，教研活动的功能与效率得到了放大与提升。当然，我更是这次活动的最大受益者，在这个过程中，我历练了，成长了，进步了。同时，这次难忘的赛课经历也让我开始反思自己的教学行为。作为教师除了要具备丰富的教学经验、先进的教学理念、处事不惊的态度、善于协调应变以及合理安排事务的能力外，更要有在关键时刻勇于做出正确决定的能力。从那时起，我开始大量涉猎名家教育教学专著，学习教学管理艺术。由于表现出色，我先后连续三年年度考核被评为优秀。

3. 全面发展，展现自我

2014 年 8 月，带着领导的嘱托，带着同事们的殷切希望，带着满满的期盼，我来到宁夏大学，进行为期 3 个月的脱产培训。在短短 90 天的学习中，既聆听了专家与名师的报告，又观摩了骨干教师的教学实践课，还参观了银川市先进学校的办学环境。每一天都让我感受到思想火花的冲击，开阔了眼界。在充分领略到专家与名师那份独特的魅力——广博的知识积累和深厚的文化底蕴的同时，也和一群优秀的同行朋友探讨了教学中的疑惑。我们这些小学语文的骨干教师培养对象，应该把专家、名师的教学理念内化为自己的教学行为，以便更好地指引我们走向教学成功的彼岸。这三个月既忙碌又充实，既疲惫又紧张。但值得欣慰的是，我们的收获是丰硕的：我们进一步把握了《纲要》的精神，领会了各个领域活动的指导内容，增强了解决问题的能力；我们观摩了名师教学，关注了有效课堂，提高了教学实践水平；通过设计实操的演练，协调了设计与指导一节课的平衡点；强化了我们的专业意识，阐明了我们专业发展的途径与方法。看一看自己记录的厚厚几大本听课记录和学习笔记，翻一翻自己随手记下的批注，想一想每一天听完培训讲座的感言，心中感到十分高兴和充实。我深深地知道外在的知识要内化为自己的教学能力，就必须用理性的思维去审视、吸收、创新。本次培训，老师们的"点化"和"引领"就像教师成长道路上的那盏明灯，使人豁然开朗。

4. 转型管理，服务他人

2008 年 9 月，学校建校 3 年，要进行新一轮中层干部竞聘，我通过竞聘从教师岗位调整到了教科室岗位，担任学校师资培训中心主任一职。我深知自己的职责，我是为老师们服务的，是要帮助老师们提高和成长的。除了平时的听课指导和繁琐的日常工作处理，我还承担并组织了多项大型活动。在这个过程中，我也在不断提高和进步。我非常庆幸自己生活在一个朴实而温暖的大家庭中，有那么多领导和老师一直在默默关注我、信任我、宽容我，才使我有了不断进取的源源动力。学校经常会有老师参加县区及市级的比赛，作为教学服务人员，我积极参与观摩课，和参赛老师一起研讨交流。学校马老师参加了光盘课比赛，从接到上级通知，我就组织磨课团，制订计划，要求马老师利用业余时间观摩名家录像，学习提升自己。同时认真研读教材，进行教学设计。她每一次发送给我的教案我都会进行精心地修改，直到参赛的前一天，我们还在修改完善，从初稿到定稿，我们整整修改了十几次。当然，我也带着马老师上了十几节试讲课，从十五小到胜利学校再到隆湖二站学校，联系学校，评课改动，反复试讲。上午试讲，中午修改，下午继续试讲。多少个中午我们没有回家，办公室里一桶泡面、一杯清茶，围坐在一张书桌前，一起为某个细小环节的处理绞尽了脑汁。多少个下午，下班后我们仍在办公室里探讨最佳的教学方法。在领导的指导关心下，在我们磨课团队的共同努力下，马老师不负众望，获得了全国光盘课比赛一等奖的好成绩。在此期间，我本人多次代表大武口区参加市级、自治区级演讲比赛，均获得了一等奖的好成绩。2011年，我参加市级教师技能大赛获二等奖，同年，又参加了大武口区教研员选调，开始从事教师培训管理工作。工作中，我认真准备、精心组织、开展网络教研活动，交流教育教学经验，借鉴先进的教学方法，帮助青年教师和特岗教师组织课堂教学；跟随教研团队深入学校有针对性地进行视导检查；积极参与各项优质课、观摩课、示范课、公开课的辅导，以及优秀论文的评选、《大武口教育通讯》的编辑、试卷的命制等工作。

忙碌伴随着充实，汗水孕育了丰硕。静心回望这平凡而忙碌的23年的付出，留下一路平淡的足印和一路熟悉的风景。经过这些年的不懈努力，我得出了两点结论：一是摆正自己的角色定位，积极应对各项工作；二是通过不间断的学习，逐步提高自己的业务能力，内强素质外树形象。这些年我一贯的做法是：做人真诚、直接、简单、自然。做事坦荡，不高谈阔论，谦虚含蓄。因为，我一直希望做个具备竹子那般高洁品行的人！用自己的一言一行潜移默化地影响学生，使他们从小就养成良好的道德品质，如雨后春笋般破土而出，成为对社会有用的人。

最美的大学生活

——"国培"伴我成长

银川市金凤区第十一小学　费　涛

已年近不惑的我，此生最遗憾的是没能真正走进大学校园成为一名大学生。虽然自己已是大学本科学历，但都是校外自学而得。听到能脱岗在大学校园学习三个月，我真的是欣喜万分，倍感珍惜。

2014 年 8 月 10 日，我带着对大学生活的向往，正式成了宁夏"国培"置换 2014 届的学员，开始了我仅三个月的大学生活。项目组为我们安排了宿舍，每天早中晚在学校餐厅用餐。抛开了工作中所有的烦心事，每天早晨乘坐公交车上学、中午休息、下午放学，还真是惬意。坐在公交车上不用再想今天的课怎么上，不用想班里那些调皮的孩子如何教育，更不用想领导到学校检查准备哪些资料。一路上可以潇洒地戴着耳机、听着音乐，背诵我喜欢的唐诗宋词。就这一路已让我的心静了不少，再加上前沿专家们精彩纷呈的讲座、同学们的研讨交流、跟岗实践的学习，这三个月的大学生活，让我又有了一次生命的成长。

1. 专家培训　指明方向

开学第一天，来自自治区教育厅师资处的领导和宁夏大学教育学院的老师们在开班典礼上热烈欢迎我们"国培"学员的到来，详细地为我们讲述了此次"国培"计划的活动安排，同时对我们提出了严格的要求和殷切的希望，并且预祝大家度过有意义、有收获的 90 天。我已经很期待接下来的学习，设想着专家教授会带给我哪些全新的思想。果然是"不虚此学"，从教师乐观幸福的人生观、新的教育理念、最新的信息技术微课教学，到中华经典文学的诵读、汉字字理的魅力、教师的心理健康生活礼仪、具体的课堂教学与课题研究、优秀的班主任经验……佩服华东师范大学陈大伟教授学富五车的知识涵养，让每一位学员都心怀尊敬；尊敬华东师大博士后李冲峰海纳百川的博大胸怀，使每一位学员都心怀敬佩；敬佩北京教育学院朝阳分院薛晓光老师精益求精的治学态度，使每一位学员都心怀崇拜；崇拜北京史家胡同小学万平老师对教育的执着与热爱，愿意与她共同做温暖教育的践行者；自治区小学语文教研员马兰老师对小学语文不同课型的教学研究策略更是让我们醍醐灌顶；银川市教科所仇千记在幽默风趣中教会了我们如何进行学生日记和习作的指导……回想着这一场场精彩的讲座，对于一位即将面临职业倦怠的教师来讲，真正是如淋甘露，让我的生命又增加了厚度。

在这次"国培"中，课题研究对于我应该是一个最大的挑战。一直以来，我总认为关爱学生，上好每一堂课，认真批改作业，就是好老师的标准。此次的"国培"才让我明白，要想成为骨干教师，教育科研是必经之路。在撰写开题报告的那些日子里，在老师和同学们的帮助下学会查阅文献，课题的研究目标、内容、思路不够准确，指导老师曾祥岚教授不厌其烦地进行指导。一篇报告红色标注从头标到尾，真的觉得特别不好意思。自己缺失的理论知识太多了，教授不停地在"补差"。欣喜的是，我终于明白如何进行课题开题报告的撰写，自己申请的课题在曾教授的指导下，研究思路越来越清晰，也知道该如何去做。不能让这次的课题申请成为纸上谈兵，要真正发挥它的实际作用，真的受益于"国培"学习，让自己努力去做一名科研型教师。

2.　同伴互助　共同进步

来自全区各地的 119 名小学语文骨干教师，在我们的班主任宁夏大学教师马丽的带领下，开始了我们的班级生活。以往总是操学生的心，现在有热情善良的马老师为我们操心，当学生的感觉就是好。3 个月，同学们朝夕相处互相学习，都在不断地进步成长。第一次参与式教学，就让我受益匪浅。

2014 年 8 月 27 日下午进行的参与式教学实践与指导——"以学生为中心的教学法"，是一种全新的培训方式，让我耳目一新，非常喜欢这样的学习方式，我的同学们更是让我敬佩不已。

我们的学习分成了三大块，第一块组建团队，各小组讨论创建小组名称、口号、个人简介，在规定时间内进行汇报。教室里顿时热闹起来，各个小组立刻行动起来。时间很快到了，首先汇报的是"向日葵组"。他们抓住向日葵的"微笑"，延伸到老师乐观积极向上的心态；接下来的"扬帆起航组"抒发了老师们对教育的憧憬；"火凤凰组"的凤凰涅槃、浴火重生更是表明了一群女教师们对教育的执着与坚定；"七叶一颗星"、"非常8+1"太有创意了，真让我敬佩不已，我的同学们太有才了！组名起得好不说，关键是介绍时更是妙语连珠、出口成章。这还不算什么，再瞧瞧人家画的个人卡通画像与制作的剪纸，真不愧是骨干教师。"读书方恨知识浅，观海倍觉天地宽"，还没走多远就发现身边有这么多优秀的人才，钦佩之情油然而生，向你们致敬！

"回忆往事，讲我的故事"真是有趣，一下子似乎让我们回到了童年。学骑自行车，缝沙包，第一次缝裤子，各种有趣的往事，童年又重回我们的心头。该阅读讨论了，老师组织我们分组集体阅读。大家端着书放声朗读，又过了把学生瘾。我们阅读了杜威著作章节的简短导言，针对我们如何从经验中学习、为什么在某些方面对学生来说老师的身教重于言教等问题进行了分组讨论，伙伴们的积极性真高。"学生的模仿性极强，老师的言谈、书写、做法不用语言只需行动。一位爱阅读的老师，她走进教室认真读书的样子无形中就是孩子们的榜样。"这些实践中的经验，都是我们学习的资源，果真是受益匪浅！

这个快乐的下午，令人难忘！

"三人行，必有我师焉。"参与式教学让我学到了同伴们那种团结协作的精神；微课的录制和评课更让我学到了优秀教师的课堂教学方法；撰写课题开题报告需要查阅文献资料，来自石嘴山的陈老师、灵武的白班长利用午休时间耐心地教我如何上知网查阅文献。写好后排版出了问题，白班长又不厌其烦地帮我修改。这就是我的同学，一群对教育执着、善良朴实的教师们。

3. 实践学习　增长经验

2014年10月20日，我们来自全区各地的小学语文骨干教师培养对象及青年特岗教师共16人有幸进入自治区直属小学二十一小湖畔分校，与学校及指导老师对接见面，并开始为期一个月的跟岗实践。

二十一小湖畔分校虽是一所新建学校，但校园文化氛围非常浓厚。全校师生待人和善，礼貌有加。学校工作求真务实，教师爱岗敬业，学生活泼可爱，有非常好的养成习惯。校园里不同形状的木质花坛，孩子们活动区域的安全措施，教师办公楼专设的聊天研讨区域（家庭式桌椅），这样的环境及氛围相信每一个孩子都会健康成长，每一位老师都会快乐地工作，这种浓浓的校园文化真的让人赞叹。

特别是 "楼道文化" 给我留下了深刻的印象。每一栋楼的楼道里都有一个开放式阅览空间，墙面的书柜配有各种图书，楼道底层铺设木地板，还有不同形状的板凳，为学生随时阅读提供了舒适的环境。各种温馨提示的标语和符合孩子年龄特点的图画设计更是让人耳目一新，处处体现着以人为本的教学理念。

在随后的听课学习过程中，我耳闻目睹、亲临其境，更是受到了专业语文教师们 "以人为本、求真务实" 的教育教学精神的感染。我的指导老师是语文大教研组长冯莉老师。她专业知识扎实，经验丰富。她课前准备充分，上课时教态亲切、自然、大方，语音清脆、流畅，课堂组织严谨、精神集中，调控得当高效，真正做到了充分尊重学生、关注学生、服务学生，以学生的发展为教学之根本。我想，这对于我在跟岗期间乃至于今后实践新的理念，开展有效的课堂教学活动都将会产生深刻的影响。

在湖畔小学跟岗学习的日子里，学校教导处安排了各学科的青年教师公开课、语文略读课、同课异构，英语和数学的反复研讨课。音乐课上我们看到青年教师的活泼灵动，同课异构中我们领略了不同教师的风采，磨课更让我们感受到湖畔分校教师的精细与执着。在教研组组织的评课活动中，教师们更是畅所欲言，诚恳地表达自己最真实的想法，研讨氛围浓厚。除集中听课外，我们还可以随时听老师们的常态课。湖畔分校的课堂，是朴实的课堂。不论是常规课，还是公开课，都看不到教师有一丝表演的成分。每一个教学环节的设置，无不关注到孩子的发展，无不折射出教师的细心与用心。

学校每个月都会安排不同年级的课外学习活动，10月，我们刚好赶上五年级的语文知识竞赛，新颖的活动形式和孩子们的精彩表现也让我们大开眼界。11月还安排了四年级的成语竞赛活动，此外，还有 "今天我来秀"、"小鱼儿节目" 等，都充分展示了学生的综合素质。"国学与欣赏" 是学校开设的校本课程，根据不同年级的特点学校自编了校本教材。成语、精彩句段、儿歌、唐诗宋词、论语经典，孩子们都能熟读成诵，这些活动的开展无不显示着优质资源下的优质教育。

一个月的跟岗实践很快就结束了，但所有的感受与收获都会深深留在我的心里，值得去细细地回忆、品味。

2014 年 11 月 15 日，伴着结业汇报演出的欢声笑语，我结束了为期 3 个月的最美的大学生活。班主任和我们拍照留念，同学们也是依依惜别。

"吾生也有涯，而知也无涯。"蓦然回首，多么希望能够再听听院长教授们深入浅出的讲授，多么希望能够再看看专家、学者型教师异彩纷呈的课例，多么想继续漫步在宁大校园中感受它浓郁的人文气息和学习氛围。在"国培"学习中的收获是沉甸甸的，反思是很深刻的，感悟是厚实的。细细思量明天的去路，我愿把在"国培"班学习的知识活用到教学当中，精心打点今日的行囊，踏上明天的讲台。

欲爱不能的愧疚

海原县第一小学　孟旭霞

又一届六年级毕业生即将要离开我，为满足同学们的心愿，在全县统一监测考试前一天的下午，班里举行了毕业典礼。典礼前，我和班长曹君带领同学们布置教室。看着他们兴高采烈的忙碌样儿，我心里喜喜的又酸酸的，带了六年的学生就此要分别了，他们竟然这么高兴，这群小东西真"没心"。但看着那一张张笑脸，我还是挺欣慰的，毕竟他们长大了、懂事了，也能做事了。

典礼开始，曹君同学为典礼致辞，我讲了几句祝福的话，发了毕业证，就把自主权第一次完完全全给了学生，让他们尽情愉悦。不一会儿，我发现大多数孩子因我在场很拘束，就只好再三叮嘱他们注意安全，出教室去了办公室。下午四点左右，我觉得应该结束典礼，让他们好好休息，明天好好考试，就又去教室，组织他们搬桌子、打扫卫生准备回家。一进教室，就看见曹君痛苦地双手抱着腿，我急切地问："怎么了？"他说："搬桌子时，不小心扭了脚。""不要紧吧！"我边说边俯下身子摸他的受伤处，伤处有个凸起的小包，我以为是筋疙瘩，就让他忍住疼，给他轻轻地揉，哪知我揉时，他疼得脸色都变了。我还没有意识到伤的严重性，想着休息一下就没事了，就让马君用自行车送他回家。傍晚曹君给我发了一条短信，说明天不想考试了，我立刻想到他的腿有问题，就叫上数学老师直奔他家。他躺在床上输液，眼泪在眼眶里打转，他妈妈手足无措地守在旁边。看到我们来了，他要起来，我赶紧摁住他。他妈妈说曹君回来疼得厉害，她就领到医院拍了片子，医生说骨折了，得马上住院，他怕耽误明天的考试，想明天考完试再去住院。我也赞同曹君的这种想法。长期以来，教师在素质教育与应试教育的夹缝里艰难而无奈地生存着，如果曹君不去考试成绩就是零，会影响我的考核成绩。出于自私，我忽略了他的痛苦，应该说是应试教育让我欲爱不能吧！

应试教育的排名竞争严重扭曲了教育的服务功能，成绩成了评价教师的唯一标准，学生永远是第一位的，家长永远是上帝。当教师与学生家长、学生产生矛盾时，学校习惯于责难教师、追究教师的责任。我很后悔自己的疏忽，想着如果我一直待在教室就不会在最后一天发生这样的事了，又担心家长闹腾起来，学校肯定会追究责任，难免又是处分又是赔款……想想都觉得懊恼、后怕。唉，听天由命吧！先过了明天的考试关再说吧！好不容易熬到第二天，一起床，我就给曹君家打电话，问他的情况怎样，他妈妈说孩子很疼，但还是要坚持考试。考试时间快到了，我和他妈妈把他搀到校长的车上送进了考场，不到半小时，监考老师打电话说，孩子坚持不住了，我急忙赶往考场。说实在的，我很愧疚，也觉得自己很残忍。曹君为班级、为老师着想，坚持上考场，我却没有设身处地为他考虑，只顾及到自己的名利。不能再有任何的犹豫了，反正大小领导都已看见了。我又和他妈妈把他从考场搀出来，让校长的车送他去医院。看着他痛苦的表情，我真为自己的残忍感到心痛和愧疚。接下来的事，就是搜集一系列证明孩子不能参加考试的证据，幸好证据确凿，一切办得比较顺利。就这样，别的孩子在竞争激烈的质量监测中为小学生涯画上了句号，而曹君却因意外腿伤退出了考场。

曹君在住院期间，我一直惦记着他，几次要去看他，又怕他们家人找麻烦，于是找了各种借口说服自己没去医院，只是打了几次电话问了他的情况。一个偶然的机会得知，他的腿根本不是扭伤的，而是和景君玩时不小心摔的，他怕给我带来麻烦始终保守着这个秘密。当时听了这个消息，我心里真不知是什么滋味，后悔、自责、愧疚……我在应试教育和安全制度的双重重压下畏缩了、退却了，远不及我学生一半的勇敢和担当。

新学期开始，我又接了一届学生。上届毕业生经常来学校看我，而我因为愧疚一直关注曹君的情况。他的腿好了，凭着不能参加考试的证据，顺利入学了，但他表现得异常调皮，一副无所畏惧、玩世不恭的样子。后来，因上课玩手机时被老师发现，老师将他的手机扔到了楼下，他和老师大吵一架后，不念书了。这种种不好的消息，让我纠结不已，常常自责是我的自私冷漠伤害了他，让曾经那么认真、负责、优秀的他，让同学们心目中的好班长、老师的得力助手变成了今天的样子。这种心痛和愧疚一直煎熬着我。

今年，因工作调动，我离开了那所待了8年的学校。一天夜里十点多钟，早睡的我被一阵电话铃声惊醒，电话那头传来熟悉的声音，是曹君，他说他在宁东打工。我问他吃得、住得怎样？腿有影响没？他说一切都挺好的！我说："你住院期间，老师没去看你，你不怪老师吗？"他嘿嘿地笑着说："怎么会呢？当时怕惹您生气，连实话都没敢说……"我心里似乎得到了安慰，叮嘱他注意安全，保护好身体。他说："没事的，我已经长大了。"挂了电话，我辗转反侧，脑子里总浮现出他可爱的样子。当时，我如果和他一样敢于承担，淡泊名利，勇敢地面对一切压力，给他更多的关爱，他有可能就不会走辍学打工的路，我也不必在自责愧疚中受尽煎熬。

如果一切可以重来，我会勇敢地面对一切，让爱不再愧疚。那么只有总结经验，为我剩下的教书生涯画上圆满的句号。

以善为灯　以心为田

石嘴山市第二十六小学　胡翠莲

我们常常感叹，教育是平凡的工作，时间如白驹过隙，平凡的日子就在指缝间不经意溜走。在岁月的侵蚀中已步入中年的我，工作的热情与激情渐渐被磨尽，似乎进入了工作的瓶颈期。茫然、困惑涌上心头。在这彷徨的时刻，传来派我去参加"国培计划"（2014）自治区骨干教师置换培训的消息，听到这个消息，犹如炎炎夏日吃到一块冰凉的西瓜，我顿时喜上眉梢。瞬间的激动之后，便陷入沉思：此次高规格的培训将会给我带来什么？培训之后的我，又会变成什么样？带着未知与期待，我来到培训基地。

培训的序幕在一场场精彩纷呈的专家讲座中拉开了，每一场专家的讲座都让我受益匪浅。当我聆听了来自北京东城区史家胡同小学语文教师、班主任万平老师的讲座《教育是温暖的》时，心中顿时泛起阵阵涟漪。万老师用她轻柔的声音将她十几年的工作心得融入其中，和我们分享了一个很温暖的词——幸福，给了我们一次心灵的洗涤。万平老师用自己的教育经历与大家分享多年来积累的教育智慧，用鲜活的师生小故事解读着作为教师的平凡与感动、伟大与幸福。从万老师的报告中我看到了一个一线教师平凡但不平庸的教学生涯，听到了一个心中充满着爱的老师最朴实的心声：用自己的爱，让学生健康幸福地成长，从而使自己幸福着孩子们的成长。在场的每一位教师无不为之感动，每位教师都跟随着万老师精彩的演说或品味、或憧憬着教育的幸福与快乐。为了让自己的教育永远都能有温度，万老师也付出了超出常人的辛劳和汗水。钦佩的同时，我也为之感动，万平老师不愧是教育的有心人，正是那份执着和对孩子、对教育的热爱，才取得了今天的成就。当万老师的学生是幸福的，就像我这样来自一线的老师即使当万老师半天的学生也是幸福的。当万老师的报告结束的时候，我意犹未尽，享受着万老师给予的这场心灵洗礼的同时，同样身为人师的我，不禁掩卷沉思：我的教育有温度吗？培训前的茫然与困惑在此刻似乎开始明朗、清晰。我想我知道我该怎么努力了……

喜欢看她，因为每一次她的笑容都让我感觉如此纯洁、善良，这没有一丝杂质的笑容似乎只有在孩子灿烂的笑脸上才能看到。而她如我一样，已渐入中年，她就是担任我们这次骨干培训班班主任的马丽老师。初次班会课结束，心里为她还有少许担心，虽说她是个博士，学历要比我们高，可是我们这个骨干班 90%的学员老师都比眼前的马丽博士年长，她能 Hold 住吗？

或许这是学员参加工作后第一次外出培训学习，已为人母的我们，心理有了更多的牵挂，学员老师的身体或者心理多少都出现了不适应。我自己有时也因为牵挂孩子而莫名的烦躁。夜已深，班级 QQ 群的头像还在闪动，那是马老师还在为生病的学员担心，询问生病老师的病情。虽然得病的不是我，可是看到马老师的信息，心里还是会涌上丝丝温暖。因为学员来自全区各个地方，生活习惯、生活方式千差万别。每一天，似乎都有学员向马老师提出问题，需要帮助。三个月来，马老师真诚地向每位需要帮助的老师提供帮助，解决问题。当有的问题一遍解释不清楚，她总是不厌其烦地一次次沟通。学员越发喜欢、敬重马老师，看来我最初的担心还是有些多余了，她 Hold 住。

记得临近结业时，学员老师要开展课题研究，可是每一个人都对课题一头雾水。就在大家焦头烂额之时，马老师读懂了大家，她精心准备了关于课题研究的讲座。参加这个培训之前，我们是教育者，可是今天，我们转换角色，成为受教育者。那一天，马老师准备的那一张张幻灯片不仅让我们收获了理论专业知识，更让我们感受到教育的温暖，在感动中收获着教育的幸福。大家曾经躁动的心早已平静下来，甚至开始留恋这个温暖的集体。

正如万平老师所讲：教师是一项"以心为田，以善为灯"的事业！而"以心为田，以善为灯"的境界是不可能"秀"出来的（它与表面的业绩几乎无关），这种境界是不张扬的，它低调、平实，斯人斯年如一日。它慈悲如土地：没有什么不能接受，没有什么不能孕育，没有什么不能承载……

也许我不能成为像万老师、马老师那么优秀的教师，但通过此次培训，万老师、马老师点亮了我的心灯。她们的精神鼓舞着我向着这个目标坚定地前进。以心为田，播撒爱的种子；以善为灯，点亮学生的智慧！

我化茧成蝶的梦想

——"国培计划"置换学习个人成长故事

红寺堡回民中学　杨菊花

2014 年的 8 月，对宁夏工商职业技术学院来说，是极不平凡的，她张开温暖的怀抱，微笑着迎来了一批特殊的学生——"国培"班的全体学员。大家带着自信，带着一颗渴望而又真诚的心来学院参加"国培"。我也来了，在灿烂芬芳的百花园中，我略带着些许羞涩，如一株小小的丑菊，默默地站在百花园中，虚心而又耐心地聆听、学习、讨论、反思，漫长而又短暂的三个月时间里，我一直做着化茧成蝶的梦想……

1. 专家引领——拨云见日，润物无声

这次培训，宁夏大学精心地为大家准备了许多"大餐"——让我们农村的骨干教师得以聆听多位教育专家生动、形象而又精彩的讲座，提高了自身的业务知识和业务能力。有人说，专业成长必须经过艰难的历程。来自北京史家胡同小学的万平老师就给我们上了很生动、很现实的一堂专业成长"政治课"。年过半百的她早已是全国模范班主任，在班级管理方面有着独特的方法。她全心全意关爱孩子，充分利用网络资源、家长资源拓宽教育途径，经常和学生打成一片，走进了学生的心田。她的讲座让我们所有的学员激情澎湃，她为我们展示了自己充满活力的教学生涯。在和她一起分享班级管理的幸福、快乐的同时，我们不仅学到了班级管理的新方法，同时也明白了如何做一个智慧型的老师。

这次培训研修活动形式多样、内容丰富，我们领略了几十位专家、教授的专业风采和敬业精神。他们孜孜不倦的教诲、至诚至善的人文关怀，使我们感觉到，"国培"是我们广大一线教师知识更新的殿堂、教学成长的精神家园。我们的思维视野得以扩展，学科知识得以丰富，思想观念得到了更新，教学和研究能力得到了提高。

2. 跟岗实践——如影随形，如沐春风

"岁月如歌，时间如风！"转眼，"国培计划"已到了"影子研修"时间。"国培"的领导和老师为我们联系了银川市最棒的学校和名师，亲自将学员送到各个学校。三周的"影子教学"让我们感到有深度、有亮度、有宽度。深度表现在师徒结对子，可以近距离交流、全方位观察，感受影子教师的教学理念、教学行为和教学效果。影子老师们的教学风格迥然不同，但是他们都有一个共同的特点：课堂随堂不随意。我们亲眼目睹了名师的课堂教学，亲身体验了学校的教研氛围。培训中指导教师手把手地教，学员们则虚心好学，

勤于思考，深入研讨，思想碰撞，闪烁着智慧的火花，学到了真本领，内涵变得深厚，眼界变得开阔。

一个月如影随形的学习，让我们把第一阶段的理论学习和导师的课堂教学实践结合起来，真正领悟了"政治教学"的核心是"一个中心"、"两个基本点"：即以课堂训练为中心，培养学生的政治鉴别能力，提高人文素养。

3. 交流研讨——集思凝智，共同成长

在听专家讲座的同时，我积极参与教学研讨——尽管刚来时有些羞涩，有些胆小，但在研讨中，我总是努力战胜自己，走上讲台，演绎学习的激情。无论是班级学员经验总结，诗歌朗诵会，影子活动总结，说课比赛……每次讨论都有我的身影，我和学友们、同事们共同交流、共同研讨，开拓了教研视野，而这些，也使我渐渐变得活跃。

4. 反思总结——取长补短，拔节开花

从到学院学习的第一天起，我就开始写研修日志。这期间，别的学员也曾对我的所作所为感到不可思议：你每天写反思累不累？我们看着都替你感到累！对此，我要么一笑了之，要么也会说出自己的心声：怎么不累？一开始我是硬逼着自己这样做的，时间长了就成了一种习惯，哪天不写反而觉得缺少点什么！于是在每天的反思中，我学到了许多——在谭凤兰老师的讲座视频中，我明白了："政治教学要冲破以教材为中心，以课堂为中心，以教师为中心的樊篱，去超越教材，超越课堂，超越教师，引导学生进行自省的积累、情感的积累，为学生的生命奠基，把充满创新与活力的政治教学带入21世纪，让政治学习充满成长的动力，让政治学习绽放智慧的潜力！"

5. "国培"平台——让我交新朋会旧友，舞动我人生

感谢"国培"，让我见到了久别的各个学段的同学、宁大进修期间的可敬的老师们，如苏东海班主任、胡滨老师、万忠德老师，可爱的马玲、马慧同学等，并让我们朝夕相处了难得的三个月时间。为此，我特别开心，也特别珍惜。我被老师、同学们乐观豁达的人生态度所感染，于是，积极发挥自己的长项，教学员们跳广场舞。看到四周八县的学员学得、跳得那么带劲、开心，我也乐此不疲、乐在其中。

一路走来，很感念我的这些老师、同学们，也感谢给我们提供服务和方便的

学院领导们。可爱的熊老师能让我们有设备，在学院舞动自己别样的人生。

弹指一挥间，为期三个月的中学政治骨干教师"国培"研修即将落下帷幕。我们如期完成了本阶段的研修任务。三个月的朝夕相处，三个月的孜孜以求，三个月的交流碰撞，我们结下了深深的友谊，也收回了沉甸甸的果实！

这次培训研修，不仅使我们的知识得以扩充、教学理念得以更新，更是对心灵的一次洗涤。三个月过去了，现在我不敢说自己已化茧成蝶，但我已有了很大的进步，我变得比以前自信、开朗、活泼，我会飞向家乡——红寺堡这块养育我们，让我们忙碌付出又收获快乐的神奇土地，那里有无数的青少年移民学子正等着我如阳光般灿烂的笑脸……

我不禁默默地想：在"国培"这片梦幻般的天地里，思想的火花，文化的盛宴，知识的滋养，智慧的启迪……凡此种种，缤纷呈现，让我们目不暇接，俯拾即是，畅然快意。我们尽可日赏文海吐秀，夜与同人交流；可聆听专家学者的精湛学术讲授，一睹大师们的俊逸风采；可与同学邀约着互帮互助共提升，沐"国培"之风而行乐浸心；可尽享精神文化桑拿，感受别样的时光情趣。一来二去，风起，书香满怀，开满尘埃。挥舞衣袖，暗香盈襟。

6. 静坐常思己之过

吃过晚饭，伴着夕阳的余晖，我依然走在这条熟悉又陌生的小路上。边走边想：这些日子，聆听着专家的讲座，反思自己的课堂教学，对照这些取得成功的事例关照自身，我忽然明白长期以来，习惯了"包办代替"，手脚未能真正放开。所以，尽管劳心劳力，但学生的政治素养一直都不怎么理想，甚至有时会陷入茫然无措之中。

究其主要原因，我想主要有以下几方面。

第一，过分相信自己的能力，总以为教师是蜡烛，燃烧自己，照亮别人；教师是园丁，精心培育祖国的花朵……殊不知，这些观念对教师的成长与发展是大不利的，与新理念的要求相距甚远。

第二，课堂上为了所谓的教学任务的完成，对学生潜能的激发不够到位。亚里士多德有句名言："思维是从疑问和惊奇开始的，常有疑点，常有问题，才能常有思考，常有创新。"

第三，有时难免走向另一个极端，那就是在"让每位学生都得到尊重"的口号下，过分强调学生的主体作用，教师应有的主导作用没有得到较好的发挥。

7. 不用扬鞭自奋蹄，学习中成长

"光阴似箭，日月如梭。"不知不觉中，我们相聚在结业典礼的礼堂中，看着大家幸福的微笑和不舍的眼神，浏览着联欢会上一张张精彩的图片，翻找着手中的通讯录，一种说不出的感受油然而生：三个月的学习实践，之前的不情愿早已烟消云散，现在似乎只有一种相见恨晚的感觉。

起先，我害羞、胆怯，不敢与人交谈，甚至连大声说话都得看看周围是否有太多的生人，都得想想是否会说错话，是否会被老师批评、被同学耻笑，他们会不会对我另眼相看？

渐渐地，我认识的人多了，胆儿似乎也更大了，在"国培"中开始大胆地留下自己的串串脚印，同时，我也会对别人的脚印"指指点点"。

渐渐地，我发现，"国培"其实也很平易近人：有经验丰富、循循善诱的专家们；有豁达风趣、认真负责的班主任；有和蔼可亲、热情互助的同学们。

渐渐地，我们学会了思考，学会了提问，学会了讨论。通常一个话题就会引来很多同学的围观，碰撞出很多思维智慧的火花，我们在"国培"里"肆无忌惮"、喋喋不休地谈论着教学中的点点滴滴。在讨论中，我们共同进步着、成长着。

渐渐地，"国培"拓宽了我们的视野，增长了我们的见识；同时，我们也领悟到了"国培"传达的重要精神。

最后，"国培"让我们明白了教育真正的含义。对于教学，我们有了新的认识、新的理解、新的目标与方向。

8. 结束语

《诗经》有云："执子之手，与子偕老。"三个月的"国培"之旅，我执"国培"之手、携"国培"同行。我有一种如释重负、收获满满的感觉，起先那种压力、无奈和担忧如烟而去，多了一份沉甸甸的充实。

与之执手，感受教育名家的温文尔雅，感受精神的盛宴。

与之执手，畅谈国学的魅力，勾画教育的未来。

与之执手，享受收获的喜悦，体会同窗的友情。

展望以后的教育之路，我与"国培"携手同行，将收获用于探索，将友

情藏于心底，我相信：

与之携行，"国培"带给我们每个人思想上的洗礼、精神上的震撼、理念上的革新。

与之携行，在"国培"这春光雨露的沐浴下，我们定会不断地成长，不断地进步。

与之携行，在"国培"精神的指导下，教育改革之路将会走得更加通畅，教育事业的明天也会更加辉煌灿烂！

成长三部曲

泾源县第三小学　佘艳萍

平平淡淡做人，踏踏实实做事，这就是我，马上要奔四了，却还有孩子般的童心和火一般的热情。——题记

1. 幼承庭训

很小的时候，父亲是民办教师，在我村教学点教书，我们学校只有一、二年级，是复式班。父亲很喜欢自己的工作，曾记得，夏天时，只要遇到下雨，我和同伴都是父亲从家里背到学校的。那时，只记得父亲的力气很大，前面抱一个，后面背一个，左右胳膊上又各夹一个，也就三四趟，我们就全到教室了。冬天，我们到教室时，自制火炉上早已燃起了火，我们就围坐在炉子旁，跟父亲读课文，学唱歌。那时，在我心中，老师就是这个样子的，对每位学生就像父亲对孩子一样。父亲写的一手好字，写在黑板上的字就像书本上印出来的。于是，在一、二年级上学的我们，似乎也得到了父亲的真传，一个赛着一个地往好里写字。父亲将我们每个孩子的铅笔都贴上名字。我们的铅笔都是父亲削的，他拿着家里的刀片刀子，为我们削的铅笔，比现在用铅笔刀削得还要美观、耐用。

我们上交的作业本，父亲总是整理得平平整整，然后用砖头块压着。所以，在我的记忆中，我的作业本永远是那么干净、整洁。

在父亲的呵护下，我们一个班的学生是那样的幸福、快乐，那么热爱学习。那时的我就萌生了一个念头，长大要当一名老师，跟父亲一样的老师。说来也怪，初中毕业后考上了中专，父亲和我的想法一样，在我的第一志愿里填上了"固原民族师范"学校。当然，我也如愿以偿。

2. 家学渊源

师范毕业后，不知天高地厚，认为自己拥有了渊博的知识，具备了一定的教育教学能力。分配到东峡学区任教，我满怀信心地投入到教育教学工作中。殊不知，几节公开课下来，我被领导和同事批得体无完肤。什么语速过快，什么态度不够亲切，什么板书时龙飞凤舞……我简直就是一个不合格的小学教师！我沮丧极了！原来，真正地投入到教育教学中，是柴米油盐般的繁琐！什么拿笔姿势、写字姿势，甚至坐姿都得不停地讲解、要求，还要每天当法官处理学生的告状，我头都大了。

当时的我曾怀疑，是否选错了职业？但现状根本就没有能力改变，我只能静下心来学习。幸好，大我三岁的哥哥当时已经是我们学区颇有名气的教师，学区组织的观摩课、学校的示范课，哥哥经常承担。也许是继承了父亲的缘故吧，哥哥也写的一笔好字，我也写得不赖，只是我表现出来的是浮躁，是不能够静下心来罢了。于是，我就经常像跟屁虫一样缠着哥哥，向他请教，听他的课，让他进入我的课堂，手把手地指导我。渐渐地，我摸索出了一些门道。当然，在这期间，我还不时地向父亲请教一些在教育教学中遇到的问题，父亲总是不厌其烦地详细地告诉我（当时，我和父亲、哥哥都在同一个学区任教）。那时，我才知道有感情朗读的重要性，知道了一个好的语文教师，不但要有好的基本功，更要有渊博的知识和出色的语言表达能力。在哥哥的推荐下，我订了《小学语文教师》杂志，从杂志上，我学到了许多在学校里没有学到的知识。

一次偶然的机会给了我教学上的信心，指引我在以后的教育教学生涯中该怎么走。

那是 1997 年的 4 月份，县教育局组织举行全县"教坛新秀"的评选活动。要求每个学区语文、数学、思想品德各选一位教师去参加县里的评选。记得当时，校领导让我去参加思想品德课的评选，我再三推辞，也没有推掉。

我想，与其参加思想品德，还不如参加语文，于是，我争取到了语文学科。当我拿到这个名额时，心里七上八下，忐忑不安，没有一点底。因为当时参加比赛的，基本上都是在本县教育界较有名气的人，而我，则是一个毕业还不到两年的年轻人。接到要去县上抽签的消息后，我想放弃，因为那几天，我感冒了，而且已经有了4个月的身孕，艰难程度可想而知了！这时，哥哥一再鼓励我去参加。记得清清楚楚，我抽的是《飞夺泸定桥》。那天，下着大雨，上午下课后哥哥带着我到了县上，等抽完签后，已经是下午六点多。又冷又饿的我累得连眼睛都不想睁。因为第二天要参加比赛，当晚我兄妹两个住在亲戚家，吃了点饭后，我就迷迷糊糊地睡着了。不想睁开眼睛时，已经是凌晨一点钟了，哥哥冲我笑了笑，将说课稿、教案拿给了我，说让我看看，并且将教学环节一个一个地讲给我听。

第二天，我是第二节课。当时，的确十分狼狈，上衣特长，裤子上溅满了泥点，而且由于感冒脸色十分难看。可是，那天来我上课的班里，听课的老师在后面坐得满满的。当时我在想，那些老师也许是来看我出洋相的吧。轮到我上课了，上课前想起哥哥那么辛苦，我想一定要上好课。上课后，我按照哥哥给我设计的教学环节，有条不紊地上完了课。由于时间把握紧凑和别出心裁的课堂设计，加上我充满激情的语言，那节课获得了满堂彩。听课老师窃窃私语：这个老师讲得真好！其实，我自己知道这堂课是哥哥的结晶，我只是充当了一个表演者的角色而已。

由于有了教坛新秀第一名的定位，我受到了极大的鼓舞，从此再也不敢马虎了。我努力钻研业务，不断通过学习提高自己。课堂教学水平也越来越被同人、领导认可，我承担的公开课、示范课也多了起来，久而久之，我形成了自己的教学风格。时光如白驹过隙，一晃十几年过去了，2013年，全县又举行教师教学技能大赛，我雄心不减当年，代表学校参加比赛，又一次夺取了小学语文组第一名。

很快，在县教育体育局的组织下，全县语文、数学第一名获得者将为全县教师上展示课。县教研室主任慕金财来看我展示课的准备情况，他说了一句话："课堂要突出语文性。"当时我心里一颤，何为语文性？我有些汗颜，当我把教学思路说了一遍后，慕主任十分满意，当然那节展示课上得十分成功。

但留给我的一个疑惑是：什么是语文性？我才觉得这些年，我实在是忽视了对理论的学习！虽然私底下又进行了大量的查阅，但心里总是不稳当，我觉得近几年自己根本就没有进步，是在吃老本！

3. 凝练升华

当我站在教育教学的十字路口迷茫时，2014年，置换培训犹如一场及时雨，洗刷了我雾茫茫的心绪，为我指路引航！

在为期三个月的时间里，我学到了这几十年来一直模糊不清的理论知识，看到了许多鲜活的教学案例，听到了以前只在杂志上或者网络上才能看到的名师或专家面对面的讲座。虽然只有短短的三个月，却从根本上净化了我的心灵，夯实了我的理论知识，提升了我的专业能力！

虽然我们那个班的学员都是已为人母或人父的人，但班主任马丽老师事无巨细地关心我们、照顾我们，让同样也作为班主任的我惭愧、无地自容。我暗暗地拿我的班主任工作与马丽老师的工作相比，我觉得从态度上、责任心上、耐心上都不及她，而我面对的还是一些视老师为神的孩童。我记住了马丽老师，不仅是她美丽的容颜，更是她作为班主任的鞠躬尽瘁！听了名师斯霞的教育故事，我竟然热泪盈眶，我被斯霞老师的爱心所感动，更为老一辈教育家投身教育事业60年如一日的执着所折服，我想到我的父亲，何曾不是这样做的呢？作为中坚力量的我们，条件这么好，又有什么理由不努力工作呢？在班主任工作上，我想，如果我能像马丽老师那样，再继承父亲的做法，仿效一点点斯霞老师的足迹，我能不成为一个优秀的班主任吗？

作为一名语文教师，而且是小学语文教师，我想应该有好的口才，虽比不上俞世伟教授的风采，但在课堂中，也应该是妙语连珠，以自身的语文素养、语言魅力来感染学生、吸引学生。不仅如此，更要做一名"师志当坚、师心当爱、师风当正、师业当精"的老师。

此时的学习，让我终于明白了什么是"语文性"。上海师范大学的吴忠豪教授用通俗易懂的语言、用身边具体的事例，为我解决了这一困惑，他说："语文课程是一门学习语言文字运用的综合性、实践性课程。即，课程性质为学习语言文字的运用，课程取向为表达运用，课程特性为综合性、实践性。语文教学，应是教语文，而不是教课文，应是本位教学，应关注学生学会，而不是教过。语文教学内容，应重视语言积累、强化语言运用和知识与方法的学习。"马兰老师，将自己多年以来潜心研究的成果《小学语文教材使用中的问题和对策》教给了我们。她说："语文教学就是让学生端端正正写字、明明白白说话、滚瓜烂熟地读书、文通字顺地作文，并在听说读写的过程中养成良好的学习习惯。"我终于豁然开朗，明白每一节语文课我该干什么，每一篇课文我该教什么。

薛晓光老师告诉我们：教材研读是语文教学的重中之重！这让我知道如何才能将一篇老课文上出"新意"，如何挖掘教材！她以《将相和》为例，让我听得热血沸腾，我第一次觉得，小学课文背后隐藏的知识竟是如此的博大精深！这是我以前不曾想到的！也让我第一次知道"和"并非简单的"和好"之意，而是效忠君王、捍卫国家主权的最高准则下，二人结下的"生死之交"。

提起仇千记，我敬佩、羡慕，因为他是土生土长的"西海固"人，他的勤学、善思，让他成为了我们这一片人心目中的偶像。单听他的《小学生作文指导策略》，就让人感觉此人果然名不虚传。他说："弯下身来看作文，蹲下身来看小学作文。"这让我从真正意义上明白：最真实的才是最美丽的，造句、写话一定要将"表达真情实感"渗透进骨子里！

华俊昌老师让我第一次感觉科研并不难，也离我们不远！我们课堂上的每一个亮点、每一次困惑，甚至每一次失败，都将是我们的科研方向和内容。只要我们勤于记录、乐于反思，这就是在搞科研……

带着如此之多的收获，我继续投身于自己的教育教学工作。看到同事对我的欢迎，享受着我们班孩子对我的期待和眷恋，我的心里暖烘烘的！二年级"小组漂流日记"活动的启动，带动了我们学校语文组的全体成员。班级中你追我赶的学风在校园蔚然成风！在课堂上，我将自己学到的理论知识逐一尝试运用，终于能让自己的语文课有实效了。办公室的同事，有困惑疑难也不时地向我请教，我耐心地和她们交流着、共同成长着、幸福着！我的课题研究《小学语文学困生转化策略研究》也被学校定为校级研究课题，每位教师都在为学困生的转化想办法、找策略。

我知道，自己的路才刚刚开始，我会以名师为楷模，严格要求自己，勤学奋进，踏踏实实地干好每一件事！

路漫漫其修远兮，吾将上下而求索。

在不断前行中欣赏沿途的风景

中卫市第五小学　赵　静

我贴在地面上步行，不在云端跳舞。

————题记

"为伊消得人憔悴，衣带渐宽终不悔。"用这句话来形容教师的工作，我个人觉得非常贴切。教师的职业就是一种付出与收获并存的过程。付出自己的青春、健康、知识，收获学生的成长。从初走上讲台到现在 18 年过去了，回顾一路走过的岁月，时常满怀欣喜，憧憬着未来的事业之路。因为我知道不是所有有价值的人生都是轰轰烈烈，作为一名教师和同事一起学习、探讨、争论，和学生共享美好课堂"不亦乐乎"的生活，纵然不惊心动魄，也润物无声，欣然自得。如果没有这次培训，我绝对想不到在教研路上能收获这么多美丽的风景。正是因为这次培训，我感受到年华似水，也让我理解了岁月飞逝。原来对教育工作的理解是"起始于辛劳，收结于平淡"，这是对我们教育工作者人生现实的写照。从最初选择这个职业，到梦想成真，我追求着并快乐着。有这么一句话也许大家都听过："上帝向你关上一扇门的同时，一定会为你打开一扇窗。"时光飘过，回看今天，我无怨无悔。18 年的教学生涯，走上三尺讲台，教书育人；走下三尺讲台，为人师表。虽感忙碌、辛劳，但每天沐浴着太阳的光芒，呼吸着雨露的清香，在那些活力四射的孩子身上感受生命的美丽。或许我干不出惊天动地的伟业，但追求本身就是美丽的，只要我们心中依然装着美，追求着美，我们就是美丽的。

1.　漫漫学习路

八月的天空炽热而湛蓝，带着对自己工作的一种追求，我踏上了去参加培训的火车。路途不算太远，但因为人生地不熟，几经周折才算是找到培训的学校。在完成一系列手续后，本打算静下心来好好为自己充电，谁知第二天才感受到原来不像自己想象的那么好。因为培训的学校学生没上课，周围没有任何商店和餐厅。学校用水用电也是有时间限制的，尤其是成年人在适应了用现代化工具充实自己的生活后，在一个没有网络、电视的环境中，焦虑感倍增。好在课程设置特别出色，学院为培训学员邀请了全国知名的一些专家学者授课，在忙碌的学习中自己的思维和观念也不断得到更新。同时，在这些知名专家的讲座过程中，感受到来自前沿的教学理念和教学技术。如果这些理念和技术能真正用于教学，那么，呈现给学生的则是精神享受的过程，铺垫的是学生精神生命的足迹，点燃的是一盏盏求知的心灯，温暖的是每一颗稚嫩的心灵。曾经读过这样一段话：一堂好的语文课存在三种境界，人在课中、课在人中，这是第一种佳境；人如其课、课如其人，这是第二种佳境；人即是课、课即是人，这是第三种佳境。境界越高，课的痕迹越淡，终至无痕。我觉得我们的老师如果能把每次的课都这样精心设计，我们给学生呈现的就是一道精神上的大餐。

2. 学而时思之

在听完其他组的汇报后，教授对我们的微课进行了点评，指出了我们的问题所在。我们在设计理念方面还是比较落后，没有超前性，拍摄中缺少高质量的设备，画面的处理不够理想等。老师说微课"位微不卑"。微课虽然短小，比不上一般课程的宏大丰富，但是它意义非凡、效果明显，是一个非常重要的教学资源。微课"课微不小"。微课虽然短小，但它的知识内涵和教学意义非常巨大，有时一节短小的微课比几十节课都有用。微课"步微不慢"。微课都是小步子原则，一节微课讲解一两个知识点，看似很慢，但稳步推进，实际效果并不慢。微课"效微不薄"。微课有积少成多、聚沙成塔的作用，通过不断的微知识、微学习，从而得到大道理、大智慧。老师说到这些我们心中还有一些不以为然，兴许老师也看出了我们的想法，于是转移了场地，带我们去"微格教室"进行现场展示。当老师让我们亲自在微格教室展示时，我们才发现自己的作品确实有许多不尽如人意的地方。随之而来的内容更是让我们觉得无地自容。教授让我们观看了江苏一些老师拍摄的作品，好多内容是我们没想到的，知识的系统性、画面的美观性特别强，而且人家每一册书还形成了一个系统。这些内容让我们大开眼界，同时也让我们知道了"要想给学生一碗水，老师必须有一桶水"这句话的道理。经过这次教研活动，让我感受到我们知识的浅薄、眼界的狭窄、技术手段的落后。但同时也让我们发现了自己身上所具有的优点：踏实、上进、爱钻、善学。我想借义务教育均衡发展的东风，将最新的教学技术运用到我们的教学，用最新的教学手段解决学生学习中的难题，我们也将是教学改革大潮中的弄潮儿。

3. 不断前行

作为一名青年骨干教师，自己的专业成长之路任重而道远。我想用维特根斯坦的一句话"我贴在地面上步行，不在云端跳舞"为座右铭，从身边的研究做起，做真实的教学研究，做有效的教学研究。我想，它会使我在教科研这条大道上成为一个理性的、会思考的研究者，成为一个幸福的、快乐的行动者，让生命在平凡中收获，实现自己的人生价值。"对于教材，教师应该有钻进去的力量，又要有飞出来的底气。"走近名师课堂，享受智慧语文，聆听专家点评，有如醍醐灌顶，这样的教研活动为青年教师的成长搭坡设梯，犹如插上飞翔的翅膀，助我们成长。我期待在我的"国培"路上，采撷更多亮丽的花朵，装点人生希望的田野。路漫漫其修远兮，吾将上下而求索！

静思　成长　蜕变

——小记我的成长二三事

银川市金凤区宝湖实验小学　徐丽炜

一个清香袅袅的早晨，我在校园的花池边散步。看着朵朵绽放的花朵、只只纷飞的彩蝶，我不禁黯然：人的成长过程宛若一只美丽的蝴蝶，凌空飞翔，在空中画过一条优美的曲线……

可是，从教15年的我，在自己的教育教学天地间，画过了一条怎样的曲线呢？是优美的，还是平实的？这条曲线的起点在哪？终点又将去向何方？

追根溯源，慢慢地，我用心寻找着我的起点。

1．那一次，茫然

金秋九月，在学员们的鼓励下，我走进了微格教室。

曾执教过不少公开课，自认为心理素质良好。可是今天，走上讲台时，却依然心跳。这可是我第三次教学《自己的花是让别人看的》啊！冥冥中，自己又有些忐忑不安：结合"先学后教，当堂训练"这一模式，该怎样呈现第二课时的教学呢？

不知不觉，上课了。

"脊梁，奇丽，奇特；花团锦簇、姹紫嫣红；人人为我，我为人人……"词句的听写让我带着学生渐渐地走进了"花的世界"……

"请大家静心默读课文，看看能从文中的哪些地方读出季羡林先生什么样的心情，画出相应的语句并写出感受。"一个问题就把学生带进了文本之中，学生静心地读着、用心地画着……不一会儿，"吃惊的心情，赞美的心情，兴奋的心情……"同学们找出了各种答案。

带着这些心情，学生一句句地品读着。"……在屋子里只能看到花的脊梁……"、"走过任何一条街，抬头向上看，家家户户的窗子前都是花团锦簇、姹紫嫣红……" 在我的引导下，同学们也学会了抓住重点词句背诵。

就这样，感悟着，交流着，积累着，练习着……徜徉在德国的风情图片中，缓缓下课了。

2．静　思

每次上这一课，我都会融入新思想、新内容。这一次，我更多关注的是"当堂训练"在阅读课第二课时的灵活运用。教研员、领导、老师们，给予我更多的是钦佩与赞赏。欣喜的同时，我又深深地陷入了沉思：这堂课缺少了什么？我的教学理念又该生成些什么？我的教育观该走向何方？

顷刻间，思想变得混沌，内心有些茫然。到外面走走吧！顺着一条幽静的小路，我来到了大学的校园。

好熟悉的面孔！几个交好的学友正在"清风园"的凉亭内等着我呢！我迫不及待，小跑而去，与她们攀谈起来。

3. **话题一：小叙"读书"**

翠莲说："今天，聆听了专家的讲座《从百年语文变革看语文教育的特点规律》，感慨颇深。"

丽儿说："阅读真应成为我们教师最重要的习惯。"

我不禁叹了口气，说："茫茫人生，路漫漫其修远兮，吾将上下而求索！蓦然回首，三十余年的光景，我求索了吗？我究竟看到了什么？收获了什么？寥寥无几！因为，我从来就没有看到自己'冷漠于中华五千年文化'的心！作为炎黄子孙，都无心读《论语》、读《孟子》；作为教师，都无意教学生背《弟子规》《千字文》……'国学'，将在我们这一代消失得无影无踪，岂不是失去了一颗'中国心'吗？"

心，乃是灵魂！中国心，就是中国的灵魂！教师失魂，就是教育失魂！那我们的民族还有生的希望吗？

不，绝不！我不能再重复着跳跃式阅读，在学生面前"摆弄"着耸人听闻的标题下空洞无物的如"蜻蜓点水"的浅阅读的轻功。

4. **话题二：笑谈"备课"**

娟子说："备课，是教师天天完成的作业。每每备课时，我总是先看教参，再精心设计教学流程。没有想到，这一举措竟是错误的！"

燕儿说："我也是这样备课的，竟然是错误的。这样会扼杀了自己的思想。"

我有些兴奋，接着说："薛晓光教授的讲座促使我们研读教材的'四部曲'。首先，初读，享受怦然心动的感受。拿出一篇课文，我们应该以读者的身份去读，读出你对它的'初步印象'。就如同交朋友时初见之感一样，是一种赤裸裸的相见。其次，再读，整体感知文本的价值。这价值包括语言的价值和成长的价值。一遍遍地读课文，在文本中寻找语言的优美及语言文字给学生的语言发展带来哪些成长价值。再次，三读，细品表达方式的特点。这时候，我们已将课文内容了然于心，关注的视点就是文本语言的特点、构句、布局谋篇。这，其实就是文章在表达方式上的特点。了解了这些，在指导学生的写法上，就不会难了。最后，深读，获得教学设计的灵感。正所谓：'居高声自远，非是藉秋风'。一篇篇精美的课文，是引领学生走上学习语文课程的阶梯。这一台台阶梯，怎么走，走哪个点最省力、最高效？这就需要教学设计的'标新立异'——巧抓文本中的'核心字'，关注原文和作者的权威解说，不要驻足以往的解读视角，读出文本的教学价值，关注题目、核心内容、关键词句设计……"

翠莲笑了笑说："这样才能读出教材的与众不同，也才会有'鲜味'。"

5. 话题三：我要成长

燕儿说："这些天，听了不少专家的讲座。我深深觉得，自身的成长迫在眉睫。"

丽儿说："是的，教师的成长，其秘密就是教育科研！"

娟子说："教育科研更是一种坚持！每每想起窦桂梅、于永正一些名师大家的成长经历，无一不在'坚持'。坚持记录下自己的教学，记录下自己的反思……这一天天的'记录'坚持到21天，就形成了'写作习惯'。90天完成了10万字的奇迹，让我们看到了坚持，更成就了一位教师的'教育科研之路'。"

我说："教育科研还应是一种独到的见解！独到的视角，独到的思维，独到的建树，独到的实践。这应是开展教育科研的具体实施过程中不可或缺的'毒眼'！想别人没想到的，做别人没做到的，必须先承受别人未承受的！孟子云：'天将降大任于斯人也，必先苦其心志，劳其筋骨，饿其体肤，空乏其身，行拂乱其所为也，所以动心忍性，增益其所不能。'一个有智慧的教师，就应该在苦读中求志、苦行中求经、苦思中求智！如此，方能担当天之'大任'也！"

"是啊，我们就从做课题开始吧。"大家异口同声地说。

6. 成　长

为期三个月的"国培"学习，给我印象最深的一句话就是："一个教师写一辈子教案不一定成为名师，如果一个教师写三年反思可能成为名师。"这句话如一剂良药治疗了我内心的"痼疾"。

"反思"，应该是教师专业成长的必修课，更是记录自己内心成长的"珍贵账单"。培训中，我先后写下30余篇日记：慢慢地写，静静地思，懵懵地悟，默默地成长……

7. 这一次，坚定

今天，我培训回来了！再见我的同事，是那样亲切，心理暖暖的。

"小徐，学了些什么？给大家上节课呗！"

"行，就上《自己的花是让别人看的》！"我肯定地回答，心理默默地想着：从哪茫然，就从哪寻找方向。

课堂上，我融入了"学以致用"的理念。

"当堂训练一"——换词填句，引导学生将自己收集到的描写花的词语填写到句子中，丰富句子内涵，体现花之多、之美。

"当堂训练二"——根据课文内容填空。我根据课文的重点段落的背诵，特设计填空练习，旨在巩固背诵第三自然段的同时，引导学生学习"抓住重点词句"背诵课文的方法。

"拓展训练"——补白"我做了一个怎样的梦"。我为学生出示了"资料链接"——《重返哥廷根》，让学生借助"资料链接"填补文章的空白，体会作者的内心。在整合资料和灵活运用中再次体会"人人为我，我为人人"的境界，升华了文章的中心。

不知不觉中，"学以致用"在"当堂训练"的模式下体现了出来。这样，在训练中巩固，在训练中运用，学生的收获会更扎实有效。

课堂上，我还融入了"整合"的理念。我借助东晋王献之关于"山阴道"的诗句，使学生理解文中关于"山阴道"的感受；借助季羡林的《重返哥廷根》的部分段落，以及选读课文《维也纳圆舞曲》，以一篇精读课文带多篇选读材料让学生深入体会"人人为我，我为人人"的境界……

8. 蜕 变

教学是美丽的，因为它如一棵生命之树，生发出最具生命力的"生长点"——语用。而这些"生长点"都是以"发挥学生的最大潜能"为其孕育的土壤。实践中，我隐约明白了谢延龙教授的那句话：一间教室能给孩子们带来什么，取决于教室桌椅之外的空白处流动着什么。流动着学生创新的思维与灵动的智慧……

一缕斜阳照进我的心房，暖暖的。惬意时，我又翻开《创造适合学生的教育》，细细地读着、思考着："创造适合学生的教育？""创造适合学生的教育！"冯恩洪教授说得好："我们应由'选择适合教育的学生'，走向'创造适合学生的教育'。"毋庸置疑，这是一场变革！我愿在这场变革中画出属于自己内心深处的那一条最优美的曲线。

谁都有"成长"的权利，谁都会创造属于自己的缤纷世界。在这段凝智静心的日子里，我的成长故事告诉我这样一个意味深长的道理。

我继续静思着，成长着，蜕变着……

认认真真做事，踏踏实实做人

盐池县第三小学　李慧香

年华似水，岁月飞逝，回首相视，竟已在教育这个行业里耕耘了 27 个春秋。

"认认真真做事，踏踏实实做人"是我一直秉承的理念。我经常对我的学生说："认真做事就能把事情做对，用心做事就能把事情做好。"今天在这里与大家共同分享一下我的教师成长故事。

1987 年 7 月，我选择了"太阳底下最光辉的职"——教师，我满心欢喜。当我步入学校的第一天，我的欢喜一下消失了。我所在的学校是一个偏僻的乡村民办小学，条件十分简陋。没有办公室，一间 50 平方米左右的教室既是学生学习的地方，也是教师办公的地方。现实与理想的强烈反差使我大失所望，就在我伤心、难过时，我突然想起了臧克家先生曾说过的一段话，给我增添了几许勇气："一个和孩子常年在一起的人，他的心灵永远年轻；一个用心温暖别人的人，她自己的心也必然感到温暖。"这句话转变了我的观念，改变了我的心态，我暗下决心，要当教师就必须得当人民满意的教师。积极的心态就是成功的一半！这是我走上工作岗位之后最大的感悟和收获。

记得走进教室的第一天，呈现在我面前的是 30 多个衣服破烂、蓬头垢面的渴求知识的孩子。他们个个面带微笑，在家长的提醒下向我举手行礼，鞠躬问好。我那彷徨、迟疑的念头顿时烟消云散，于是我全身心地投入到工作之中。我所带的班级是两级复式班，一间教室里有一、二年级两个班，对一个刚上班的新教师来说，一个班的学生我都没经验去教，况且两级复式班更不会教。于是就到5里以外的学组虚心向老教师请教，主动听老教师上的示范课，主动给老教师上汇报课。此外，我还经常阅读复式教学资料，学生成绩不理想，我就放弃休息时间为学生辅导。功夫不负有心人，在学年统考中，我所带的一、二年级语文、数学在全学区均名列第二名。学区区长看到我的成绩，给予我很高的评价，家长也向我投来敬佩和感激的目光。就这样，年复一年，日复一日，我在偏僻的乡村民办小学任教了5年。

　　1992年8月，我被调入学组任教，这是一个比较大的学校，当时有学生280多名、教师23名，这个大学校对我来说是一个极大的挑战。我去了之后，校长找我谈话，要我带五年级语文。我想：教书五年只带过一、二年级复式班，怎么敢带五年级语文呢？校长好像看出了我的心思，鼓励我说："干吧！相信你一定能带好。"走进教室的第一天，我先了解了46位同学的学习、生活情况。因为我知道农村有太多的孩子需要老师的爱心浇铸他们脆弱的童年，而这绝非是仅靠教师高超的教学能力所能办得到的。我知道我应该像一个真正的朋友一样，重视、欣赏学生，学会倾听学生的意见，接纳学生的感受，包容学生的缺点，分享学生的喜悦。被尊重是学生内心的需要，是学生进步的内在动力。教育专家常说："理解是教育的前提，尊重是教育成功的基础。"参照回顾自己的经历，我发现：当一个孩子被你认同、尊重后，他可能会有惊人的潜力和爆发力。如：我班冯耀林同学，是全校公认的"双差生"，学习懒、成绩差，纪律松散，经常打架，并常常无故旷课。我了解清楚后，经常找他谈心，处处关心他、鼓励他，对他取得的一点点进步给予鼓励，并在班里大力表扬。除此之外，我还经常找他谈心，对他进行家访。经过努力，他彻底改正了自己的缺点，变得守纪律、爱学习了。我还善于发现他身上的闪光点，鼓励他参加学校组织的田径训练队。由于我用"爱"亲近学生，走进学生的内心世界，所以，我所任教的班级从班风到学风都良好，当年就被评为学校文明班级、先进班级。同时，我所带的五年级语文成绩也名列全学区第一名。

　　与此同时，我也获得了乡镇、学区优秀教师、县学科带头人、先进教育工作者等称号，这些更加坚定了我的教育信念——教师是太阳底下最光辉、最神圣的职业。

《墨子》曰："资之深，则取之左右逢其源。"作为农村小学教师，面对当前不断深入的教育改革和瞬息多变的课堂局面，"武装"自己势在必行。一直以来，本着对教育事业的热爱，我潜心钻研，努力学习教育教学理论，积极参加各级各类教研培训活动，积极学习并实践着，努力提高自己的专业水平。2004 年，盐池县第三小学成立，招收一批教师，通过笔试、面试、讲课三个环节，最终我进入了盐池三小。这是盐池县最大的一所学校，有学生2100 多名、教师 127 名，有 36 个教学班，竞争十分激烈。作为一线教师，我深信课堂教学能力是衡量一个教师是否优秀的重要指标。只有占住课堂这块主阵地，才能赢得家长、社会的好评。于是，我凭着自己的教学经验，积极耕耘课堂这块主阵地，承担公开课教学活动成了我专业成长的一个重要途径。为了上好一堂公开课，我经常与同年级组的教师讨论交流，每个环节都认真对待，过渡语是不是承上启下，总结语是不是合理等，教学设计改了又改。在这期间，我曾为如何更好地展示学生创造成果而伤脑筋；曾为使自己的教学语言能更精练而反复修改……在这一切辛苦的背后，我也得到了可喜的回报。我教学的《动手做做看》《生命生命》《桥》《一夜的工作》《"精彩极了"和"糟糕透了"》《ao、ou、iu》汉语拼音均获得一等奖。其中，《桥》获得县级一等奖。不仅如此，在教学实践中，我积极撰写教学反思、教学案例等，让实践中的"感触"通过文字进一步得到提升。撰写的教学论文《新课程改革下语文教师角色的转变》《爱——开启学生心灵的金钥匙》分别在《宁夏教育》发表，科研成果获国家级一等奖。

2014 年 8 月，我参加了自治区级骨干教师培训，在培训期间，我聆听了诸位专家的讲座。在这些专家的引领下，我的思想受到极大的震撼：作为一名普通的小学语文教师，我们平时只关注学生的成绩，没有更多地关注学生的成长。对于学生的长期发展考虑得并不多，更别说着眼于教育的发展远景，作为新时期的教师，我们在这方面实在太欠缺了！通过"国培"，我们为人师者不再只是独自耕耘，而是应该实现心灵的交流、情智的碰撞，我们的教育理念变得更为先进，更关注发展，更趋向本真。正如英国的萧伯纳所言，朋友间交流思想，收获都是双倍的。更重要的是，通过"国培"，我更加清楚自己以后应该如何去做，在以后的教学中该如何上好每一堂课。

27 年讲台，昔日伙伴尽成"骄子"，畅游着大千世界，而我却愿坚守着三尺讲台，用自己毕生的心血去灌溉祖国未来的花朵。"学习学习再学习，实践实践再实践"是我终身的教育信念，破茧而出是我的心愿，不断进取是我的承诺，为教育服务是我的目标。在今后的教育教学中，我不求最好，但求更好！

忙碌而丰厚的时光

——我的"国培"成长故事

银川市兴庆区第十八小学　宋金梅

今秋，我成了"国培计划（2014）"——宁夏中小学幼儿园教师脱产置换研修培训项目小学语文班的一员。在这个美丽的季节里，在这个教育教学学术聚集的地方，我获得了一次幸福的精神之旅。我非常珍惜这次学习的每一天，不放过学习过程中的每一个环节，无论是专家讲座，还是实地考察学习，自始至终，我都在努力地学习，努力地做个好学生，在学习过程中反思着自己的贫乏与不足，充实着自己的理念，完善着自己的实践。一个多月的时间，我觉得自己的思想逐渐丰满起来，精神也逐渐亢奋起来。

教育界的专家、学者用自己的切身体会，结合我们的需求，引发了我们对教育前沿问题的思考。专家们精辟的论述、独到的见解、新颖的教法、人格的魅力、渊博的知识无不影响着我、感染着我，拨动了我的心弦，触及我思想的深处。他们对生活、对工作、对事业、对学生独特的感悟，让我看到了他们那执着于教育事业、孜孜不倦、严谨勤奋、潜心钻研、尽心尽责的生命形式。我不得不站在更高的层次上反思以前的工作，更严肃地思考现在所面临的挑战与机遇，更认真地思考未来的路如何去走。参加此次"国培"培训真有一种"山重水复疑无路，柳暗花明又一村"的感觉。因此，听每一位专家的讲座就是一次成长的经历，也是自己的成长故事。下面就几个讲座谈谈自己的成长收获。

1. 深厚的儿童文学素养

打开百度，搜索到"宁夏大学人文学院魏兰教授"词条，摘抄到魏兰老师的一句话。她说："毫无疑问，人是有思想的。而思想无疑是美丽的，如同劳动者是美丽的一样。"9月13日，我聆听了魏兰教授主讲的儿童文学系列讲座，且不说她丰厚的文化积淀，让人百听不厌的京腔京韵，年近半百的她在课堂上丰富多彩的体态语言、那种经历人生之后的豁达淡然，让人肃然起敬。教师，其实自身就是例子、示范，是一道例题。为人师者，优秀的人格魅力对学生有巨大的影响作用。魏兰老师从儿童文学的组成部分、儿童文学的特点和分类，以及各学段儿童文学的教学要求，进行了深入浅出的讲解。一名优秀的小学语文教师，必须要有深厚的儿童文学素养，这是魏兰老师给我带来的启迪。

2. 徜徉于文字中

9月3日，我们小学语文骨干班和青年班的一百多位老师们认真聆听了宁夏大学人文学院中文系郑桦副教授关于古代汉语的讲座。古代汉语本身就很难学，但郑老师渊博的知识、和蔼可亲的授课方式，深深地吸引了我，教室里不时地回荡着我们开心的笑声，往日的疲倦一扫而空，很让人佩服。在郑老师耐心细致的讲解下，我听懂了课程的少半部分。

郑桦老师对古汉语有相当的研究。从"事大大结其绳，事小小结其绳"的结绳记事到甲骨文，再到象形字、会意字、形声字，后来发展到当今的繁体字、简化字，郑老师讲了汉字的性质与特点、汉字的构造和汉字音形义的关系。郑老师又重点对汉字的构造和汉字音形义的关系给我们进行举例讲解，从中可以看出我们中华民族的文明与智慧，并蕴含了深刻的人文哲理。

郑老师也举了不少生动的例子为我们阐述。她以"人"为例，两个侧面的人在一起，一个人跟着一个人即为"从"；两个人在一起即为"比"；两个人背对背，表明一方败北，互相反方向离开，即为"北"；两个人一正一反，即为文化的"化"字。又如"文"，甲古文中"文"是一个人正面站立的形象。这也说明，只有人，才有文。"文化"二字深刻体现出了文明之化、人文之化的深刻含义。类其意，引出我们的联想和想象，这就实现了文字由思维感性到理性的巨大飞跃。

汉语，直观的形象思维；汉语，最富有魅力。听了郑老师的讲座，感觉特别有意思，里面蕴含了很多值得我去研究的东西。

报告最后，郑老师总结："形意文字，是古今中外最为生动的文字。一形一意，皆可观华夏人文之博大精深。除表达外，尤不失思想行为方式的启迪。求证艰难，但能管窥蠡测，也不无益处。"

3. 做新课标的践行者

马兰老师是宁夏教育学会小学语文教学研究会秘书长，全国小学语文教学研究会、宁夏教育学会理事，曾多次在全国性会议上承担评课任务，在宁夏小学语文界是被公认的教育领航人。9 月 16 日，我们非常荣幸地聆听了她的讲座。短短一天，马老师把自己对小学语文教育的理解和期待注入其中，从把握教学目标和方向的角度为我们解读 2011 年修订的《义务教育课程标准》。新课标的形象在我的脑子里逐渐清晰起来，其蕴藏着丰富的内涵。

我们都知道语文是最重要的交际工具，是人类文化的重要组成部分。工具性与人文性的统一，是语文课程的基本特点。语文素养是学生学好其他课程的基础，也是学生全面发展和终身发展的基础。

现实教学中存在的最普遍的问题是教师的经验主义和唯教材观，且这种教学形式与新课标的精神显然产生了背离。真正的语文课程应该是以丰富的人文内涵对学生精神领域产生影响，所以要重视语文的熏陶感染，注意教学内容的价值取向，同时也应尊重学生在学习过程中的独特体验。教师的教育观念应该及时转变，只有以发展的态度去理解，教学才能落实好课标要求。

绝大多数的教师对新课标持接受态度，但学习理解的深度同样影响课堂教学的效果，尤其是对各年级段的目标要求理解不深，把握不透，容易含糊不清，这是提升学生语文学习的最大障碍。所以，教师个人要对自己提出更高的要求，认真学习吃透本年级段的目标要求。同时学校也要积极提供平台，通过学习、交流、探讨、研课等方式辅助教师，提高语文教师的语文素养。

新课标突出强调了识字写字的重要性。语文是实践性很强的课程，要给学生留出足够的时间去学习、去练习。这就又给教师提出了新的要求，课堂上讲什么、不讲什么要有准备的把握，还应该让学生更多地直接接触语文材料，学习运用语文。

马老师的讲座给我们的语文教学提出了更高的要求，带出了更多的反思，当然更重要的是告诉我们在小学语文教学上应该注意什么。

…………

总之，三个月的学习收获了许多，不能全部用文字表述出来，我只想用一段话来表达我的收获：繁忙中收获着正如一杯茶的沏泡过程。在刚刚沏茶时茶叶在水面漂浮着，随着水的不断浸润，慢慢变得饱和舒展，茶叶尽情享受着水的包容、梳理。渐渐地，茶叶与水互相交融，茶叶打着旋儿逐渐沉向杯底，浓香的茶味儿弥漫开来，清香四溢，我的成长过程也正是如此。

八

美文赏析

用爱心打开孩子的心结

宁夏银川市西夏区第六小学　黄文颖

前几天发生的一件事情，每每想起让我心有感触……

那天课间操刚下，我还没有走到教学楼，就有几位学生风风火火地跑过来："老师，不好了！不好了！李芃和孟瑞打架了！同学们拉都拉不开！"我一听就懵了，班主任王老师外出学习刚走，我临时带班两天就有人打架了，真是太不像话了！我三步并作两步赶紧向教室走去。一走进教室我惊呆了，李芃两眼通红，高声哭喊着奋力向孟瑞扑去，两位身体强健的男生居然拉不住他。孟瑞则坐在自己的座位上怒目相视。看到此情此景，我赶快对孟瑞说："孟瑞，你到办公室去！"孟瑞坐在座位上纹丝不动，我连声命令了三四次，他依然坐在那里不动弹。我生气地喊道："你要等到李芃把你打个鼻青脸肿你才肯动一下，是不是？"听到我的喊声，孟瑞才站起身来，磨磨蹭蹭极不情愿地向办公室走去。此时的李芃被两个男生架着，依然在哭喊着，挣扎着，一副不达目的不罢休的样子。看到他这样，我马上稳定了一下自己的情绪，让自己镇定下来。沉静了一会儿，我走到李芃跟前，对那两个男同学说："你俩放开他，让他冷静冷静。"我把目光转向李芃，他愤怒地看着我，好像说，谁让你把孟瑞支走的？我看着李芃红红的眼睛、盈盈的泪水，心想他也许真的受了很大的委屈呢。于是温和地对他说："李芃，你先坐在座位上，好好冷静冷静，有委屈好好跟老师说，老师一定会帮你的。"较前一会儿，他的情绪缓解了许多。我又对他说："你先在这里想想，老师去办公室看看孟瑞，你想好了来办公室找我，好吗？"他点点头表示同意后，我才放心离开了。

我回到办公室，把孟瑞叫到身边，没问几句话，李芃就走了进来，刚好，大家一起搞清事情的原委。原来，数学课上，李芃做完题让姚老师（临时代课老师）看，老师说他做的题是错误的。李芃说他的答案跟老师的一样，数学有一题多解，他怎么就错了。老师当时比较忙，没给他解释，就是说做错了。他心里很不高兴，就做起了小动作，老师又点名批评他不注意听讲，他就哭了。这时下课铃声响了，同学们都出去站队做操了，做完操，李芃和孟瑞先回到班里，孟瑞站在讲台上大声对李芃喊道："李芃，你哭啥？没志气。不像个男人。"李芃心里的气本来就没消，孟瑞这么一说，更觉得受了很大的侮辱，怒不可遏，终于找到了可以出气的对象，于是就看到刚才那一幕。

李芃学习较好，但性格很内向，是个只能听得表扬，不愿接受批评的孩子，轻易不把自己的心事告诉老师，比较封闭。今天，遇上这件事，我时刻提醒自己：不要急，慢慢来。我看看孟瑞，又看看李芃，说："李芃前世一定是只可爱的小白兔，你看，两眼红红的，像红宝石一般。"李芃一听噗嗤笑了。"可爱的'小白兔'什么时候学会用打架解决问题了？""你用这种方法把问题解决了吗？"他使劲摇摇头，把头低得很低。我又对孟瑞说："假如这件事可以倒回到开始，让你重新选择解决问题的方法，你打算怎么做呢？"孟瑞沉默了一会儿，说："我会道歉。""那你怎么说呢？"

孟瑞把身体转向李芃，低声说："李芃，对不起，我本来是想安慰你，没想到反而伤害了你，我不应该那样说，对不起，请你原谅我。"李芃听后想了一会儿说："没关系，我也不应该闹着打你，我也有不对，请你原谅。"听他俩这样相互道歉，出乎我的意料，刚才还打得要死要活的，不大会儿工夫就和解了。我就势引导，对孟瑞说："安慰同学言语要恰当，否则反而会伤害同学，以后可要吸取教训。现在，你能用什么办法弥补一下呢？"他抬起头来，瞪了瞪大眼睛，期待地看着我。我说："如果我是你，我会领着李芃，拿着书和本子找姚老师帮他把那道题搞明白。"孟瑞立即答应道："行。"我又对李芃说："你愿意跟孟瑞去找老师吗？"李芃把头摇得跟个拨浪鼓似的："我看还是算了吧，我不想去。""为什么？"我不明白地问道："你不想搞明白那道题了吗？不想解开心里的结了吗？""还是算了吧，我忍一忍就好了。"这样的回答让我很不解，我再三鼓励他，他也不肯接受我的建议，我只好作罢。后来，我跟临时带数学的姚老师做了沟通，让她找合适的机会又给李芃讲了那道题。一天，李芃跑到我跟前，对我说："黄老师，姚老师给我讲了那道题，原来真的是我错了。"看着他高兴的样子，我知道孩子的心结终于打开了。

处理完这件事情，我时常思考，对待性格内向的孩子千万不能急躁，一定要有耐心，给他机会冷静，给他机会诉说，还要有足够的爱心，他的脸上才会露出微笑。

今天你给孩子一个微笑，明天他将还给你一个灿烂的春天。

茶余饭后话"国培"

泾源县第一小学　马　玲

晚饭过后，学员们三三两两漫步在校园里，夕阳的余晖照在草地上，一片辉煌！

玉辉老师、丽炜老师的话题吸引了我。

玉辉说："'乱花溅欲迷人眼，浅草才能没马蹄。'这句诗形象地概括了当前阅读教学中存在的教学目标有点乱、教学手段有点花、点拨感悟有点浅、学生素质落实有点草等问题。要切实改观这些问题，我们必须从年段学情出发，优化教学目标，优化教学内容，优化教学设计，优化课堂提问，优化课堂评价，优化教学行为。要本着提高学生综合素质、综合能力的发展打造高效课堂。这就对我们做老师的提出了更高的要求。我们要树立终身学习的理念，不断学习，学习新的知识和新的教育教学理论，使自己的专业知识不落伍，常更新。另外，还要不断反思自己，提升自己，经常写写教育随笔、教学反思，闲暇之余多读读教育前沿的文章，了解时事，了解多方面信息，不要成为'教书匠'，要成为'艺师'、'儒师'、'哲师'。"

"是啊，你们的感触很深。我听了张杰教授对《语文课程标准》中的理念、特点、结构及建议的详细解析，似乎为我们打开了走进'语文课程'的大门。现如今的课堂，热热闹闹，学生所获得的知识犹如琳琅满目的'商品'，使其'目不暇接'。我们确实有必要认真对照《语文课程标准》，量体裁衣，去掉语文阅读教学中华而不实的东西，不该教的内容或教得过多的东西，要大胆'剪去'，让它少些雕饰，去'华'存'朴'，回归语文课的本真！"丽炜接着说。

"看来，只有依标施教、明确目标，才能回归到本真的语文课上来。"我补充了一句。

丽炜接过话茬："张老师那天的讲座加深了我对新课标的认识和理解，为我今后的教学做了一个清晰地界定。以前，我拿到一篇课文在设计教学目标时比较笼统，设计目标要么牵强地割裂开，要么不明晰、大而空，缺乏可操作性和测量性；要么设计目标多而杂、零散，面面俱到，根本完不成，落实不了。由于教学目标设计不准确，导致课堂教学随意性很大，该教的内容没教，不该学的内容却占用了大量课堂时间。另外，由于课标内容没有学透、学懂，在课堂教学中往往不是拔高教学要求就是降低教学要求，不能科学地安排教学内容等。这都是导致课堂教学高耗低效的原因。今后，我要用张老师的经典语自勉，研读课标，掌握精髓，重落实；活用教材，合理使用，整合资源，掌握学情，重效果。"

我笑了笑："聆听了陕西师范大学王元华教授的讲座，使我对语文教学有了更深入的了解。21世纪的语文教学，首先是'人'的语文！即为'人'的语文，就应关注人，注重人在语言文字中积极灵活的运用。这样，'语文'才不会是冷冰冰的文字，才会真正地活起来！当前，我们的语文教学存在这样一个现状：理解不了，表达不了！然而，语文教学的境界就在于'想明白'和'说清楚'之间不断地转换与生成。说清楚，从不会表达到部分会表达，从正确表达到流畅表达再到精彩表达。这一过程教师起着不可估量的作用。要想达到这一效果，就必须先于学生走进语文的最高境界——精彩表达与人生觉悟！多读，深读，觉悟！教师们，我们缺失的太多！"

"是的，我们可以知识贫乏些，但师德坚决不能丢。"玉辉补充道。

丽炜似乎很严肃："师德为先。一位教师，其品德远远重于知识本身。换句话说，教师有最高的学历，未必能教出最好的学生。'射线的疑问'一事就足以证明这一点。教师的一言一行都会影响孩子的一生！学生如天空中闪烁着的无数星星，各有各的姿态，各有各的光亮，没有哪两颗是一模一样的。微视频《老师的启示》中，教师因一个孩子的'孤寂无助，自卑'的心态而改变了自己的教学方式、方法，从而成就了这个孩子辉煌的一生。这就是对'学生为本'最好的诠释!"

"是的,"玉辉说:"《论语》中,孔子提倡仁爱、孝道、修身和治学,在现今社会中这些每每被人忽视。圣贤与经典也逐渐模糊,纷繁世界的庸俗繁琐和思想的高贵纯粹缺少了一些必要的链接。静下心来,潜心阅读《论语》,吸取其中的精华,增长我们的智慧吧。老子的《道德经》核心内容可概括为'天长地久'四个字,老子正是从这里出发,探讨人们能不能通过对天道的研究,探讨学习转化、实践等一系列活动,让自己的人生有所提升,从而亲近天道,实现人生的'天长地久'。换句话说,我们按照'道'去做事,这就是'德',如果不按照'道'去做事,那么就属于'失德'。"玉辉激情昂扬。

丽炜由衷感慨:"是啊,在教师专业成长中,师德不能缺失,心里要时时刻刻装着学生。我们因学生,而格外重要;因学生,我们才显得更有价值!学生就是我们的基石。基石,往往是坚固、不可动摇的!正因为坚固,才会在其之上建筑'高楼大厦'。这'高楼大厦'便是'高效课堂'。教师是建设者,更是心灵的塑造者!要想楼建设得更高,需要关注基石——学情。学情,即学生学习的情况。我认为'学情'即学生在学习新知之前,已获得的知识体验。教师在课前要关注学情,了解学生对新授知识已掌握的情况。如张向华教授将一课的生字展示出来,一大部分生字,是学生在课下已经自学会的,而剩下的少部分生字是学生掌握不到位的。当教师掌握不到这一点,泛泛而谈,既耽误时间又低效。这样'零'距离的触摸,才有可能实现高效课堂。真是'课下十年功,课上一分钟'!"

我说:"学情,顾名思义就是对学生在学习方面有何特点,学习方法怎样,习惯怎样,兴趣如何,成绩如何等问题进行调查研究。它的内涵十分丰富,包括学生的成绩分析、成因分析、非智力因素分析等。这些分析越全面越准确,对教师采取有效的策略就越有利,教师教学效果就越见成效。那如何才能关注学情,提高有效教学呢?首先,要了解学生。一直以来,我们都把'以学生为本'作为一个理念、一个口号在倡导着。实际上要做到这一点并不容易,因为作为教师,要真实地了解学生在自读自悟了这篇文章以后,他们掌握的程度,对这篇文章的兴趣点、障碍点在哪里,需要你在备课时有所估计,更需要走进学生中加以了解。因此,课前问题的提出、导学案的设计就成了教师了解学生学习状况的一条条途径。其次，教学目的要简单明确，否则孩子们往往吃撑了肚子却没有营养。最后，教学内容要理性舍弃。语文课要上得一清如水，做到一课一得，最终实现得得相连。这就要求教师清楚每一单元所有课文的内容，要知道每一单元课文到底要交给学生什么知识，提高哪方面能力，这样才能把课上得扎实有效。"

…………

不经意间，我们已绕过校园大半了。

看了看花园，望着被太阳晒得发热的沙地和沙地里频频点头的花朵，玉辉接着说："那天听了武老师的讲座就有很大的感触。我感觉到教师的高尚人格不仅要反应在内在的精神境界上，而且要体现在外在的言谈举止上。对待学生要有礼貌，老师和孩子之间的平等交往是让孩子学习礼仪的最佳途径，也是尊重孩子，让孩子喜欢老师的重要前提。"

"俗话说，'人活一张脸，树活一张皮'。礼仪就如同人的一张脸，洁净、美貌的礼仪便是修养的最美容颜！"丽炜激动地说，"当今中国的礼仪现状，令人喧目结舌，公共场所喧哗，着装不合规范，不懂餐饮礼仪，随地吐痰、扔纸屑，不会使用礼貌用语……扪心自问，中国人究竟怎么了？觉悟吧，快快捡起我们身边的、触手可及的文明吧！"

"说到不如做到。就从我们自身做起吧！"玉辉笑着，"累了吧？"于是我们仨坐在石凳上小憩了一会儿。

丽炜由衷地感慨："教师从平凡到优秀、从优秀到卓越的秘密是什么？是教育科研！从某种程度上讲，教育科研就是一种积极追求、探究的心态！是以积极、主动的态度对身边的教育教学问题与困惑等进行探索、反思、改进的过程。这是对'教育科研'的最好诠释！教育科研更是一种坚持！教育科研还应是一种独特的视角、独到的思维、独到的见解、独到的实践。这应是开展教育科研的具体实施中不可或缺的'独眼'。想别人没想到的，做别人没做到的，必须承受别人未承受的！我将把'心中的课题'进行到底！"

说着说着，丽炜轻轻地唱了起来，歌声轻柔，悦耳动听。我说："唱得好啊！看来你对音乐也是情有独钟。"丽炜笑了笑："音乐，一直以来都被人们所青睐，因为适宜的音乐可以影响人的情绪，调节人的行为，减轻精神压力，改变环境氛围……音乐的魅力实在太大了，因为它包含了各种内容：文学中有'高山流水'，情感中有'天荒地老'，哲理中有'人生真谛'，自然中有'风雨雪霜'……"

"那，音乐与语文教学之间有怎样的联系呢？"我接过话茬："我觉得应该是一种境界的提升和情感的共触。语文教学有了音乐才会灵动，音乐的音符跳跃在课堂教学的环节之中，使学生在轻松学习中又有灵动的思维产生！语文教学有了音乐才会有情。在音乐中，声情并茂地学习，品读文章，感悟文学，定会生情，提升境界，自悟自醒，但愿音乐能为今后的教学工作服务！"

我们仨你一言我一语，聊得很开心，我尽享其中。不经意间，只见夕阳西下，落日的余晖照在地上，照在她俩的身上，好美！

从从容容过好每一天

兴庆区第二十二小学　周艳珍

我们学校的一名教师生病了，找不到合适的代课教师，又到了学期中间，于是学校只能将一年级一个班的孩子分散到其他班里学习。虽然家长的工作也做通了，但作为一年级的语文任课教师，我还是很担心：这些孩子是否能尽快适应新集体的学习生活。

今天，是孩子们到新的班集体上课的第一天。早晨，我特意早来了10分钟，到班里看了看。班里早已坐了好些孩子，他们很悠闲地坐在了昨天下午排好的座位上，正用好奇的眼睛在相互打量着……孩子们见了我，一声声甜甜的"老师好"的问候此起彼伏。再看看那十来个新来的小孩子，他们正用友好的眼神看着我哩！我冲他们笑了笑……今天是他们到新的班集体上课的第一天，我心里暗暗想着：一定要上好这节课，这可是这十几个孩子到新的班集体上的第一节课，这也是让他们喜欢上这个班集体的重要一课。

上课了，我刚用故事引入新课，孩子们就把小手举起来，争着读课文、读生字……我真是高兴，这么快就让孩子们进入了学习状态。更让我兴奋的是那几个新来的孩子也加入了学习活动中。他们的小脸红扑扑的，回答问题的语言也挺流畅的……此时，我的顾虑全没了，真没想到，这十几个孩子这么快就融入了新的学习环境中。

很快就下课了，更让我吃惊的是，这些孩子竟不分彼此地相互拥着、跳着跑到教室外一起玩耍去了……我心里不禁感慨：孩子们真是单纯得可爱，他们适应环境的能力真强！我不禁为自己多余的担心而感到惭愧，也让我在这些"从从容容"的孩子面前"很不从容"。大人有时真是多虑，对这十几个孩子来说，难道今天不是个快乐的日子吗？

今天，我们的物质生活越来越丰富，但生活中遇到的"敌人"也越来越多。于是我们变得心浮气躁，希望一切顺自己的心意，稍微有一点挫折就不能忍受。也许正是"丰富的物质生活"让我们变得"挑剔"和"娇气"。所以，一个能天天快乐的人是多么需要保持一种积极宽容的心态。同样，一个能天天感受快乐的人，是需要有感受快乐的能力的。而这种能力最起码的要求是需要我们像这些孩子一样，从从容容过好每一天。

在语文教学中要重视"读"

固原市原州区第六小学　赵希瑞

古语说："书读百遍，其义自见"，"熟读唐诗三百首，不会吟诗也会诌"。我认为把这两句话应用于现今的语文教学，是大有裨益的。10 年的语文教学实践，更使我相信"读"在语文教学中的作用是举足轻重的。

1. 初读课文，整体感知

在语文教学中，我发现部分教师对课文讲解分析得过细，不太重视对课文的整体感知，讲的时间过多，而学生自己读书思考的时间太少。学生只见树木，不见森林，对课文无整体感知。一篇篇优美的文章成了一段段支离破碎的文字。在小学生拿到一篇文章时，首先让他正确、流利、熟练地读下来，初步了解课文的大致内容，我认为这是教学成功的开始。

2. 细读课文，读中感悟

当学生正确、流利地朗读课文后，教师要引导学生充分地读，在读中有所感悟。如我在教学《飞夺泸定桥》时，学生经过初读，已大概了解了课文的主要内容，而课文是怎样记叙的，为了表现什么，这些都需要在细读中感悟。我引导学生细细地读，在读中搞清飞夺泸定桥的起因、经过、结果，在反复的阅读中，学生就能感悟到课文是按事情发展的顺序写的，是为了表现红军战士不怕艰险、勇往直前、奋不顾身的英雄气概。

3. 品读课文，熏陶情感

教学时，在对课文进行整体感知、已有感悟的基础上，教师要引导学生品读课文，让学生在读中培养语感，受到情感的熏陶，可采用练读、指名读、仿读的形式。如在教学《小音乐家杨科》一文时，我引导学生有感情地朗读，在杨科进食具间时，同学们读出了杨科十分恐惧的心理，在杨科惨遭毒打，含冤死去时，同学们读得十分伤心，每一个字眼都敲击着同学们的心灵，连白桦树都在为杨科鸣不平。这样我没有讲过多的话，但同学们对课文理解得却很深刻。

4. 通读课文，质疑拓展

一篇课文，经过整体感知，细读感悟，精读理解后，绝大部分的内容学生都能理解，但由于学生的个体差异，某些学生肯定还有或多或少读不懂的地方。最后，老师可要求学生通读全文，再提出不懂的问题，之后可引导学生拓展思维。如《跳水》一课中，我引导学生在读的基础上说说孩子救上来后，船长、水手们、孩子各自会说些什么，取得了很好的效果。

一读、再读，让学生充分地读，要贯穿于语文教学的始终，学生读得到位，才能理解得深刻。

这也是一种鼓励吗

泾源县第三小学　佘艳萍

　　新的教学楼，新的桌椅，新的同事，新的学生……一切都是新的。

　　面对 60 多双求知的眼睛，面对 60 多张纯真的面孔，我感觉到前所未有的沉重！虽然他们已是五年级学生，可上课的第一天，就让我失落到了极点！全班学生竟然将"乐趣"读成"yuè qù"。我该怎么办？就在教他们读课文，看着、盯着、指导着让他们写字时，讲桌上一封"写给语文老师的信"引起了我的注意。

　　一张被裁了的作业本纸，对折着，背面上写着"语文老师收"。这封信放在一个手工底座上，底座也是纸做的，但看起来很精致。我小心翼翼地拿起这封信，打开。内容是这样的："敬爱的语文老师，您好！本来，我不想这么早给您写信，告诉您我的身世，可从这两天您和我们的接触中，我发现您是那么的值得我信任，让我觉得您是那么的亲切！对不起，老师，给您添麻烦了！在我四岁的时候，可怕的车祸夺走了我爸爸的生命，随后，妈妈就改嫁了，我和爷爷奶奶生活在一起。我很不幸，前两年，爷爷奶奶又相继过世，我现在和我大伯一家人生活。我大伯的儿子也在这个班，就是马军。语文老师，我真的很想给您说！对不起！"就这样一段话，字写得很工整，没有一个错别字。我的心被猛地揪了一下，这样的事平时是在故事书上看到的，但今天，它实实在在地摆在了我的面前。在语文基础这么差的这个班，一个刚升入五年级的小学生，竟然用她的笔，让老师的心在颤抖！我慢慢地把信折好，连同那个纸叠的底座轻轻地放入我的衣兜里，又给学生接着辅导。

　　下课了，少队部辅导员送来了竞选大队委的通知，说是每个班选两个品学兼优的学生去参加竞选，竞选要求是要有五分钟的自我介绍和竞选演讲，还要有才艺展示。我把这个消息告诉了大家，同学们开始议论纷纷。这时，两个学生相继站了起来，说他们想参加竞选，其中一个就是给我写信的那个女孩。我心里想，好坚强的孩子！第二天课间操时间，大队辅导员告诉我说下午就要竞选，让我看看我们班的学生准备得怎么样，我头都大了，因为我根本就没有管这件事。第三节课，刚好是我的课，我准备看看那两位学生准备得怎么样。当我说到要自我介绍和竞选演讲，还有才艺展示时，那两名学生的脸一个比一个涨得红，说他们不想参加了，问为什么，说是他们不会演讲，不会才艺展示。我一想，也是，地地道道的农村学生，哪参加过难度这么高的竞选，更何况对手全是城里学生（由于是新建学校，城里某校五六年级的学生全部迁入我校，班没有分）。当时我也气馁了，但碍于是学校第一次搞活动，弃权也太不像话了。于是，我问他们：“如果老师给你们写演讲稿。你们去不去？”他俩高兴地说去，可又面露难色，因为没有什么才艺可展示。我大概了解了一下，让给我写信的女孩展示钢笔字，让男孩展示油棒画。

根据孩子写给我的信，我刷刷刷几笔，就给女孩写成了演讲稿。自我介绍时，我写道：我是个坚强的孩子，从小，我不但会自己照顾自己，我还能照顾生病的爷爷、奶奶。虽然我只有 11 岁，但我给自己洗衣服已经五个年头了。你们别看我个子小，我的理想可大了，从小，我就立志长大当一名医生，为更多的人解除病痛，挽回更多的人的生命，以慰藉英年早逝的爸爸的在天之灵！……我现在还没有什么特长，不过我相信，在不久的将来，我肯定会让我的特长给大家带来欢乐，带来笑语。这是我带来的钢笔字，请各位评委老师看看。我把演讲稿给了她，问她这样写行不行，她读过后说行。从她的面部表情，我看出她好像对我写的她的身世没有产生什么不好的想法。我要求她把演讲稿背下来。

午饭后回到学校就上课了，大队部也拉开了竞选的帷幕，我有幸被指定为评委老师。真是不看不知道，一看吓一跳，别看她们都是小学生，可竞选的阵势，真不亚于“星光大道”。参加竞选的学生，个个都声音洪亮，普通话标准，而且才艺展示都非常了得！我心想，我们班的那两个学生今天该出丑了，该让我抬不起头了！很快，主持人叫到了“马彩英”的名字，我低下了头。她自我介绍时，声音倒还是很洪亮：“我要当一名医生，以慰藉英年早逝的爸爸的在天之灵！”她哭了，声音是那么凄凉，又是那么坚强。此时，台下也是一片啜泣声，我抬起蒙眬的泪眼，发现所有评委老师都哭了，观众也哭了……

最终，她以 9.8 分的成绩，当上了学校大队委的学习委员！当校长宣布结果时，我发现她笑了，笑得那么灿烂，那么开心！站在台前，虽然她的个头最小，面上有点菜色，衣服还有点破旧，但我看得出，她是那么的自信，那么的坚强！

让课外阅读成为点亮语文课堂的灯塔

——二年级《识字8》教学随笔

吴忠市红寺堡区第二小学　白俊兰

课外阅读知识的积累不是一蹴而就、一夜成楼、立竿见影的事，而是一个滴水穿石、积少成多、集腋成裘的漫长的积累过程。学生的课外阅读是孩子语文学习成长路上的灯塔。无论从理解、想象，还是表达来说，都对孩子起着至关重要的作用。在我校开展"书香校园"活动以来，在每周一次的课外阅读活动中，我们指导学生大量阅读有益于学生身心健康、学生感兴趣的课外书籍。通过读书活动的开展，学生的课外知识越来越丰富，表达能力也越来越好了。

就拿今天的这堂语文课来说吧！我今天和孩子们一起学习了《识字8》。《识字8》的主要内容是四个神话故事和科学技术的四字词语。四个神话故事为：后羿射日，精卫填海，嫦娥奔月，女娲补天；四个科学技术的词语是：宇宙飞船、航空母舰、运载火箭、人造卫星。结合《识字8》的教学内容，昨天放学前我给孩子们布置了这样的家庭作业：第一，预习《识字8》，利用工具书查本课生字的部首并写出结构。第二，找这四个神话故事并有滋有味地读一读；再了解我国科学技术还有哪些新突破。第三，按日记格式写一篇日记。布置完作业，一个学生问："老师，我家没书怎么办？"看着孩子期待的眼神，我笑了："上网查呀，用爸爸妈妈的手机百度一下，就出来了。"孩子看着我满意地笑了。

晚饭过后我重复着往日的工作：打开手机，开始在群里和孩子们及家长交流。孩子们的日记随着 QQ 头像的闪动陆陆续续以照片的方式出现在手机屏幕上。他们的日记内容可真感人：有写课堂趣闻的，有写课间活动的，还有写读书感受的。其中，李雅琪同学的日记很独特，内容如下：

"今天老师布置了一个特别的家庭作业：要把《识字 8》的神话故事回家读一遍。

回到家，我先把能做的作业写完，再等爸爸妈妈回来。不一会儿，爸爸妈妈回来了。我对妈妈说：'老师让把《识字 8》的神话故事读一读，没有书的同学可以在网上查。'妈妈听了说：'那我给你查吧。'妈妈在网上给我查到了《女娲补天》《嫦娥奔月》《精卫填海》这三个成语故事，我用心地读了两遍。妈妈准备查《后羿射日》时，怎么也找不到了。过了好一会儿才找到。通过阅读这个神话故事，我明白了后羿射日的意思：就是说古时候天上有十个太阳，人们热得受不了。后羿力大无比，就射了九个太阳，剩下现在的一个太阳；如果没有太阳，人类和万物就没法生存了！"

第二天语文课上，我取消了以往所谓的激趣导入、谜语导入、设置悬念导入等多余的形式，而是开门见山，直奔主题：

"同学们，今天这节语文课，我们举行神话故事演讲比赛，看谁讲得好，同学们愿意吗？"

"愿意！"他们回答着，欢呼着，等待着。

"课文一共有四个神话故事，你喜欢讲哪一个就讲那一个，但我的要求是：能用简短的语言把故事内容说清楚就行。这一点对你们来说，难不难呀？"

"不难，不难……"他们七嘴八舌地嚷着，还有学生跪在凳子上，小手如林高举过头顶等着我叫他们讲故事，想尽情地展示自己的才华呢。

我采用击鼓传花的形式进行讲故事比赛。在这节语文课上很多孩子都参与了讲故事比赛，而且课堂气氛极为活跃；这节课给很多孩子提供了展示自我的机会。我真没想到，孩子们的语言组织能力特别好，真出乎我的意料。他们用极精练的语言把故事的主要内容生动地叙述了出来。最有趣的是王皓同学，他站起来先是抿嘴一笑，然后拧了拧脖子，再用手摸了摸头，带着一丝害羞的表情开始讲了："大家都知道嫦娥奔月的故事吗？不知道的话，由我来讲给大家听听。传说古时候有个人叫嫦娥，她是羿的妻子。有一天，王母给了羿一包长生不老的仙药，羿想和嫦娥一直住在人间，后来因为降蒙心怀不轨，嫦娥被迫把这包药吃了。因为她吃了羿的长生不老的仙药，就飘起来了，最后一直飘落到月宫上成了仙。从此他们两个分离了，但是在月宫里她很寂寞。"他的语言组织能力极强，而且很干练，很令同学们佩服。在这堂语文课上，孩子们通过自己课外阅读神话故事，再通过讲神话故事把一节枯燥的语文课上得津津有味，耐人寻味。

课外阅读，不为读而读，不为图一时的快乐而读，不为消磨时间而读，更不能盲目地让孩子去读。课外阅读，要有一种境界，有一种灵动，要有一定的计划，要带着目标去读。课外阅读不能成为一种形式，不能成为一种摆设。因为课外阅读是语文实践活动中最重要、最普遍、最经常的形式，是课堂阅读的继续和拓展，是阅读能力训练不可缺少的组成部分，在开放的语文教育体系中，课外阅读不是游离于语文教学过程之外的"点缀"，而是语文教学的重要组成部分。我们应该落实课标对课外阅读的要求。把课外阅读和课文教学有机地结合起来，让学生的课外阅读为语文教学搭好基石，在语文教学中拓展课外阅读，在课外阅读中进行语文教学，让课外阅读真正成为点亮语文教学的灯塔！

寥寥数语，事半功倍

——了解时代背景的重要性

泾源县第三小学　佘艳萍

从教小学语文多年，总觉得让学生多读、多积累胜于扎实地去理解每一篇课文。所以在教学中，让学生理解文中的语段，总是点到为止，总有蜻蜓点水之嫌，因此，每每考试时，学生不能将比较标准的答案写出来而分数不高，常吃大亏。但本人仍我行我素，不思悔改，总觉得少年乃人生的黄金时代，记忆大于理解、博览重于咬文嚼字。至于理解，且一直认为随着年龄的增长、生活阅历的丰富，会自然消化。小学语文第十册第五单元安排的内容是让学生走进古典名著。在教学时，我有了点滴感悟，想把它记录下来与同人们分享！中高年级学生对时代背景缺乏了解，而影响了对课文思想内容的理解。新授课前讲解时代背景，讲读时穿插时代背景，可帮助学生掌握课文的中心思想、理解人物的内心世界。现代语文教学中，预习是学习课文的重要环节。但过去的预习课文多侧重于查字典理解新词、分段明晓课文内容大意等，往往不太重视时代背景的介绍。其实，了解时代背景，是引导学生深入理解课文思想内容的前提。

1.　在导入课文时介绍背景

有的课文只有先了解了时代背景，才能读懂课文，那就要把时代背景放在新授课文之前讲解，帮助学生加深对课文内容的理解。小学课文《将相和》讲的是赵国文官蔺相如为维护赵国的利益，机智勇猛，不畏强暴与秦王进行有理有力的斗争，后被赵王封为上卿，遭廉颇忌妒。但蔺相如宽怀大度，以国家利益为重感动了廉颇，廉颇终于负荆请罪，消除隔阂，将相和好。为帮助学生弄懂课文的内容，我设计了这样的导语：话说战国时期，群雄争霸、逐鹿中原，战国七雄秦国最强盛，经常以强欺弱，很多小国都怕它。秦王又是一个强暴的君主，言而无信。秦国早已对赵国虎视眈眈，无奈赵国文有蔺相如，武有廉颇，总是不敢轻易下手，蔺相如和廉颇乃赵国的左膀右臂。可大事不妙，有一日，这两员大将闹矛盾了。虽是两个人之间的矛盾，可对赵国来说，却非同小可！欲知他们为何而闹矛盾，赵国因此受牵连了吗？我们来看《将相和》是怎么说的。教师在讲读前，必须帮助学生了解战国的时代背景。只有初步了解这些历史背景，学生在学习课文时，才能更深刻地领会到蔺相如虽是文官，但有勇有谋，面对强秦，义正词严，以死相逼，终于"完璧归赵"。在渑池会上，秦王又要赵王为其鼓瑟，赵国虽弱，但赵王也是一国之君，怎能在秦王面前充当乐手？此刻又是蔺相如奋不顾身以死相拼，要秦王为赵王击缶。这样一分析蔺相如的性格特点也是愈发鲜明突出，一个有胆识、有气魄的人物形象跃然眼前。如果在讲读课文前，学生不了解时代背景，恐怕就分析不出这些东西，甚至学生会认为赵国弱小，为秦王鼓瑟又有什么，这样就不能达到理解课文思想内涵的目的。如果了解了这两个故事的历史背景，再让学生理解廉颇与蔺相如之间的矛盾冲突，问题也就能迎刃而解了。同时，也能调动学生学习课文、阅读古典名著的兴趣。

2. 时代背景的了解为分析人物内心世界铺路架桥

一般来说："分析人物的内心世界，洞悉人物的语言、行为、表情变化，可以由外向内、由浅入深、由表及里地把握人物的内心世界，分析人物的性格特征。"但是如果在了解时代背景的基础上，再去研究和分析人物，那就要明晰和畅通得多了。《穷人》一课，是俄国伟大作家列夫·托尔斯泰的作品。作家本人就生活在沙俄专制时期，时局动荡，民不聊生，渔民的生活更是艰苦。《穷人》这部作品如实地反映了那一时期劳动人民的苦难生活和崇高品质。当渔夫的妻子桑娜发现邻居西蒙死后，主动把两个孩子抱回家。课文这样描写了她当时的心情："她的心跳得厉害，她自己也不知道为什么要这样做，但是她觉得非这样做不可。"教师在帮助学生进一步剖析人物内心世界时可以这样引导：为什么她的心跳得那样厉害？是什么力量驱使她非这样做不可？学生自然会联系到写作的时代背景加以领悟。她的心跳得厉害，说明她万分紧张，她将会为以后的生活担忧。但又是母爱的力量——"同情之心"迫使她收留两个孤儿。于是主人公的内心世界和性格特征就非常鲜明地显现在学生面前。可见，时代背景的了解对学生理解课文中人物的内心世界无疑是一针催化剂。

3. 时代背景的了解为理解课文中心思想奠定基础

理解含义深刻的句子（特别是出现在距离现实生活较远的作品中的细节），必须联系时代背景。"四周黑洞洞的，还不容易碰壁吗？"这是鲁迅先生与课文《我的伯父鲁迅先生》的作者谈及"碰壁"时说的一句话，对于四年级学生而言，这是篇内容深奥的文章。为了提高学生分析句子的能力，在学生找出此句后，就要让学生思考："这句话难在哪儿？围绕难点你能提出一些什么样的问题？①"四周黑洞洞的"指什么？②为什么说"四周黑洞洞的"？③"碰壁"是真的指碰壁吗？这些问题正是理解这篇课文的几个关键问题。接着，让学生继续思考：鲁迅先生为什么会感到"四周黑洞洞的"？这与他生活的社会环境有没有联系呢？这样就可以将学生的思路引向对时代背景的思考。据此，再向学生介绍：鲁迅先生生活的时期，是国民党统治最黑暗的时期，鲁迅先生痛恨国民党反动派，用笔做武器，与敌人进行针锋相对的斗争。一篇篇战斗檄文如匕首直刺敌人的心脏，因此，他必然受到反动派的迫害。了解这一时代背景，学生自然会较具体地感知旧中国、旧社会的黑暗，学生会明白："四周黑洞洞的"指的是社会的黑暗；"碰壁"指的是鲁迅先生与国民党做斗争，遭到敌人的迫害和反动文人的攻击。即使这样，鲁迅先生也毫不畏惧。从这位伟大的作家身上，我们可以感受到他那铮铮铁骨，这正是作者所要表达的中心思想。可见，充分了解时代背景，直接关系学生理解课文中心思想的深刻程度。在整个教学过程中，教师要有步骤地启发、点拨、归纳，这样可使学生较好地把握课文的中心思想。

在小学语文课文中，古今中外的好文章有许多，像《凡卡》《晏子使楚》等，所有这些文章，都需要教师在分析课文时引导学生了解时代背景。这样长期积累，学生自然会感觉到了解时代背景是为理解课文内容、把握人物内心世界和挖掘中心思想服务的。通过对时代背景的了解，学生的知识会愈来愈丰富，语文教学才会愈发使学生产生浓厚的学习兴趣。

让学生真正成为语文学习的主人

彭阳县第一小学　贾海霞

过去，语文教学的效率不高，学生语文能力不强，虽然原因众多，但陈旧的教学模式把学生当作没有任何主观能动性的机器、容器，这是十分重要的因素。课堂上光听老师讲课文、分析课文，而很少有学生自主读书，认真思考，学会表达。就好比学游泳，光看别人游，光听别人讲是无论如何也学不会游泳的本领的。

《新课程标准》特别指出："学生是语文学习的主人。教学过程中，要加强学生自主的语文实践活动，引导他们在实践中主动地获取知识，形成能力。"这里明确指出学生在学习中所处的主体地位。作为教师要真正发挥引导的作用，就必须更新观念，转变思想，在教学实践中把自主读书的时间还给学生，把语文实践的空间还给学生，让学生真正成为语文学习的主人。

那么，如何在语文课堂中，变被动接受为主动获取，变死记硬背为活学活记，变机械训练为积极实践呢？下面，就来谈谈我在语文教学中尝试引导学生自主学习的一些做法。

1. 充分认识主体性，为学生尽可能多地提供自主读书的时间

学生是学习的主体，读书是学生自己的事。《新课程标准》指出："各个年级的阅读教学都要重视朗读，要让学生充分地读，在读中感悟，在读中培养语感，在读中受到情感的熏陶。"因此，在课堂上，教师要把读的时间还给学生，把问的权利还给学生，尽可能多地为学生提供自主读书的时间。

第一，课堂上注重诵读，少一点对课文内容的讲解。

注重诵读是我们母语教育传统经验的精华，它的多重教育功能是不可低估的。徐世英先生曾将朗读与讲解做过精辟的比较，他说："讲解是分析，朗读是综合；讲解是钻进文中，朗读是跃出纸外；讲解是摊平、摆开，朗读是融贯、显现；讲解是死的，如同进行解剖，朗读是活的，如同赋作品以生命；讲解只能使人知道，朗读更能使人感受。"因此，在课堂上，教师必须充分利用课堂时间指导学生读，尽可能地让学生多读几遍课文，老师切不可以自己的讲代替学生的读。

著名教育家叶圣陶先生说："语文课目的是使学生在阅读的时候自求了解，不懂的地方才给学生帮助一下，困惑得解，事半功倍。"我在教学《草原》时，自始至终贯穿了读。在导入课文后，我便让学生自由读课文，说说草原给你留下了怎样的印象？初步感知后，我再叫他们带着几个问题逐段朗读：哪段在写草原的广阔美丽？哪段在写草原的欢腾？从哪些词句看出来的？谈谈自己的感受。接下去紧扣精彩的词句，指导学生读课文，读懂意思，读出自己的理解，读出感情，读出韵味来。读的方式也有变化，或教师引读，或学生自读。学生的读，有集体读、分组读、男女分读、个别读，又有分角色读、表演读、比赛读。总之，要尽量扩大学生读的面，不断提高读的质量。这样，课堂上不断传出孩子们朗朗的读书声，学生课文读得很熟，感情读出来了，也对大草原有了比较深的认识，产生了喜爱之情。

第二，课堂上注重积累，少一点对语文知识的灌输。

过去，语文教学注重知识的传授，学生靠死记硬背来学习语文，这样知识得不到内化，能力得不到提高。要让学生把语文知识真正地"占为己有"，尤其把课文的语言内化为自己的语言，其中必然要有积累。《新课程标准》在"课程的基本理念"和"课程目标"中先后提到指导学生"丰富语言积累"，学生要"有较丰富的积累"，这是语文课程新观念的折射，切实引导学生进行语文积累是当前语文教学亟待落实的目标。

教师指导学生注重语文积累不能以自己的好恶代替学生的自主选择，必先激发学生的兴趣，让学生被积累的对象所吸引，产生读背的欲望，积累才有内驱力。学生仅仅积累几篇课文是远远不够的，《新课程标准》明确提出："小学一至六年级课外阅读不少于100万字。"教师除了指导家长做好家庭阅读，更重要的是让学生主动地去搜集和课文有关的资料进行阅读积累，这就需要教师的及时鼓励和引导。只有长期坚持，学生的阅读能力才会在不知不觉中慢慢形成，学生也就逐渐养成了自觉阅读的习惯。

2. 充分体现实践性，为学生拓展运用语言的空间

语文分为"吸收"和"倾吐"两部分，吸收的目的是为了更好地"倾吐"。语文积累的目的就是为了运用。因此，训练"倾吐"是语文教学的重要组成部分。

第一，读中迁移，多为学生提供再现课文语言的机会。

语言分为两种，一种是积极语言，即经常使用的语言；一种是消极语言，即积累了而没被使用的语言。学生读了教材，积累了课文的语言，如果是长期储存，而没有运用的机会，那这些语言就在孩子们的语言仓库中退化为消极语言。因此，教师要在语文课堂上积极创造条件，提供各种各样的语言环境，促使学生将积累的消极语言转化为运用的积极语言，让所学的教材语言能经常得到运用。

一是在课堂教学中，组织学生展开讨论。

叶圣陶曾发表过这样的观点："上课是教师与学生共同的工作，而共同工作的方式该如平常集会那样的讨论，教师仿佛是集会的主席。"课堂教学中，如果呈现出学生在热烈地讨论，教师在指导订正的热闹场面，那么，学

生的主体意识就树立了。同时，学生在讨论中时时去理解教材，运用教材从而加深了对课文的理解，使关键性的词、句、段的内涵越来越丰富。如在教学《黄河是怎样变化的》一课时，我让学生讨论黄河变化的过程及变化的原因。学生们积极、主动地投入到课文讨论中，我在一旁倾听着，并给予指点。在交流时，我又让学生讨论：现在有什么好的治理办法吗？为什么？学生们各抒己见，畅所欲言。讨论中学生不仅积累了语言，而且运用了语言。

二是在课堂教学中，组织学生表演课文内容。

除了课堂中适当地组织讨论外，还可以组织学生表演课文内容。小学语文教材内容大多以故事为主，有一定的情节，在初步感知课文后，学生通过身体语言来演绎文字语言，不但有助于学生对课文内容的深刻理解，而且有助于培养学生的创造力。学生在这样的活动形式中牢固地掌握了课文语言，并进一步领悟了其中的道理。

第二，自由表达，多为学生创设自主作文的条件。

写作是训练语言运用能力的有效途径。虽然很多学生头脑中积累了好词佳句和精彩片段，但碰到无内容可写，无深切体会时，就会搔头摸耳，举笔维艰。这是我们长期进行命题作文训练的缘故，其实，它并不是最好的训练形式。《新课程标准》也指出："要加强学生自主拟题作文的练习。习作指导要有利于学生开阔思路，自由表达。"因此，教学中，我鼓励学生自由写作，抒真情，说真话；鼓励学生写日记，多作自由命题的作文，最大限度地调动学生运用语言的积极性。课余时间，我还组织学生开展丰富的活动，让学生写作文时有内容可写，有感情可抒。

总之，学生是学习语文的主人。我们应该还学生以"学习的自由"，在教学中彻底扭转"牵得过牢，导得过细，教得过死"的局面，把学习的主动权真正地还给学生，把课堂的时间教给学生，让我们的学生有自主学习的能力，切实提高学习的效率。

大河之舞

吴忠市利通区金银滩中心学校　　马春梅

车行驶着，但因为突然降温让人很不适应，冷得我们几个缩手缩脚，可是车里依然充满欢声笑语。车窗外，太阳还没有露脸，道路两旁的大河依旧沉静在梦中。"快看！"不知谁喊了一声。我赶紧趴在玻璃窗上向外看。映入眼帘的是河水上的袅袅轻烟，眼前的世界像被一匹巨大的没有尽头的白纱裹住了一般，水面上蒸腾着一团团白色的雾的柱子，浓烈、黏稠，又富有韧性，上升两三米高却不断开，好似河底有魔鬼的双手把它们一一托送出水面。河面热闹极了：挤挤挨挨的不断扭捏的白色柱子，像千百个奔涌向上的温泉，我想黄石公园的温泉也不过如此吧，也许还抵不上此时此刻的这份壮美。这简直是仙境。原来，不是一整块的白色绸缎，而是一卷一卷撞进你的怀抱，又肆意地向外流淌。又似乎是数不清的煮沸的奶锅，锅里滚滚升腾着，漫溢四处的是热气、是醇香、是乳汁，你已经被奶香陶醉了，仿佛你听得见奶香咕都咕嘟的黏稠的声音。连我自己也仿佛沐浴在乳汁里。

也许千万个吧，每个泉眼似乎长相相同，让你记不住刚刚看了哪一个，接下来又该关注哪一个，个个让你忍不住回眸，急切又贪婪的眼睛到处攫取。可它们偏偏又千姿百态，把你眼前的天空都变得混沌一片，让你分不清到底哪里是天，哪里是河，甚至不知道此时身在何处。它们不断地上升、舞动，又不断地缠绵，仿佛许久未见的情人，它顾不得在大庭广众前羞涩，让你都羞于觊觎。它们嚣张着，燃烧着，仿佛要为释放尽最后一丝热情和眷恋而努力着，在快感里呻吟着。于是，你发现，她们不断地上升、摇摆，在有力无力之间，又坚韧地向上。不过一丝热气，哪来的这般霸道？是张扬的又好似那么飘微，是汹涌的又好似那么娇弱……害得你不敢呼吸一样，似乎一个不小心，这磅礴的大河的舞蹈就会戛然而止，所以你需摒了气、凝了神欣赏这大自然的恩赐。一会儿，眼睛似乎被这动态的白纱蒙住了，什么也看不清。

阳光企图撕裂这薄纱，丝丝缕缕且藕断丝连。你在这撕扯声中看不清河面的高度，想呼吸又不敢贸然张嘴，你在想象河水的深度时，又被拉回到眼前的现实。

远处朦朦胧胧的山和树的影子已不自觉地成为这白纱似的梦的背景，卑微而虔诚地存在着，享受着。突然，这是怎么了？一刹那，近处什么时候跑出来无数女妖，妖界无人管理了吗？好妩媚呀！尽你所想吧，风姿绰约又诡异十足。你想亲近，但不敢，却又不甘心。你矛盾着，又心痒难耐，可你最终无福消受。你在妙不可言的渴望里悻悻然地轻叹。车已驶离了此地。把目光像河水一般流在此处的大河之上，让思绪演奏一曲奔腾的远胜于爱尔兰踢踏舞的大河之舞。

哦，大自然，谁有你这般的才气？

语文课堂让学生"心动"与"行动"

青铜峡市光辉中心小学　李　瑞

课堂教学是一门真正的艺术。课件则是教学过程的预演，教师根据课件演示，就能理清自己的教学思路。还可以根据教学需要，利用网络中的信息资源，调用素材库中现存的资料，帮助我们解决教学难点，充分调动学生的积极性。

1. 创设情境，激情引趣，让学生"心动"，勇于"行动"

教学媒体都是以物质形式出现的，其利用效果非常好，它能激发学生的学习兴趣、创造良好的学习情境，这种良好的学习情境正是教师所追求的。

在教学苏教版四年级下册《天鹅的故事》这篇课文时，《天鹅湖——四小天鹅》的乐曲回荡在教室，学生对本节课的内容产生了好奇和浓厚的学习兴趣。听到美妙的音乐，大家想到了什么？学生在这种潜移默化的熏陶下，产生了对天鹅的喜爱之情，同时也产生了想了解这个故事的迫切之情。

2. **情境再现，渲染氛围，让学生"心动"，积极"行动"**

浓郁的氛围是情感共鸣的基础。例如：在苏教版教材的一篇课文《虎门销烟》中，通过大屏幕放映《虎门销烟》的电影片段。直观鲜明的图像，生动精练的语言，具体再现了当年那惊心动魄的一幕。学生亲眼目睹了林则徐的浩然正气，亲耳听到了那一声声老百姓的称赞，敬畏之情油然而生。

教学《望庐山瀑布》时，我让学生观看录像，惟妙惟肖的图景使学生对紫烟、挂、飞等词的意思有了感性的理解。真是诗中有画，画中有诗，学生都争先恐后地想读一读，体会诗句的美妙。由此也可激发学生热爱古诗、热爱祖国的壮丽河山的热情。

3. **优化朗读、读中感悟，让学生产生"心动"，付诸"行动"**

古诗由于其艺术形成的特殊性，也就具有了语言、音乐、绘画、情感等多种因素的美。在挖掘这些美的因素时，多媒体技术有着强大的、无可比拟的优势。

教学苏教版教材《寻隐者不遇》这首诗时，我在学生理解诗句的基础上让学生进行"诗画欣赏"，使学生们的心灵受到熏陶。

滴水可穿石，铁棒能磨针

泾源县城关一小　拜凤莲

人们常说："滴水可穿石，铁棒能磨针。"在小学作文教学的习作指导中，我对这两句有了异乎寻常的体会。同时，也在炼狱般的习作指导理念的转换中，真正感悟了"他山之石，可以攻玉"的至高境界。

记得那是一节作文讲评课，在我读到本班一位学生的作文中"我的小制作被送出了班级，送上了学校的大舞台"一句时，"哗……"同学们热烈的掌声表达了他们对马欢同学共同的赞许。我又一次体验到作为一个作文指导成功者的快乐感。与此同时，我也看到，马欢的脸上腾起了一抹羞涩的红晕。这个平时爱说爱闹、聪明活泼的男孩子，三年来，总是因为写不好作文而受到同学们的嘲笑。此刻，他飞快地用眼角瞟了一眼周围的同学，又偷偷抬头瞄了一眼微笑的我，不是很自然但却不乏满脸的得意洋洋。我知道，这孩子正沉浸在自己的成功里，激动着，快乐着……

提起给马欢同学指导作文的过程，我仿佛经历了炼狱般的教学历程。那艰苦漫长的四年磨砺，见证了我和马欢同学共同的成长历程。

记得那是三年前的一节作文课，马欢同学就给了我这个有着近二十个春秋作文指导经验的老教师一个下马威——整整两节作文课，尽管我讲得津津乐道，举例妙趣横生，可他愣是没有从他那聪明的脑瓜里给我挤出一句完整的话来。

在一番怒气冲冲过后，我静心反思自己十几年的作文教学之路。渐渐的，我觉得自己的习作指导不能激发学生的作文兴趣，也缺少系统的指导方法。而且离 "对写话有兴趣，写自己想写的话，写想象中的事物，写自己对周围事物的认识和感想"的新课标要求相距甚远。而上好习作课，写好作文，教给学生表达方法则是提高语文素养，特别是提高语文成绩不可或缺的重要环节。我决定，尝试习作指导从改变马欢同学开始。

首先，从树立马欢同学的自信心入手。马欢同学在写作文时，不是觉得老虎吃天无法下手吗？那就让他先找到下手的胆量——从建立兴趣开始吧。

一节习作课上，我用抑扬顿挫的普通话夹杂着本地方言，借助夸张的肢体语言和面部表情，给学生绘声绘色地讲述了自己小时候一次惊险的上树摘杏的经历。在同学们兴趣盎然之际，我鼓励跃跃欲试的几名同学分别上讲台讲述自己的惊险经历，然后小组互说、互听。接着，我让马欢同学上台讲述自己的经历。在别别扭扭、结结巴巴的讲述中，他用不足三句话讲完了自己从爸爸兜里掏钱买小皮球后挨打的经过。对于他蹩脚的讲述，我让全班同学用热烈的掌声给予了肯定，并告诉他，他说的这些话按照事情发展的顺序写下来，就是一篇好作文。果然，这次作文，他有了极大的进步。

锻炼胆量初步有了成效，他的信心建立了。我心中有了一丝窃喜!

接下来，凡是有习作的课堂，我都尝试这种"练胆"之法。终于有一次，马欢自己举手上了讲台。至此，包括马欢在内怕写作文的同学，在习作课中，胆子大了，敢说了。

　　因为有了说的内容作为写的基础，学生对写作建立了自信。然而，面对马欢等同学寥寥数语的作文，我仿佛面对一个四肢健全但缺血少肉的病人。我拎在手中的红笔就是久久无法做出恰当的评判，我发现信心与兴趣替代不了内容的具体形象。思之再三，我恍然大悟，万丈高楼平地起。学生习作的表达无力和平淡无奇，是缺少建筑作文的砖瓦——词句等库存材料的匮乏造成的。于是，帮助学生注重积累、运用积累成为我指导学生写好作文的第二条必经之路。

　　怎样才能使学生日积月累，从而做到厚积薄发呢？除了让学生识记生字、新词，练习说话写话，阅读经典范文外，我也没有忘记传统的教学法宝，让每个同学尝试建立自己的"知识库"——用笔摘抄自己所看文章中的精词美句和优美段落。对于自己喜欢的段落或篇章，不妨熟读成诵。俗话说："好记性不如烂笔头。"经过一段时间的强化练习，在班级积累"我的知识库存"评比活动中，学生的积累少到多半本，多到三四本，积累意识初现端倪。就连马欢也在评比中以两本的积累量获得小组"积累小博士"的称号。随着奖品的颁发和积累习惯的养成，"我的积累"在学生心中扎下了根，变成了学生自觉自愿的行动。各种课内外知识的积累已在我们班蔚然成风。

　　怎样引导学生将积累在习作中恰当运用，从而使作文有血有肉，具体生动呢？我尝试了好多方法，但最终选择了"鼓励成功法"。我从每本作文的字里行间、结构、谋篇等各方面圈出恰当的词语，画出优美的句子，遴选传神的段落，评选精彩的内容，让每个学生的作文中，或一个词，或一句话，或一个段落，或一个故事，均成为受到表扬与鼓励的因素，彰显各自成功的亮点。当学生享受自己某方面的成功之时，激发他们自发地运用积累，形成书写优美作文的冲动和自觉运用的习惯，已经是水到渠成、自然而然的事情了。潜意识里学生逐渐形成了良好的积累习惯，学生习作的进步也就在悄然当中有了明显的改变。

　　习作能写具体了，句子也写得优美了，但是大多数同学写出的作文内容相近，结构雷同。内容大多不是源自学生的生活体验，编造，抄袭，模仿，千篇一律，人云亦云，成为学生习作中的通病。这虽不是大毛病，但直接制约着学生作文向更高层面的发展。特别像马欢同学的作文，几乎篇篇如此，没有一丝一毫初露"尖尖角"的痕迹。

要想让学生写出精美、有质量的文章，彰显"自我作文"的魅力，结合新课标中"留心周围事物"和"愿意将自己的习作读给人听，与他人分享习作的快乐"的具体要求，我意识到，培养学生创造性的作文意识与能力，是摆在眼前的又一道难以逾越的"坎儿"。经过反复思索，我觉得，学生的创造性作文能力，要在学生的实际生活中去培养、去挖掘。在研读了新课标让学生"留心周围事物"的要求之后，我确定了创造培养四方法，即：眼看，耳听，手动，思辨。我告诉学生，我们的身边处处蕴藏着作文，只要用自己的心、自己的感官去细心体验，用自己不同他人的思维方式认真思考，你就会有和别人不一样的发现，而自己不同于他人的所见，就是你的创造与发明。接下来，我安排的每天课前三分钟演说，成了学生展示发现的时间。每两天一篇的日记则成了学生演练、发现、创造、发明的舞台。学生习作中恰如其分的用词、妙趣横生的故事和生动传神的精彩片段成了我作文讲评课堂上司空见惯的现象，学生众口异言更是习作课上的一道亮丽风景。

多元化习作思维指导训练，孕育了多样化的学生习作作品。春风化雨，润物无声。习作，这一语文教学中最艰苦的教学环节，在经历了与马欢同学三年的共同历练与成长之后，终于结出了累累硕果。我们班以马欢为代表的大多数同学的习作能力得到了全面的提高，我的作文课因此成了学生最喜欢的课堂。

把语文课上成真正的语文课

贺兰县第一小学　张彩艳

在平时的语文教学工作中，我们经常会思考这样的一个问题："怎样的课才是一节好课？""怎样的一节语文课才是好的语文课？"对此仁者见仁、智者见智，许多教师在课堂教学中走进了一些误区，意识到不当后又感到茫然不知所措。我观看、解读了许多于永正老师的教学案例，现将几点感受浅谈如下。

1. 注重学习方法指导

在小学阶段，阅读、书写、口头表达能力最主要的培养途径就是语文课。在于永正老师的课上，这一点表现得非常明显。

一是锻炼口头表达能力。于永正老师和上课的学生是初次见面，课前他利用几分钟时间和学生进行交谈："你们欢迎我吗？怎么表达出来？"学生鼓掌。于老师请学生用语言表达出来，并且不要重复。起初学生的语句比较单调，经过老师的指导，话越说越多，越说越好。一个简单的"欢迎"竟可以用这么多语言、这么多的方式来表达。看起来是不经意的闲谈，但仔细想想，实际是在培养学生的口头表达能力。

二是培养阅读能力。阅读能力的培养是"冰冻三尺，非一日之寒"，这就需要教师在平时的教学中对学生进行点滴渗透，于老师正是这样做的。在课堂上，他结合自己的教学设计及学生的表现，不断教给学生读书的方法。在要求学生自读课文之前他告诉学生："读书要眼到、心到、口到，要读得正确、流利，边读边记。"读完课文，他要求学生能在两分钟之内用自己的话把课文的内容讲出时，他告诉学生："五年级的学生要学会把一段话读成一句话，把厚书读成薄书。"他还告诉学生："读书要善于挖掘，写作要善于表达……"短短的几十分钟内，读书的方法就无声无息地渗入了学生的脑际。如果我们每堂课都能做到这一点，学生的阅读能力何愁不能提高？

三是读写有机结合。"写作水平是检验一个人语文水平高低的标准"，于老师是这样说的，也是以此为出发点来要求自己的课堂教学、要求学生的。在讲完课文中所用的修辞手法后，他马上给学生出示了一篇没有任何修辞手法的文章《荷花》，让学生为这篇文章加上恰当的比喻及丰富的联想。学生趁热打铁，不像以往那般绞尽脑汁，当堂就完成了一篇篇优美的文章。写作与阅读本来就是密不可分的，在阅读的基础上当堂抓住训练点进行训练，学生毫不费力就可完成，真正是事半功倍。

2. 注重双基教学

语文教学无论如何改革，基础知识和基本技能仍然是学生必须掌握的，即所谓的"万变不离其宗"。于老师在课堂上对于这一点是相当注重的。

第一，高年级课堂注重生字教学。在板书课题时，于老师告诉学生写"月"字时应注意的问题；对于课文中出现的比较难写的生字，他都逐一介绍写法，并告诉学生写好字的方法：研究、观察字形——描红——临摹，还拿出几分钟时间请学生在课堂上进行了练习……我们总认为，生字教学是低年级的事情，到了高年级，对于这些细节很少去注意，听了于老师的课后才感觉到，生字教学在高年级的教学中也并不是多余的，是我们平时忽视了最基础的知识。

第二，理解词语的方法灵活多样。学生在阅读的过程中常常遇见生词，大多教师采取解释给学生的方法。于老师并没有这样做，他注重的是培养学生理解词语的技能。如在学习《月光曲》第二自然段时出现了"幽静"和"断断续续"两个词，他先让学生读课文，再告诉学生"月光、小路、一个人散步、传来断断续续的琴声，这就是幽静"。虽然没有直接说出词语的意思，但学生已充分理解了，而且掌握了如何用自己的语言来说出一个词的含义。最后一段"兄妹俩陶醉在美妙的音乐中，等他们苏醒过来……"时，他让学生自己解释意思，当学生不能准确回答时，他并没有直接告诉学生，而是让他们通过"苏醒"来体会"陶醉"的含义，并告诉学生很多词都可以通过上下文来理解它的意思。学生掌握了这些方法，就是掌握了取之不尽、用之不竭的词义。

第三，巧妙引导，读中感悟。于老师在课堂上非常注重对学生朗读的指导。在教学《月光曲》一课中兄妹俩的对话时，他指导妹妹的话"我只是随便说说"时，反复让学生读，指导学生要读出妹妹安慰哥哥、故作轻松的、还有些撒娇的语气，读得她哥哥听了不难过的语气，从中体会妹妹懂事、不想让哥哥因为家庭的贫穷而难过的心思；学习"妹妹激动地说……"一段时，抓住"激动"一词，让学生注意其中逗号的含义，并指导"读得激动些"；学习课文中联想一段时，他激发学生："我们来读课文中最精彩的一段，读得精彩些，用心去读……"这些适时的对课文朗读的指导，既提高了学生的朗读能力，又使学生懂得如何通过自己声情并茂的朗读来感悟课文中人物的思想感情。

3. 注重教师"平等中的首席"地位

现在的教育教学提倡"以学生为本，反对权威主义"，正是由于此，现在的教师有些"谈讲色变"，好像教师讲解就是"权威主义"，就是没有以学生为本，就是没有体现学生的主体地位。于老师在课上讲到比喻及联想的作用时是这样处理的：先读原文，再把原文中的比喻句去掉，请学生读一读并体会与原文有何不同。然后他讲道："很多句子因为有了恰当的比喻而显得生动、令人难忘。"真可谓一语击中要害。在学习课文中联想一部分时，也是简短的一句"如果没有联想，文章就失去了99%的美"，将联想的作用清晰明了地告诉学生。于老师适时适量的讲解犹如画龙点睛之笔，使学生对重点难点知识掌握得轻松而又牢固。

4. 注重"尊重但不盲从"的原则

在课改理念的指导下，尊重学生、赏识学生已成了教师们的共识，但随之而来的一种倾向是：只能尊重，只能赏识，即使是在学生有明显思维误区的时候也要说："你的看法很独特"，以至于出现"乌鸦很聪明"、"邱少云太傻"等"独特"的见解。于老师在他的自评中讲道："尊重学生自主学习，善待学生并不表示要回避学生的错误，对学生错误的回答不置可否，只是一味地赏识。而是要及时纠正学生的错误，使孩子健康地成长。"他在课堂上也是这样做的，凡是学生出现的读、说、写的不当之处，他都及时予以纠正，绝不因赏识而不敢指出错误、不敢批评。

5. 注重教师以身作则

常言道："言教不如身教"，在语文课堂上我想这句话可以理解为教师的示范二字。作为一名语文教师，如果自身具备深厚的文学功底、精湛的朗读技艺、对所教课文熟读成诵等本领，学生自然会"敬其师而信其道"。于老师在课堂上要求学生背诵文中联想一段时，先示范背诵了一遍，其熟练程度和动人心弦的语气让在场的师生无不折服，都情不自禁地鼓起掌来。教师这样以身作则，学生难道会不全力以赴吗？课堂上恰到好处的示范往往会有意想不到的收获。

总之，于老师的课堂给我的感觉是：自然、朴实、扎实、有效，每每想起都有"余音绕梁"之感。他的课处处体现新理念的存在，但绝不矫揉造作、有意而为之，这正是他的课的成功之处。也正是由于此，他的语文课才是真正课改下的语文课。

浅谈新课程下语文教师角色的转变

盐池县第三小学　李慧香

《小学语文新课程标准》明确指出：小学语文是一门基础学科，也是一门人文学科。小学语文对学生终身的学习和工作都产生着重要的作用，对学生的心灵和情感的影响也是极其深远的。新课程改革的重要任务之一就是改变教师的观念和教学方式，大力倡导自主、合作、探究的教学和学习方式。因此，作为一名新一轮基础教育课程改革环境下的小学语文教师要进一步加强学习，更新观念、提高素质，更重要的是，语文教师所扮演的角色也应随着新课程的实施而转变。

1. 树立新型的教学观

（1）由课程的执行者、重复者向课程的创造与建设者转变

由于受应试教育的影响，长期以来，语文教学着眼于知识技能，忽视学生语文素养的全面提高。因此，我们语文教师应从"教书匠"变为研究者。传统的语文教师所扮演的"教书匠"角色，其实质就是教材的执行者、重复者。而学生则在个性、智力、文化背景方面有差异，"教书匠"难以顾及这种特点，所以教学方法死板。新课程立体、开放的特点打破了学科知识的界限，课程的开放代替了封闭，知识的多向流动代替了单向输送。语文教师作为新课程理念的实践者，必须以开放的胸怀走向社会，走进别的学科，变为教材的建设者，积极开发具有"个性"的语文课程，使语文课程不断地丰富、完善。

（2）由传授者向参与者、指导者转变

传统的语文教学以教师为主导，以课堂为中心，以教材为资源，把书本

知识传授给学生，而新课程重在培养学生的能力。因此，语文教师要变为"参与者"。在信息社会，语文教师不再是学生信息来源的唯一通道，学生在某些方面的信息也许比教师还丰富，语文教师只是"平等中的首席"。因此，语文教师要通过积极参与学生的各种活动，及时发现学生遇到的困难，了解学生品德、个性发展的状态，鼓励学生、欣赏学生，走进学生的内心世界，适时地指导学生获得解决问题的思路和方法，指导学生提出质疑，敢于创新，指导学生树立自信，提高学习效率。

（3）由教学活动的统治者向学生学习的服务者转变

现代教学论指出，教学过程是师生交往、积极互动、共同发展的过程。因此，语文教师应从教学活动的统治者变为学生学习的服务者。在传统的语文教学中，教师按事先制定好的策略实施教学活动，以完成知识教学任务为最终目标，这种方式漠视学生的能动性和个性差异，语文教师扮演的是"统治者"的角色，培养出来的学生是"流水线上的标准化产品"，缺少个性和灵气。新课程强调以学生发展为本，教学活动的目标是促进学生的发展，因此，语文教师要自觉地将角色转变为"服务者"，为学生的自主学习创设情境，为学生的探究学习提供空间，为促进学生的"最近发展区"创造条件，在和谐、宽松的环境中启发学生的思维，诱发学生的求知欲和积极向上的情感，充分发扬学生的个性，挖掘学生的潜力，使每个学生和学生的每个方面都得到发展。

2. 树立新型的学生观

学生是发展的人、是独特的人，因此，在教学中，我真诚地对待学生，关心爱护每一个学生；努力展现教学过程的魅力，让学生品味学习成功的喜悦；努力完善学生的个性，使学生展现个人魅力。我以新型的教学观和学生观为指导，努力完善教学活动。在语文教学过程中，我努力做到：

（1）注重自身文学修养，树立人格魅力，感染学生"爱"语文

要想叫学生喜欢语文，教师首先必须是语文的爱好者，并有着较为扎实的语文功底和深厚的文化积淀，只有这样，才可能"厚积而薄发"，才可能吸引学生、感染学生。因此，我特别注重理论学习，努力提高自身的文学修养，努力以美的教学语言去感染学生，注重平时和学生交谈时的语言美。和学生

谈话间，我经常会兴致勃勃地说："我送你一句话！""我想起一句诗！"学生显然对这些名言、古诗是非常感兴趣的，在我的感召之下，他们也逐渐开始积累名句，不知不觉地走进了语文大世界。

（2）用语文学科的自身魅力，吸引学生"品"语文

语文是表情达意、交流思想的工具，也是传承社会文化的载体，是与人的生命共存的。"缀文者情动而辞发，观文者披文以入情。"语文中有无穷的魅力等着我们去挖掘。如，我在教学《"精彩极了"和"糟糕透了"》这课时，在导入课文时，我引导学生应用课外阅读中获得的知识，学生把在课外阅读中学到的成语迁移到课堂学习中来。哪怕只用一个精彩的成语，我都给予学生极大的鼓励，这样就激发了学生在学习中积累的热情。与此同时，我还帮助学生创设良好的学习心理环境。教学中强调学生是学习的主体，重视学生自主的学习，让学生用自己喜欢的方式读书，鼓励学生自由表达情感，自由发表自己的看法，在不断的议论中产生思维碰撞，闪现思想火花，交流各自的看法，充分发挥自己的想象。这一方式体现了人本主义的教学思想，促进了学生自主学习、自主探索的积极性。经过读、思、学、议，使学生真正地品味到了语言文字的魅力。除此之外，还要求学生广泛阅读课本外的名家名篇。我在班内开展了"每周一诗"活动，让学生诵读、摘记，并进行评比。还充分利用听读欣赏课，介绍一些名作让学生欣赏、品读，使学生体会到了诗情画意。另外，我还让学生每人作好课外阅读摘记，每月定期进行交流，从而在班中掀起了读诗文的热潮。

（3）用语文教学的艺术魅力，诱导学生"懂"语文

教学是一种艺术。作为老师，我们应该努力赋予语文教学技能方法以艺术的美，让学生快乐、喜悦。为了让学生更好地学习语文，我充分利用投影、音响、多媒体等现代化教学媒体，使原本单一的教学手段变得多样、生动，使课堂富有活力，让学生在"乐"中学习语文。我还在班中组织了四人为一组的学习小组，每一组都有小组长，大家各有分工。课堂上，我首先将学习材料转换成问题情境，接着小组内按自学、发言、讨论、小结、互评的程序展开学习活动，然后大组交流学习情况和结果，教师进行适时的点拨和指导，最后产生结论。这样的形式使学生在一种充分平等的活动中探究、启智，使

学习活动变得自由轻松，交往情境变得融洽互助，信息传导多向、畅通。

总之，语文教学的本位就是重积累、重感悟、重读书，新世纪的语文教师只有更新观念，从传统的角色中转变过来，扮演好自己的角色，使每一堂语文课都上得有声有色、有情有趣，这样才能使自己的课堂充满活力，才能为学生打开一扇通向理想境界的窗口。

从提供思想到促进思想

泾源县教体局教研室　洪晓玲

元旦放假去一位同事家串门，在门口就清晰地听见房间里的埋怨、争吵声。进去才知道原来是同事和几位朋友在家打扑克牌。我便在同事的召唤下坐在了他们的旁边。不久，从卧室里跑来一位小姑娘，急不可耐地拍着妈妈的肩膀，睁着疑惑的大眼睛问："妈妈，蝴蝶飞为什么没有声音，蜜蜂飞为什么有声音？""蝴蝶飞没有声音是因为翅膀振动的慢，蜜蜂飞有声音是因为翅膀振动得快。"妈妈边玩边说，孩子不知听明白了了没有转身走了……

晚上回到家，那个问题始终在我脑海里回荡。我想，为什么经济越贫困、地方越偏僻、教育越落后，家长的育儿意识越差呢？像我的这位同事，能陪着别人玩却不能陪着自己的孩子玩耍、做游戏，引导孩子学习一些她想知道的东西。在"国培"计划宁夏"2014"的培训中，宁夏大学教育学院谢延龙老师在《幼教专家型教师的成长之路》中讲道："教师一定要为孩子提供机会，促进思想。"可我们好多家长、老师，都习惯将自己的思想、答案直接告诉孩子，代替孩子思考问题，要求他们按成人的方式找准确答案。这种方法虽然能够使孩子在很短的时间内，在家长、老师的带领下，按规定完成自己的活动任务，但是这种按照家长、老师提供的思想去做事的方法，很不利于孩子思维力、判断力、动手操作能力、理解交流能力、受挫能力的协调发展，更不利于孩子自信心、荣誉感、成就感的培养与锻炼。今天同事孩子的问题，家长就犯了这样的错误——直接把自己知道的答案告诉孩子。这种做法虽然满足了孩子一时的愿望，但容易养成依赖心理，孩子没有学会对自己的问题承担思考的责任，以后遇到问题还会跑来问家长或老师，这是家长经常代替孩子思考问题，提供答案给她带来的不良习惯。今天，如果同事不要直接告诉孩子答案，而是从思想提供者的角色转变成思想促进者，为孩子设计一个问题情境，提供一些学习资源，组织一个学习活动，让她在动起来的过程中自己去探索、去尝试、去体验、去发现，会是什么样的效果呢？如可以问她："那你注意了没有，蜜蜂停下来的时候有没有声音呢？"等孩子回答后，家长再拿出一张纸，让她听有没有声音，然后轻轻地抖一抖听有没有声音，再使劲地抖一抖，比较声音的大小。这样，孩子就会彻底地把问题搞明白。在这个过程中，家长再及时引导孩子思考声音与什么有关系并给孩子一张纸让她亲手操作，体验运动和声音之间的关系。这样就可以把给孩子提供答案变成引导她自己思考，把提供思想变成促进思想。渐渐地孩子就会养成自己提出问题、独立思考和解决问题的良好习惯。

赞美如药

泾源县教体局　于希花

俗话说，批评人用电话，表扬人用喇叭。

喜欢听赞美的话，是人与生俱来的本性。英国前首相撒切尔夫人说："我知道在我身边有一大批拍马屁的人，可我就是喜欢听他们说话。"

大人尚且如此，何况孩子？

颖是个怯弱的女孩，瘦小、单薄，头发像秋日的枯草乱蓬蓬的。她从来不敢开口跟老师说话，也不敢在课堂上回答问题。课堂上，面对我的提问她总是沉默。我示意她点头或摇头，她都不肯搭理，只是小脸红扑扑的，眼神很不自然地看着其他风景，我能感受到她内心的紧张和恐惧。

一次课堂提问，也许是问题简单，全班同学不约而同地举起了手，颖的小手也在其中，虽然似举非举。

呀！她终于举手了，我惊喜之余自然第一个叫起了她。也许是没料到老师会点她的名，也许是平生第一次课堂上回答问题，她顿时不知所措，小脸涨得通红，结结巴巴地说："老师，我……我……"

"不错，非常好，小颖同学今天能勇敢地举起手来，老师非常高兴！"我走下讲台，摸摸她的小脑袋，她浑身竟然在颤抖。可怜的孩子！

课后，我问她是否愿意到我办公室去帮一个忙，她咬了咬嘴唇，点点头。我拉着她的小手，把她领到办公室。闲聊几句后，我切入正题："老师眼神不好使，今天课堂上没有看清楚你举的是左手还是右手？""是右手。""这样好不好，对于老师以后在课堂上提出的问题，如果你会答，你就举左手；如果不会，你就和其他同学一起举右手，老师不叫你起来回答，好吗？"

听我这么一说，她那始终耷拉着的小脑袋猛然抬了起来，眼神中有惊喜，也有疑惑。

"这是我们俩的秘密，好吗？"

"嗯！"她使劲地点点头，像一只快乐的鸟儿飞出了办公室。

"我们俩的秘密"使颖的胆子慢慢地变大了，有了自信心，连走路也昂首挺胸了。

老师给予学生适当的肯定和鼓励，会使学生产生积极的心理效应。相反，老师的一句批评之言，却可能影响孩子一辈子。

小学的时候，我有个同桌，成绩在班里倒数一二名，老师几乎都不喜欢他。最头疼的是他的作业，不仅字写得潦草，还喜欢在本子上乱涂乱画。终于有一天，语文老师忍无可忍，当着全班同学的面，把他的作业本撕了，然后将他拽上讲台，要他当众检讨。他被弄哭了。老师又厉声问他："你父亲是干什么的？"

"瓦工。"

"这就对了！"老师似乎一下子找到了难题的答案。"瓦工是干什么的？是和稀泥的！怪不得你的字写得像和稀泥，原来是遗传。看来你也是个和稀泥的料，这书念不成了，干脆回家跟你父亲当瓦工去吧！"今天想来，老师讲的话也许是恨铁不成钢的气话。可那天以后，男孩再也没来上学。

好多年过去了，记不清是哪一天，我在街上偶然遇见他，他满脸皱纹，弓着脊背,像一个小老头,那时他还未到而立之年呢!我们相见,自然陌生了许多,彼此似乎想说点什么,却不知从何说起。沉默了一会儿,我还是说出了心中潜藏多年的疑惑:"你为什么不上学了?"

"我天生就是做瓦工的料。"他怯生生地回答。

老师的话是圣旨,她的"金玉良言"使那个男孩一辈子成了瓦工。

孩子的心是稚嫩的,哪怕一次小小的挫折也会在他们心灵上造成永恒的伤害。

艾草飘香

银川市兴庆区第二十二小学　周艳珍

睡过午觉,站在窗前,看着阳光下那绿得耀眼的草地,便突发异想:"拣艾草回来蒸着吃!"艾即是艾草,是一种草本植物,叶子有香气,用面粉混过蒸了吃,味道香气扑鼻。每年的"五一"前后,正是艾草生长的旺盛时期,艾草便成了我们这里人们的野味之一。

"宝宝,和妈妈到草地上拣艾草去!"女儿眼前一亮,高兴地说:"好啊!"我们穿戴好,拿好工具便来到了草地上。绿油油的草地上若隐若现地有一些艾草。我教女儿如何识别艾草。"很好认,叶子像手掌。"女儿立刻找到了艾草的特征。"这也有!"女儿举着两颗艾草兴奋地向我跑来,将艾草放在塑料袋中。

"妈妈,我发现草长得旺的地方,艾草少却也长得修长油亮;草少的地方,艾草多却长得矮小,叶子灰绿。"女儿很快发现了问题。"是啊,草多的地方,艾草吸到的水分多,所以长得水灵,但它争不过草,所以很多艾草便被淘汰。草少的地方,艾草虽然吸到的水分少,但它努力生长,将根深深地扎进土里吸收水分,而且还将根蔓延到它附近的地方,所以艾草常常是成簇成簇地生长。"我一边拣艾草,一边给女儿耐心地解释。

"那么,哪一种艾草好吃呢?是不是水灵的艾好吃?"

"不是的，矮而且叶子灰绿的艾草好吃，因为它吸收了水分和阳光，将营养浓缩在自己不起眼的身体里，所以好吃，而且还有药用价值。"

"我以前总觉得草的生命力很旺盛，今天却发现艾草比草的生命力还要旺盛，这些艾草真了不起。"女儿拿着一颗艾草赞道。

很快，我们就拣到不少艾草，便回到了家。我和女儿一同挑拣干净，洗净了拌了些面粉，放在锅里蒸。刚过了十分钟，屋里便沉浸在艾草的香味中。女儿一会儿跑到厨房，一会儿跑到我身边，总是问："什么时候才可以吃到艾草?"。

艾草蒸好了，拌上油、葱花、辣椒……吃上一口，好香!

女儿吃得津津有味："妈，今天真好! 不仅跟着你到户外长了见识，还吃到这么好吃的东西。"我笑了笑，没有说话。我多么想告诉女儿，生活有时候就像这艾草：简单、朴素，却透着无数美好。

运用多媒体教学　彰显语文课魅力

吴忠市利通区第八小学　韩淑琴

随着现代科学技术的不断发展和进步，不同形式的多媒体手段在语文课堂上崭露头角。多媒体手段把声、图、文、情境与听说读写等诸多手段结合起来，充分调动学生手、脑、眼、耳、口等多种器官，激发学生学习的兴趣，唤起学生强烈的求知欲望，使学习成了一种轻松、愉悦的过程。多媒体手段的运用，优化了课堂教学结构，突破了教学重难点，大大提高了课堂学习的效率，使语文课堂焕发出更大的活力和魅力。

1.　运用多媒体手段，激发学生的学习兴趣

学习兴趣是学生的内部动力，是推动学生探求内部真理与获取能力的一种强烈欲望，多媒体技术把声音、文字、图像融为一体，调动学生多种感官，变无意注意为有意注意，激发学生内在因素，丰富教学内容，活跃了课堂气氛。如我在教学《秋天》时，一年级学生虽然对秋天有一定的生活经验，但

很难用口头语言表达出来。为激发学生学习的兴趣，我根据课文内容从网上下载了与课文有关的视频，在课前先播放一段秋天的视频，一边听着优美的配乐朗读，一边让学生欣赏着迷人的秋天。随着优美的音乐，画面上草儿黄了，金黄的树叶在秋风的吹动下，纷纷扬扬飘落下来。田野里，稻子、棉花、高粱形成了一幅美丽丰收的景象。果园里红彤彤的苹果，水灵灵的葡萄，红彤彤的枣，一一以动画的形式展现在孩子的面前，孩子们一边睁大眼睛欣赏着这美丽诱人的图画，一边感受着秋天不仅是一个美丽的季节，更是一个收获的季节。当学生被这美丽的景色陶醉时，我顺势引导学生："这么美丽的图画，作者用优美的语言文字写了下来，你们想读吗？"孩子们兴趣盎然，迫不及待地进入课堂教学，在课堂上用心感受秋天的美丽。又如在教学《锡林郭勒大草原》一文时，课前我一边让学生听歌曲《美丽的草原我的家》，一边播放视频让学生欣赏美丽的草原风光，把学生带入到大草原的意境中，激发学生的向往之情，进而激发学生学习的欲望。在课堂教学上抓住了学生的心，才是有效的课堂。学生积极投入到学习过程中，变"要我学"为"我要学"，寓教于乐，这才是语文课的魅力所在。

2. 运用多媒体手段，激发学生的情感

课程标准各个学段关于朗读的目标中都要求"有感情地朗读"。这是指要让学生在朗读中通过品味语言，体会作者及其作品中的情感，要让学生练习有感情地朗读，首先要让学生品读语言文字，从语言文字中揣摩作者所表达的思想感情。在教学《我不能忘记祖国》一文时宋庆龄有一句话："拥有五千年文明的中国没有被淘汰，也不可能被淘汰。"对于四年级学生来说，学生理解起来有一定难度，从语言中如何让学生感受宋庆龄的精神气质，激发学生的爱国情感，入情入境地进行朗读呢？在这一环节中，为激发学生的爱国情感，我先呈现句子："有多少仁人志士正在为祖国振兴进行着艰苦卓绝的斗争啊！"在学生了解仁人志士后，用资料展示一些仁人志士曾为祖国不惜抛头颅，洒热血，使学生的心灵得到洗礼，感受宋庆龄曾对祖国充满希望。她认为拥有五千年文明的中国没有被淘汰，也不可能被淘汰。再次抓住句子，"因为她有广阔的土地，有勤劳的人民，悠久的历史，有富饶的物产，有优良的传统……"来感受宋庆龄为有这样的祖国而感到自豪。为了使学生体会到

祖国的地大物博，我出示一些与课文有关的图片，并配以优美的文字介绍，使学生真切感受到我们的祖国正是因为有广阔的土地、有勤劳的人民、悠久的历史、有富饶的物产、有优良的传统……所以我们的祖国不会被淘汰，也不可能被淘汰的自豪之情。通过多媒体的运用，学生的情感得到了熏陶，并从中感受宋庆龄的精神气质，激发了自己的爱国情感。学生用恰当的语气语调进行朗读，表现自己对作者及其作品情感态度的理解，学生独特的感受、体验和理解，让我们的课文充满了无限的魅力。

3. 运用多媒体手段　突出教学重难点

教学过程中，教学目标的实现，关键在于课堂中教学重难点的突破，而学生因为对教材中某些文字内容相应的生活经验，对一些抽象的语言文字难以理解和认识，而多媒体技术就是将课文中抽象的内容以图形、动画的形式呈现出来，使课文中描写的内容更加真实，使学生身临其境，缩短了客观事物与学生之间的距离，提高了课堂教学的效率。如我在教学《月亮和云彩》时，文中李小文说："跑得快的是云彩，而不是月亮。"为了证实他的说法，他叫大家站在一棵大树下，从树杈间看月亮，证实云彩比月亮跑得快。对于一年级的学生来说，他们没有这方面的生活经验，很难理解，于是，我以动画的形式运用多媒体演示，在静态的树杈间，一朵一朵的云彩很快跑过去了，而圆圆的月亮却走得很慢。动画在学生头脑中留下了一幅云彩跑得快而月亮却走得慢的画面，这样有效地突破了教学难点。

识字教学对低年级学生来说是教学重点，有些识字教学教师一味让学生分析字形，十遍八遍书写，即使这样还是效果甚微，教师教得辛苦，学生学得枯燥乏味。我在教学中充分运用多媒体手段，将枯燥的识字教学变得让学生兴趣盎然。针对低年级学生的特点，我运用多媒体手段设计一些游戏、儿歌的形式，画面上出现生字边跳边说："我来了，你们认识我吗？""谁能认识我？""谁愿意和我交朋友呢？"这些贴近低年级学生的语言调动了学生学习的乐趣。有一些字形，我在大屏幕上分部分出现，如左右结构，先用红色出现偏旁，再用黑色出现其他部件，在视觉上给学生留下深刻的印象。还利用动画的形式帮助学生记忆，如学习"贝"字时，我先出现甲骨文的贝，使学生初步感受古代人造字借助符号，然后伴随着画面上孩子兴奋的叫声"快看贝字变了"出现"贝",于是"贝"这个字在孩子头脑中留下了深深的烙印,帮助孩子进行记忆。进行写字教学时,我利用多媒体先对孩子进行笔顺的指导,让孩子跟着进行书写,然后让孩子自己写两个,对写得好的或有问题的字进行展评,找到原因,再写两个。这样,孩子们一次比一次不仅写规范了,而且还写漂亮了。于是,识字和写字的教学重点得到了突破。

《观潮》这篇课文中,潮来时是全文的重点部分,课文中通过潮来时的景象和描写声音的词语句子,让学生感受大潮声势之浩大、气势之宏伟,进而理解为什么它是"天下奇观"。由于学生没有见过钱塘江大潮,难以想象大潮由远而近的景象,于是我上网查找到一些有关钱塘江大潮的视频,先让学生通过阅读,找到这些句子和表示声音的词语后,再播放钱塘江大潮的视频,使学生如身临其境,真实地感受钱塘江大潮水势之大,来势之猛,气吞山河,无比壮观的景象。多媒体手段的运用使教师教得轻松、学生学得轻松,突出了重点,突破了难点,更使学生感受到语言文字之美,彰显了语文课的魅力。

4. 运用多媒体手段,开阔学生的视野

课程标准理念中要求努力建设开放而有活力的语文课程,拓宽语文学习和运用的领域,注重现代科技手段的运用,使学生在不同内容和方法的相互交叉、渗透和整合中开阔视野,提高学习效率,获得现代社会所需要的语文实践能力。

叶圣陶先生说过:"教材无非是个例子。"利用多媒体手段可以充分挖掘教材,拓展学生的知识,开阔学生的视野。在教学《浪花》时,课文中描写"浪花给我们捧来了雪白的贝壳,青青的小虾",对于一年级的孩子来说,理解"雪白的贝壳,青青的小虾"有一定的困难。于是我播放"雪白的贝壳,青青的小虾"的图片,使学生从感性上理解"雪白的贝壳,青青的小虾",紧接着让学生充分发挥想象——浪花还给我们捧来了什么?在孩子们打开思维说出各种答案时,我给孩子们播放了一组海底世界的视频,再加上生动的解说,把孩子们带进了一个神奇多彩的海底世界。多媒体的运用开阔了孩子们的视野,彰显了语文课的魅力。

充分运用多媒体手段,不仅优化了课堂教学,更促进了学生语文素养的形成,彰显了语文课堂的魅力。在今后的语文教学中,我将充分运用多媒体

手段，在实践中不断探索，不断更新，让我们的语文课彰显更大的魅力。

爱的回报

泾源县城关一小　拜凤莲

一声"报告"使正在批改作业的我吃惊地抬起了头，回头一看，原来是我们班的班长慌慌张张地跑了进来。

"什么事这么紧张？""小琪的手被小敏夹在门缝里了，现在正流血呢。""哦？"我赶紧跟着班长迅速地向教室走去。

小琪正被两位女同学扶着站在教室门口，右手的小拇指血肉模糊。她刚叫了声"老师"就泣不成声了。小敏脸色苍白，喃喃地解释着："老师，我不是故意的……"显然，她被吓坏了。其他同学都在七嘴八舌议论纷纷，有的甚至在大声责骂小敏。我顾不上询问原因，就拉起小琪向医务室走去。当医生明确地告诉我小琪的手并无大碍，并为她清洗包扎后，我高悬的心才放下。

我和小琪从医务室里出来经过操场时，发现其他同学正在做游戏，而小敏却默默地站在旁边发呆。看见我和小琪过来，小敏赶紧跑过来问："老师，小琪的手要紧吗？花了多少钱？"我安慰她说："不要紧，只夹烂了一点儿皮，过几天就会好的。"她长出了一口气。她又向我解释："老师，我真不是故意的。""老师并没有怪你呀！快去玩儿吧。"她这才放心地去了。

来到办公室，安顿小琪吃了药，我再回到教室找原因，一推教室门才知道小琪之所以被夹了手，是因为打开的后窗吹进来的风在作怪。

放学后，我告诉同学们，小琪的手被夹不是小敏的过错，并教育同学们以后一定要注意安全，凡事小心为上。听我这样一说，小敏的眼睛里顿时溢满了泪水，充满了感激。而当时责骂小敏的同学则低下了头。

第二天，日记本交上来了。小琪在日记中这样写道："今天，我的手被门夹烂了，老师领我去医务室，为我包扎，给我买药，并看着我吃药，平时苦得难以下咽的药今天都变得格外好吃了。老师，您真像我的妈妈。我爱您!"一股暖流顿时涌上我的心头。我又翻开小敏的日记本:"老师,我爸爸是下岗工人,我妈妈长期卧病在床。今天,我又夹烂了小琪的手,当时,我好害怕。可是,您并没有怪我,还替我为小琪掏钱包扎、买药。老师,我感谢您对我们的关爱,今后我一定好好学习,报答您对我们的爱。"可爱的女孩、可怜的女孩,你让老师心碎,你更让老师心醉。

啊,爱,这个人世间最温暖的字,使我好幸福,在我看来很平常的一件事,却在孩子们的心里掀起了这么大的波澜。我给他们一点爱,他们回报我的是更多的爱。生活在暖融融的爱的氛围中,多好! 这让我又想起了那句歌词:"只要人人都献出一点爱,世界将变成美好的人间。"

离别时的心里话

泾源县教体局　于希花

离别总时伤感的。

报告厅里弥漫着淡淡的愁云——这里正在举行 2014 年置换培训结业典礼。曾院长在讲话中哽咽了,我们都很感动。

哽咽是悬着的心放下了——三个月来,培训、学习以及我们的安全院领导时刻记挂在心,现在终于平安结束了。

哽咽是感谢,感谢领导的支持、同行的信任,以及我们这些学员对她工作的配合。

哽咽是祝福,祝福"国培"给我们这样的机会,让我们在中年之际能够重新回到大学校园,聆听专家的讲座,开阔视野,增长知识。

是啊,三个月的点点滴滴怎能忘记?

忘不了班主任马丽老师忙碌的身影和憔悴的面容。忘不了戴院长深情的叮咛:"不要养成边给手机充电边打电话的习惯,那样很危险。"忘不了 8 月 10 日刚刚报到,父亲病危,对于请假,我难以启齿,但当我说明原因时,马建宏院长却说:"那你快回去吧,返校后再好好学习。"我噙着涌出的泪水说了声："谢谢!"忘不了王惠惠老师为了约我们见面指导课题,骑着自行车从家里跑到工商学院,又从工商学院跑到宁大 C 区,再从宁大 C 区赶到 A 区……

离别是让人留恋的。

让激励性评价成为学生写作的动力

银川市西夏区第九小学　袁丽娟

每一个学生的习作,都希望得到老师的赏识和同学的赞扬,更希望自己的习作能够发表和刊登。无人喝彩,无人赏识,就无法满足学生自我实现的需要和表现的欲望。我国教育环境下的习作课堂教学,需要的是健全的人格的教育。它的真正贡献不仅是让学生获得一种写作方法,还要让学生拥有一种精神,一种自信,一种坚持不懈的追求。要通过启发、引导、激励性评价等方法把学生写作的潜意识发挥出来,产生习作灵感,这便是培养小学生写作兴趣的关键所在。因此,我采用激励法促进学生写作潜能的开发,点燃学生创作灵感的火花,达到了树立学生写作的信心,提高学生写作能力和写作兴趣的效果。我归纳了以下几点做法,意在互相学习提高习作教学效能。

1. 善用艺术性的激励评语,提高学生习作的信心

写评语是作文教学的重要环节之一,作文评价的目的,并不是评判学生的好坏,而是激励学生,培养他们的写作兴趣,提高学生的习作能力。教师要善于用欣赏的眼光寻找学生习作中的闪光点,并根据习作的内容和学生的个性特征对其做出富于个性化和情感性的评价,学生就会想写、乐写,写作水平也会不断提高。基于此,教师写评语时,就应该用发自内心的激励性语言写评语。写作基础好的学生可用欣赏激励式评语,侧重指出选材立意、谋篇布局、表达技巧等方面的问题。如:文字优美感人,书写工整,表达流畅,内容发人深省,你的写作态度和语言基本功告诉老师:你是一位很有天赋的小作家。对于基础较差的学生,我们可以用鼓励提高式的评语,侧重指出字、

词、句、段、标点等方面的问题，如：文字尚能达意，用字适当自然，在你眼中，家乡的一草一木是多么美丽，文中的每个词，每句话都表达了你对故乡的爱，如果能按一定的顺序来写，习作的内容会更加吸引读者。当然，一个班的学生习作水平是参差不齐的，所以在讲评时教师要通过作文了解学生的思考角度、情感动态、兴趣爱好、个性特点、作文水平等。要看重学生在原有水平上的长进，鼓励促进。如：学生构思独特，巧妙可喜，即表扬其立意新颖；学生句意明白切题，段落分明连贯，即表扬其措词适合得体；学生开头或结尾好，见解正确的，学生用字生动灵活，抄写认真的……凡此种种，都要在讲评中提到。这样持之以恒，让学生尝到写作的"甜头"，使学生感受到自己的作文还是很有希望的，从而使他们初步感受到成功的快乐。这对于学生的作文朝更深层次的发展是非常有利的，学生的自信心必然得到提高。

2. 让爱心评价成为笼罩学生作文的感情因素

我尝试运用在"和教育"网络学习过程中学到的一些方法，从点滴着手，仔细寻找学生作文中的亮点加高分。学生的习作只要有特色、有亮点就加分，或评议习作的开头结尾好，或评议材料的选择恰当，或评议结构的安排合理，或评议遣词造句好……重在激励，即使学生的习作只有一点可取之处，也要予以肯定，评以高分，以调动学生的积极性，树立信心。例如：有一次学生写《我喜欢的动物》，他写了自己在家养了两只小仓鼠的过程。我在读完学生的习作后说："老师从你的字里行间读出了你对小仓鼠的关心和喜爱。这两只小仓鼠实在是太可爱了，看来，要想写好作文一定要仔细地观察。"教师要善于运用启发式的评语和商量探讨的口吻，让学生在宽松、民主的氛围中受到启迪，并逐渐掌握作文、修改与评价的方法和规律，提高作文能力和评价水平。在习作评价中给学生指点学习方法与启发创新的切入点是多种多样的，我们可以从拟题入手，可以从立意入手，可以从选材入手，可以从布局入手，可以从表达方法入手，也可以从遣词造句入手……发现习作中的闪光点和精彩处，真诚而不吝啬地激励和鼓舞学生，让赏识和赞美给学生送去欢乐、滋生兴趣、带来干劲、增强信心、激活潜能。

3. 培养学生互评意识，逐步提高学生的习作能力

在习作过程中，学生不仅是一个被评的客体，更应是评价的积极参与者，学生通过自我评价可以了解自己的进步，发现存在的问题，及时纠正错误，养成修改作文的习惯。更重要的是，培养学生的自我意识和独立的人格。因此，教师要从学生每一次评价开始，有目的、有计划地教给学生会评价一篇作文的着眼点及步骤方法。要为学生创造评改机会，使学生乐于参与、积极参与。教师既要尊重学生的意见，又不失时机地积极引导。此外，对学生批改后的作文要及时再批阅，肯定成绩，找出不足，对于不足之处可以用启发性的评语让学生去感悟，允许学生保留自己的观点。作文也可学生互批，小组进行评议，互补所长，互相学习，提示学生批阅时要用真心话语多鼓励同学，少点批评。

4. 教师多使用探讨式的方法评价和激励学生

针对学生写作上的一些问题，教师可采用商量式的口气，和学生共同探讨、改进。例如：标题如果再新颖一些，会不会更能吸引读者的注意力呢？如果引用一首和本文有关的歌词开头，你感觉如何？用拟小标题的形式组织材料，条理是不是更清晰？结尾如果能点一下题，主题就会更鲜明，你认为呢？

同时，教师鼓励学生完成习作后大胆地向同学们展示自己的作文，善于抓住自己习作中的闪光点进行朗读发挥也是一种好方法，写好的习作可以是老师朗读，也可以是学生自己朗读，让学生在阅读中保持积极的心态，读完之后师生共同探讨，互相给他说出习作中写得成功的句段，如果写得不理想的地方怎样修改更好，等等。这样的评价会让学生都喜欢读自己的文章，每次习作过后都能有一些新的收获，如此一来，学生更喜欢习作了。对于每个学生的作文，我们应该允许有差异，充分信任，热情激励。不能要求每个学生的习作都写得很优秀，也不要把后进生的作文和优生的习作进行对比。教师要以商量的口吻及赏识的心态和思维方式去发现学生的闪光点，热情鼓励，促使学生找到"作文我能行"的感觉。

总之，教师应努力实践作文教学的新理念，恰当地运用多种方式和手段，不断创新作文教学和习作评价的形式，促进学生写作潜能的开发。从学生的内在需求出发，对学生的习作实施激励性评价，消除学生的失败感，树立成功感，用爱心引导学生产生习作动力，让习作成为学生生活中最想展示的特长，学会观察生活和表现生活，热爱生活，从而获得更大更快更好地发展。真正做到：让阳光洒满作文课堂，让爱心评语沁入孩子的心田，让习作的收获成为孩子看得见的进步，让创作灵感成为孩子永远的兴趣，树立孩子一生的自信心。

九

心系未来

"国培计划（2014）"结业典礼学员代表发言稿

——宁夏中小学幼儿园教师脱产置换研修班结业典礼发言稿

银川市第二幼儿园　杨灿灿

尊敬的各位领导、各位老师，亲爱的学员们：

大家早上好！我是银川二幼的杨灿灿老师，很荣幸能够代表幼儿园骨干教师置换研修班的全体学员站在这里表达我们对本次培训的感谢与感动。

时光匆匆，转眼飞逝。本以为三个月的学习会是一段漫长的时光，可没想到转眼就要结束了。在这里，首先请允许我代表全体幼教班的学员说出我们发自内心的感谢。感谢教育厅为我们提供本次难得的培训机会，感谢宁夏大学教育学院给我们提供了舒适的生活、学习环境，感谢学院领导对我们每一位学员的关心和照顾，感谢每一位专家、教授的指导和引领，更感谢我们的班主任和指导老师，像朋友一样为我们排忧解难，对我们关怀备至。

三个月的时间，我们认真聆听专家的讲座，感受大家的风采，体会了一线名师的魅力；认真进行参与式研讨，在交流中体会，在分享中感悟；认真体验手工制作，不断领悟艺术的魅力；深入影子园认真学习，全程参与活动，听课、做课、评课，不断体验成长，感悟收获。我们每天往返于教室和宿舍，仿佛又回到了学生时代，忙碌而充实，紧张而欢快。走过的日子，忘不了一场场精彩的专题报告、一个个生动的教育故事；忘不了学员同伴间的交流研讨、促膝长谈、支持与关爱。在这里，我们接受了一次次新的教育思想和理念的洗礼，经历了一次次深刻的思想碰撞；在这里，我们收获了温暖，收获了喜悦，收获了友谊，收获了成长。三个月的培训似乎太短，因为离别时我们有太多的感慨与留恋；三个月的培训似乎又很长，因为它已经对我们产生了深远的影响，将指引我们今后努力的方向。

今天，我们的培训即将告一段落，而明天，我们又将带着研修任务回到各自的工作岗位，开始新的征程。我们都很清楚：这必将是一个新的开始，我们会将学到的内容，认真总结、梳理、内化，不断反思自己的教育理念，不断改变自己的教育行为，努力完成人生又一次的自我破茧与蜕变。

最后，衷心祝愿各位领导、老师身体健康、工作顺利！祝愿各位同窗友谊长存，事业辉煌！希望大家记住学习的时光，记住纯真的友情，记住为我们服务的教育学院的领导、班主任和几位可爱的研究生们。

"国培计划（2014）"宁夏中小学幼儿园教师
脱产置换研修项目总结会发言稿

灵武市农场小学　白雁军

尊敬的各位领导、老师们：

大家早上好！

我是来自灵武市农场小学的白雁军。

此刻的我，很激动，也很惶恐。激动的是，因为缘分，因为使命，因为责任，我们相聚在这里；惶恐的是，或许是不善笔耕，或许是反思不深，又或许是自己偶尔的松懈和倦怠……想想"自治区级骨干教师"肩上沉甸甸的责任，自信和惶恐交织，荣誉和责任并存！

回顾培训的三个月，我想用感谢、祝贺、收获、惜别和祝福来概括我们的心路历程。

1. 感　谢

感谢"国培"，为我们创造了前所未有的学习机会，让我们对教育有了新的追求和渴望；感谢教育学院的各位领导，为了"国培"，你们付出了辛勤的劳动；感谢我们敬爱的美丽的班主任马丽老师，我们记得你亲切的笑颜，记得你朴实无华的语言；我们更记得，你和教育学院各位领导为了生病的学员忙碌到深夜的情形……感谢我们所有的课题指导老师，因为你们的悉心指导，我们懂得了如何进行课题研究，如何去查阅文献资料；感谢那些给我们进行讲座的专家、教授，感谢宁夏大学，感谢教育学院，感谢为本次"国培"付出心血的所有领导和老师！感谢我们亲爱的学员朋友们，是你们的付出和坚持，才有了今天的圆满结业！

2. 祝 贺

今天的结业典礼，意味着我们脱产置换的研修即将结束。在历时三个月的学习中，我们离开家人和学生，虽然历尽艰辛，但我们全体学员克服了诸多困难，坚持了下来，并顺利完成学业。在此，请允许我对全体同学顺利完成学业表示真诚的祝贺！

3. 收 获

三个月的培训，给我们补了元气、去了骄气、添了灵气；培训让我们多了一份灵性、一份智慧、一份热情、一份坚定。一路走来，我们聆听着，我们学习着，我们思考着，我们收获着。我们收获了友谊，收获了知识，收获了思想，我们还收获了快乐和成就。回忆我们同班学习时，回忆我们同组交流时，回忆我们同学聚餐时，回忆我们引吭高歌、翩翩起舞时……我们将把每一个美好的细节珍藏，带着喜悦、带着一本本厚厚的学习笔记、反思心得，还带着我们对教育的激情和忠诚，满载而归。

4. 惜别和祝福

三个月的培训很快就结束了，整理满载而归的行囊，敛起收获的喜悦，带着前沿的教育信息、先进的教育理念、优秀的教学方法、深深的同学情谊，又将站在教师职业生涯的新的起跑线上。我倍感肩上责任的重大，专家引领的每一道清泉，需要仔细回味咀嚼前沿的思想理念、教学方法如何付诸实践。从这里出发、从梦想出发，绝不辜负"国培"，我们一定仔细研究，再次提升自我，带动群体，辐射周边，让"国培"成为我们人生前进路上的加油站。回头看看留下的串串脚印，我们依依不舍，留下的是无尽的怀思与畅想。我们会珍惜，珍惜同窗伙伴，珍惜各位老师；我们会记住，记住学习的时光，记住纯真的友情，记住为我们服务的教育学院的领导、班主任和几位可爱的研究生们。

最后，再次感谢"国培"，给了我们这个深造学习、实践研究的机会，让我对教育教学有了更深的感悟；感谢教育学院，给我们搭建了这个难得的学习交流平台，让我们的人生多了一份厚重的积累。在此，再一次代表小学语文骨干班的全体学员祝福所有的领导、老师和学员们身体健康、工作开心。

谢谢大家！

后　记

泾源县第一小学　马　玲

初稿完成后，交给马丽老师，问题的确太多，马老师给我改了一个样本，我进一步完善。严重的感冒加剧烈的咳嗽使我很难受，但我不能放弃，挂完吊针接着改，药加量吃，赶着把二稿在三月底完成。自治区师资处吴红军处长、华俊昌老师一行来泾源县搞"国培"实施的调研工作，本想把二稿当面给华老师，没想到，从医院回来华老师他们已走了。稍作休息，4 月 10 日，二稿终于修改结束，我声音嘶哑，喉咙烧着疼，但看着初具规范的稿子有说不出的一种喜悦！梅花香自苦寒来！这句话的确说得好！

回首四个月前，培训即将结束的日子，《金秋——在"国培"的日子里》的构思初次产生，和马丽老师沟通，马老师给予了肯定。接着曾院长又全力支持，后来华俊昌老师得知，也给予了肯定和鼓励。就这样，我把刚具眉目的《金秋——在"国培"的日子里》思路，用 PPT 在马丽老师的支持下向骨干班的全体学员公开，并诚邀大家来稿。

在临走的那几天，我觉着时间如此宝贵，学友们写了不少感言，那凝结着大家心智的宝贵财富，我要在临走之前收集一些典型的以备《金秋——在"国培"的日子里》使用。于是，于希花、兰喜连、冶红梅、佘艳萍陪我每夜审感言，唯恐漏掉了好的。她们都很支持我。

在 11 月 13 日，那个难忘的日子，培训结束，开完总结会，我们离开了美丽的宁夏大学，离开了伴我们学习和生活的老师和学友。在归乡的途中，司机放着悦耳动听的音乐，我们欢唱着，嬉闹着，路两旁的风景为我们送行，美丽的银川渐渐离我们远去。

在车上，我们还没到家的时候，我建议大家每个人写出自己印象最深刻的专家感言，写出自己在这三个月的心得。大家一致响应，就这样我们还没进家门，心就已经投入到这件光荣而神圣的事情中去了。

回来接着上班，刚走进教室，立刻响起热烈的掌声，看着孩子们期待的眼神，我知道，他们想我了！于是，我顺利地接教了所带课程，白天和孩子们摸滚攀爬，晚上，就奋笔疾书我的所学所感。看着 QQ 头像不停地闪动，学友们的稿子一份接一份地飞过来，我内心不时地被感动着，感动来自朋友们的信任和支持！

看着第一份来自大武口教研室的徐惠珍老师的来稿，看着她亲切的问候，看着她漂亮的照片和优美的文字，回想她美丽的身影，有说不出的一种想念。陈立虹，那个潇洒美丽的女子，看起来很洋气，一接触却很随和，和我一起收集资料办简报，做事非常认真，在工商学院的时候没电脑、没网络，但她把我收集的资料硬是想办法整理得头头是道。她的稿子写得很美，配上漂亮的照片，简直没说的！就这样，一份份稿件、一份份情谊从不同的县区飞过来，我只有一次次的感动，继而加班加点整理修改！来回的沟通，思维在一次次交流中碰撞，知识在一次次交流中增长，友情在一次次交流中加深！

有一天，手机响了，我一看是戴院长。我慌忙接过电话，他在电话中询问了书稿的情况。他从书籍的构思、资料的收编整合，到人员的分工及资金的筹备，整整讲了近一个小时，可能因为是院长给我讲话，我心里非常紧张，他问我记下了没有，我说没有。他让我拿起笔又重新给我讲了一次。就这样，从近五年来"国培"的状况，讲到整理专家讲座的精髓，分析"国培"的现状及不同班级学员的感受，探究返岗期间的实践、收获及置换老师的心得等，戴院长讲得非常详细。他说，如果这样下来可是一本非常好的资料，有相当重要的研究价值。如今回想，他的话语似乎还在耳旁回响，坚定的语气，明确的指导。可惜我才疏学浅，一来要上课，处理稿件根本没时间保障；二来学识水平的确有限，若按戴院长的设计我根本完成不了。唉，枉费了他的一番心血，我惭愧不已，只能做一个小小的集子。

马丽老师在这期间给予了我大力的支持和鼓励，当我把初稿发给她，她抽取了一部分做了批注并加了修改意见和建议。当我看到她修改的稿子，非常细致，令我感动不已。因为马丽老师的厚道，大爱，她每次给予我的都是鼓励和支持，从来没说我哪不行。她不仅把样稿一句句细心地修改、批注，而且教会了我怎么规范地去修改稿子。

为了这些值得尊敬的老师，为了这些亲爱的学友们，我白天上课，晚上加班，一心想把集子尽早出来。带回来这么多感言，从何处入手？在完成专题感言这个版块时，于希花、冶红梅、兰喜连、佘艳萍她们几个在审稿、制作电子文稿方面给予了我很大的帮助，而且每个人都另外完成了几份自己的作品传过来。拜风莲和者粉莲，我的同年级搭档，她们看我忙，也主动帮我整理感言，并且拜风莲还写了两篇教学心得一并交来。

在整理完成初稿以后，《金秋》将近三十万字，从头校正，的确难！一着急，我眼睛都模糊了，每夜加班，脊椎疼得要命，每晚只能趴着睡。我要把这个集子整理出来，要不，我愧对大家！洪晓玲得知，主动要求来帮我校正，就这样二月初把初稿交给了马丽老师审阅。在此，我深深地感谢我年迈的婆婆，每当我忙得不可开交时，都是她老人家做来香喷喷的饭菜，这几个月，天天如此！幸亏一家老小都很支持，对他们我实感愧疚。

历时三个月，不，已是四个月，唉，现在五个月都过去了，这本集子经过反复修改终于完成了，相比一稿、二稿、三稿的字数减少了，质量提高了，但问题肯定还有。此时既有一份喜悦，也有一分失落，喜悦的是在各级领导、班主任老师、全体学友的大力支持下终于按预期构想初步完成了；失落的是本人能力有限，时间紧迫、计算机水平确实一般，还有一部分老师联系不方便，因此许多精彩的东西未能如愿完成，比如有的学员有稿子没相片，有的学员很有才但没能联系上，有的专家没收集上相片……一系列的遗憾在此只能作罢了。不经风雨怎么见彩虹？高兴也好，失落也罢，《金秋——在"国培"的日子里》如一个可爱的姑娘，终于长大成人了！仔细斟酌，华老师当时为书稿起的名字《"国培"花儿开金秋》，意义深长，于是，决定将《金秋——在"国培"的日子里》改名为《"国培"花儿开金秋》，愿我们每个朋友在"国培"中埋下的思想的种子遍地开花，愿这样的花儿永远开放！

感谢"国培"！这次"国培"期间我收获了很多，收获了知识，收获了友谊。在这些日子里，我增长了见识，增长了探索的勇气，成为了一个学习者和探索者。

感谢"国培",让我们找到了努力拼搏的方向！我深知肩头的重任，为了那些天真无邪的孩子能够充分地接受良好的教育，我将义无反顾投身到这光荣而神圣的使命中去！

这部书稿中肯定还有许多不足和欠缺之处，望各位朋友阅读后提出宝贵的意见和建议，以便完善！

在此，借用汪国真《让我怎样感谢你》这首诗表表心意！

让我怎样感谢你？

当我走向你的时候，

我原想收获一缕春风，

你却给了我整个春天。

让我怎样感谢你？

当我走向你的时候，

我原想捧起一簇浪花，

你却给了我整个海洋。